해커스공무원

혜원국어 신유형

난이도별 모의고사

해커스

공무원 시험 전문 해커스공무원

gosi.Hackers.com

여러분의 합격을 응원하는
해커스공무원의 특별 혜택

FREE 공무원 국어 **특강**

해커스공무원(gosi.Hackers.com) 접속 후 로그인 ▶ 상단의 [무료강좌] 클릭하여 이용

해커스공무원 온라인 단과강의 **20% 할인쿠폰**

2A5F5F95B85C28CR

해커스공무원(gosi.Hackers.com) 접속 후 로그인 ▶ 상단의 [나의 강의실] 클릭 ▶
좌측의 [쿠폰등록] 클릭 ▶ 위 쿠폰번호 입력 후 이용

* 등록 후 7일간 사용 가능(ID당 1회에 한해 등록 가능)

합격예측 **온라인 모의고사 응시권 + 해설강의 수강권**

7DD8383C4E7B85U5

해커스공무원(gosi.Hackers.com) 접속 후 로그인 ▶ 상단의 [나의 강의실] 클릭 ▶
좌측의 [쿠폰등록] 클릭 ▶ 위 쿠폰번호 입력 후 이용

* ID당 1회에 한해 등록 가능

해커스 매일국어 **어플 이용권**

MNSAL2EBO9F3LAAK

구글 플레이스토어/애플 앱스토어에서 [해커스 매일국어] 검색 ▶
어플 다운로드 ▶ 어플 이용 시 노출되는 쿠폰 입력란 클릭 ▶ 쿠폰번호 입력 후 이용

▲ 매일국어 어플 바로가기

* 등록 후 30일간 사용 가능(ID당 1회에 한해 등록 가능)
* 해당 자료는 [해커스공무원 국어 기본서] 교재 내용으로 제공되는 자료로, 공무원 시험 대비에 도움이 되는 유용한 자료입니다.

쿠폰 이용 관련 문의 1588-4055

단기 합격을 위한
해커스공무원 커리큘럼

입문

탄탄한 기본기와 핵심 개념 완성!

누구나 이해하기 쉬운 개념 설명과 풍부한 예시로 부담없이 쌩기초 다지기

TIP 베이스가 있다면 **기본 단계**부터!

▼

기본+심화

필수 개념 학습으로 이론 완성!

반드시 알아야 할 기본 개념과 문제풀이 전략을 학습하고
심화 개념 학습으로 고득점을 위한 응용력 다지기

▼

**기출+예상
문제풀이**

문제풀이로 집중 학습하고 실력 업그레이드!

기출문제의 유형과 출제 의도를 이해하고 최신 출제 경향을 반영한
예상문제를 풀어보며 본인의 취약영역을 파악 및 보완하기

▼

동형모의고사

동형모의고사로 실전력 강화!

실제 시험과 같은 형태의 실전모의고사를 풀어보며 실전감각 극대화

▼

마무리

시험 직전 실전 시뮬레이션!

각 과목별 시험에 출제되는 내용들을 최종 점검하며 실전 완성

PASS

* 커리큘럼 및 세부 일정은 상이할 수 있으며,
자세한 사항은 해커스공무원 사이트에서 확인하세요.

단계별 교재 확인 및
수강신청은 여기서!

gosi.Hackers.com

"출제의 변화를 읽는 힘이 실력이다."

공무원 국어는 지금, 단순한 지식 과목이 아닙니다.
기출 문항만을 반복해 익히던 시대는 끝나고,
이제는 '**사고력과 구조적 독해력**'을 측정하는 시험으로 바뀌고 있습니다.

화법 · 작문 영역은 실제 의사소통 상황을 해석하는 능력을,
문학과 비문학 영역은 낯선 제시문을 빠르게 구조화하는 능력을,
문법 영역은 암기보다 문장 속 문법 원리를 적용하는 이해력을 묻고 있습니다.

《해커스공무원 혜원국어 신유형 난이도별 모의고사》는 그러한 변화의 흐름에 맞추어 기획되었습니다.
단순한 모의고사가 아니라,
'출제자의 사고 구조를 해석하는 훈련서'입니다.

각 회차는 난이도별로 구성되어,
'기초 실력 점검 → 실전 적응 → 변형 신유형 대응'으로 이어지는
체계적인 학습이 가능합니다.

모든 문항은 실제 출제 경향을 반영하여
지문 구조, 선택지의 논리, 오답 유도 방식을 분석한 뒤 제작되었습니다.
따라서 이 책을 단순한 문제집으로뿐만 아니라,
'출제자의 시선으로 시험을 읽는 연습서'로 활용하시길 바랍니다.

시험은 결국 '읽는 힘'의 싸움입니다.
문제를 읽는 눈이 바뀌면, 점수는 따라옵니다.
《해커스공무원 혜원국어 신유형 난이도별 모의고사》가
여러분에게 시험장에서 작동하는 **국어 본능**을 만들어 주리라 확신합니다!

"연습은 기억을 쌓는 일이 아니라,
사고의 방향을 훈련하는 일이다."

2025년 11월
고혜원 드림

목차

문제집

약점 보완 해설집[책 속의 책]

이 책의 활용법

합격 실력을 완성하는 난이도별 모의고사 10회분 수록!

10회 난이도별 모의고사

★★★★★
난이도 **최상**

제한시간: 20분 시작 시 분~종료 시 분

01 <보기>에 따라 수정한 것은?

─〈보기〉─

국어는 앞뒤 문맥을 통하여 성분의 호응에 어려움을 주지 않는 한 성분 생략이 자유롭다. 문제는 이러한 성분 생략이 문맥 호응상 아무 문제 없이 이루어지면 다행인데, 이따금 성분 생략이 아닌 성분 실종으로 변질되어 비문을 초래하게 되는 것이다. 그런 점에서 국어 구조상 의미 소통에 지장이 없는 한, 성분 생략은 국어 문장 구조의 간결성, 함축성, 경제성에 기여하는 긍정적 효과가 있지만 이것이 성분 간에 호응을 어긋나게 하면 성분 실종이 되므로 성분 생략과 성분 실종은 구별해야 한다.

① <보기>에 따라 "학문은 따지고 의심스럽게 보고 다시 검토하는 데에서 출발해야 한다."는 "학문은 무엇을 따지고 의심스럽게 보고 다시 검토하는 데에서 출발해야 한다."로 수정한다.

② <보기>에 따라 "검찰이 성역 없는 수사를 한다고 해서 수

02 다음 글에서 추론한 내용으로 적절하지 않은 것은?

합성동사와 합성형용사는 합성명사에 비하면 수가 적고 구성 방식이 단조로운 편이지만, 여러 가지 방식으로 이루어진다. '명사+용언 어간'의 방식으로 이루어지거나, '용언 어간+용언 어간'으로 구성된다. 또한 '용언의 활용형+용언 어간'이나, '부사+용언 어간'으로 이루어지기도 한다. 간혹 동일한 형용사 어간 사이에 '디'를 개입시켜 일종의 반복합성어를 만들기도 한다.

① '검푸르다'는 '용언 어간+용언 어간'의 구성이다.
② '걸늙다'는 '명사+용언 어간'의 방식으로 이루어진 것이다.
③ '앞세우다'와 '쉬이보다'는 '부사+용언 어간'으로 이루어진 것이다.
④ '높디높다'는 동일한 형용사 어간 사이에 '디'를 개입시킨 반복합성어이다.

실제 시험과 동일한 유형의 모의고사를 난이도 하, 중, 상, 최상으로 나누어 수록하였습니다. 난이도에 따라 단계적으로 문제를 풀어보면서 자신의 실력을 점검할 수 있습니다. 모의고사 1회분의 풀이 제한시간(20분)을 제시하고, 답안을 체크할 수 있는 답안지가 함께 제공되어 실전 감각을 극대화할 수 있습니다.

신유형 문제로 최신 출제기조 완전 정복!

17 다음 빈칸에 들어갈 말로 가장 적절한 것은?

A, B, C, D 네 학생의 취미 활동과 관련하여 다음과 같은 사실들이 알려졌다.

○ 꽃꽂이, 댄스, 축구, 농구 중에 한 가지 활동을 한다.
○ 취미는 서로 겹치지 않으며, 모든 사람은 취미 활동을 한다.
○ A는 축구와 농구 중에 한 가지 활동을 한다.
○ B는 꽃꽂이와 축구 중에 한 가지 활동을 한다.
○ C의 취미는 꽃꽂이를 하는 것이다.

이를 통해 '_____'를 알 수 있다.

① A는 농구 활동을, D는 댄스 활동을 한다.
② A는 농구 활동을 하지 않으며, D는 댄스 활동을 하지 않는다.
③ B는 축구 활동을, D는 농구 활동을 한다.
④ B는 축구 활동을 하지 않으며, D는 댄스 활동을 한다.

18 ①을 뒷받침할 수 있는 사례로 적절한 것만 모두 고르면?

근로자들이 자발적으로 열심히 일하려 도덕적 해이의 일종으로 볼 수 있는데, 의 도덕적 해이를 막을 수 있는 방법에 고 있다. 근로자들이 자발적으로 열심히 위해서는 적절한 유인을 제공해야 한다 것이 근로자 자신에게도 유리한 결과를 옆에서 지켜보지 않아도 스스로 열심히 때문이다.

매달 일정한 보수를 받는 근로자들이 리라고 기대하는 것은 매우 어려운 일이 심히 일할 수 있도록 만드는 유인 중의 에 따라 보수를 달리 지급하는 것이다. 쁘다고 해서 아무런 보수를 주지 않을 현실적으로는 ① 매달 임금을 지불할 낮게 책정하고 나머지 부분의 보수는 작도록 만드는 방법을 많이 쓴다.

그런데 여러 사람이 팀을 이루어 공동 우에는 이와 같은 보수 지급 방법을 쓰 과를 거두기 힘들다. 팀이 거둔 작업 성

개편된 공무원 국어 시험의 최신 출제기조에 따라 '신유형' 문제를 수록하였습니다. 출제기조 전환 예시문제와 최신 기출문제를 철저히 분석하여 실제 시험과 가장 유사하게 제작된 문제를 풀어봄으로써 신유형 문제에 완벽하게 대비할 수 있습니다.

03 보기만 해도 저절로 개념이 학습되는 상세한 해설 수록!

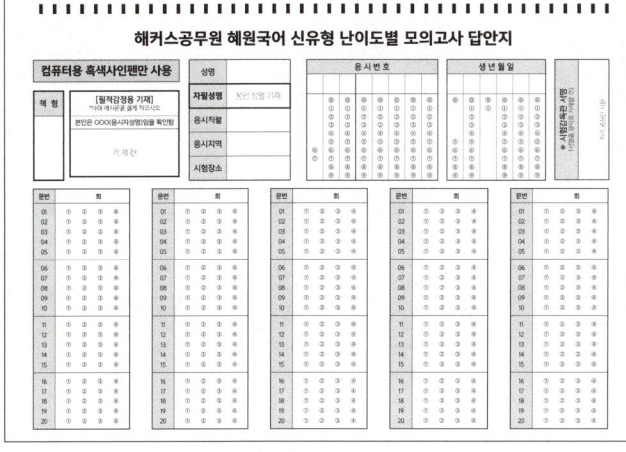

01 공공언어 바로 쓰기 정답 ①

정답 풀이
'읽히다'는 '읽다'의 피동사이다. 따라서 피동사 '읽히다'에 다시 '어지다'를 붙여 '읽혀지다'를 쓸 필요는 없다. 따라서 수정 전 '읽혀'가 바른 표기이다.

오답 풀이
② '절대로'는 부정 서술어와 호응한다. 따라서 '절대로' 대신 '반드시'로 수정한 것은 적절하다.
③ 주어 '그 선수의 장점은'에 맞춰 서술어를 '준다.'에서 '준다는 것이다.'로 수정한 것은 적절하다.
④ '사과와 귤 두 개'의 의미가 모호하므로, '사과 두 개와 귤 두 개'로 수정한 것은 적절하다.

02 사례 추론 정답 ②

정답 풀이
관용의 격률은 자신에게 이익이 되는 표현을 최소화하고 부담이 되는 표현을 최대화하는 것이다. 그런데 "너는 시간이 많잖아."는 상대방을 부담스럽게 하는 말하기이다. 따라서 ⓒ의 사례로 적절하지 않다.

오답 풀이
① 사람에게 도움을 요청하는 선생님이 사람의 부담을 최소화하기 위해 "시간이 되면"이라고 말하고 있다. 따라서 ⊙의 사례로 적절하다.
③ 자신이 좋은 결과를 얻은 상황에서 "제가 별로 한 게 없는데요."라고 말함으로써 겸양의 격률을 지키고 있다.

(윗글과 오른쪽을 더한다. 이 과정 것을 두루 답했는지 혹은 그렇게 못했느냐에 따라 깨닫고 이해하는 데 크게 차이가 생겨난다.' 부분을 통해 추론할 수 있다.
④ "독서를 통해 다른 사람을 가르칠 때는 반드시 지은이가 주장하는 뜻을 먼저 알아야 한다." 부분을 통해 추론할 수 있다.

04 논리 추론 정답 ④

정답 풀이
제시된 진술을 정리하면 다음과 같다.

전제 1	~늦잠 → 부지런	~부지런 → 늦잠
전제 2	늦잠 → ~건강	건강 → ~늦잠
전제 3	비타민 → 건강	~건강 → ~비타민

'전제 3'과 '전제 2'의 대우, '전제 1'을 연결하면 '비타민 → 건강 → ~늦잠 → 부지런'이 된다. 따라서 '비타민을 챙겨 먹으면 부지런하다.'는 항상 참이다.

05 빈칸 추론 정답 ③

정답 풀이
⊙ '양심'은 '육체', '현실', '정신' 중 '정신'과 관련된 것이다. 따라서 ⊙에는 '정신적 자아'가 들어가는 것이 적절하다.
ⓒ '현실'은 '정신', '육체', '이상' 중 '육체'와 관련이 깊다. 따라서 ⓒ에는 '육체적 자아'가 들어가는 것이 적절하다.

정답의 이유뿐만 아니라 오답의 이유까지 상세하게 설명해주는 해설을 통해 선지 하나하나 꼼꼼하게 분석하여 완벽한 학습이 가능합니다. 또한, 해설을 통해 부족한 부분을 파악하여 약점까지 보완할 수 있습니다.

04 OMR 카드를 활용한 마킹 연습까지 한 번에 끝!

실제 시험처럼 마킹 연습까지 할 수 있는 OMR 카드를 수록하였습니다. 실제 시험을 치르는 것처럼 OMR 카드를 옆에 두고 모의고사를 풀면서 마킹하는 시간까지 계산하면서 학습할 수 있습니다.

최근 3개년 출제 경향

2025년 국가직 9급

1. 문항별 분석

번호	내용	범위	번호	내용	범위
1	<공공언어 바로 쓰기>에 따른 수정	문법	11	내용 이해 및 추론	비문학
2	작문 - <개요> 작성	화법과 작문	12	어휘 - 바꿔 쓰기·문맥적 의미	어휘
3	빈칸 추론	비문학	13	내용 이해 및 추론	비문학
4	내용 이해 및 추론	비문학	14	내용 이해 및 추론	비문학
5	글 맥락 수정	화법과 작문	15	논리 추론 - 전제 및 결론	논리
6	글의 순서 추론	비문학	16	논리 추론 - 전제 및 결론	논리
7	주제 추론	비문학	17	논리 추론 - 전제 및 결론	논리
8	어휘 - 바꿔 쓰기	어휘	18	논리 추론 - 강화와 약화	논리
9	내용 이해 및 추론	비문학	19	논리 추론 - 강화와 약화	논리
10	동일한 지시 대상 묶기	비문학	20	화법 - 대화 분석	화법과 작문

2. 출제 형식별 분석

문법	화법과 작문	비문학	어휘	논리
1(5%)	3(15%)	9(45%)	2(10%)	5(25%)

단독 출제	연계 출제
14(70%)	6(30%)

2025년 지방직 9급

1. 문항별 분석

번호	내용	범위	번호	내용	범위
1	<공공언어 바로 쓰기>	문법	11	어휘 - 바꿔 쓰기	어휘
2	내용 이해 및 추론	비문학	12	내용 이해 및 추론	비문학
3	사례 추론	비문학	13	동일한 지시 대상 묶기	비문학
4	작문 - <개요> 작성	화법과 작문	14	내용 이해 및 추론	비문학
5	글 맥락 수정	화법과 작문	15	빈칸 추론	비문학
6	글의 순서 추론	비문학	16	논리 추론 - 전제 및 결론	논리
7	내용 이해 및 추론	비문학	17	화법 - 대화 분석	화법과 작문
8	어휘 - 문맥적 의미	어휘	18	논리 추론 - 강화와 약화	논리
9	논리 추론 - 전제 및 결론	논리	19	논리 추론 - 전제 및 결론	논리
10	내용 이해 및 추론	비문학	20	논리 추론 - 강화와 약화	논리

2. 출제 형식별 분석

문법	화법과 작문	비문학	어휘	논리
1(5%)	3(15%)	9(45%)	2(10%)	5(25%)

단독 출제	연계 출제
16(80%)	4(20%)

2024년 국가직 9급

1. 문항별 분석

번호	내용	범위	번호	내용	범위
1	글의 순서 추론	비문학	11	고전 산문의 이해 - 작자 미상, <장화홍련전>	문학
2	말하기 방식	비문학	12	들어갈 위치	비문학
3	한글 맞춤법	문법	13	현대 산문의 이해 - 박태원, <소설가 구보 씨의 일일>	문학
4	다의어	어휘	14	바꿔 쓰기	문법
5	말하기 방식	비문학	15	고전 운문의 이해 - 정서, <정과정>	문학
6	복합어(합성어와 파생어)	문법	16	내용 이해 및 추론	비문학
7	현대 운문의 이해 - 박용래, <울타리 밖>	문학	17	내용 이해 및 추론	비문학
8	내용 이해 및 추론	비문학	18	고쳐 쓰기	문법
9	한자어	어휘	19	빈칸 추론	비문학
10	내용 이해 및 추론	비문학	20	빈칸 추론	비문학

2. 출제 형식별 분석

문법	비문학	문학	어휘 및 한자
4(20%)	10(50%)	4(20%)	2(10%)
단답형 지식 문제		박스형 지문 및 이해	
2(10%)		18(90%)	

2024년 지방직 9급

1. 문항별 분석

번호	내용	범위	번호	내용	범위
1	문맥적 의미	어휘	11	고쳐 쓰기	문법
2	맞춤법	문법	12	말하기 방식	비문학
3	내용 이해 및 추론	비문학	13	중심 내용	비문학
4	내용 이해 및 추론	비문학	14	내용 이해 및 추론	비문학
5	고전 운문의 이해 - 월산대군, <추강에 밤이 드니~> - 이황, <도산십이곡> - 송순, <십 년을 경영하여~> - 성혼, <말 업슨 청산이오~>	문학	15	고전 산문의 이해 - 작자 미상, <심청가> - 작자 미상, <수궁가>	문학
6	바꿔 쓰기	어휘	16	현대 산문의 이해 - 박태원, <피로>	문학
7	내용 이해 및 추론	비문학	17	글의 순서 추론	비문학
8	현대 운문의 이해 - 박목월, <불국사>	문학	18	한자 표기	어휘
9	음운 변동	문법	19	전개 방식	비문학
10	빈칸 추론	비문학	20	말하기 방식	비문학

2. 출제 형식별 분석

문법	비문학	문학	어휘 및 한자
3(15%)	10(50%)	4(20%)	3(15%)
단답형 지식 문제		박스형 지문 및 이해	
2(10%)		18(90%)	

최근 3개년 출제 경향

2024년 지방직 7급

1. 문항별 분석

번호	내용	범위	번호	내용	범위
1	말하기 방식	비문학	11	고전 운문의 이해 - 김종서, <삭풍은 나무 끝에> - 이순신, <한산섬 달 밝은 밤의>	문학
2	말하기 방식	비문학	12	고전 산문의 이해 - 작자 미상, <토끼전>	문학
3	문맥적 의미	어휘	13	단어의 쓰임	문법
4	글의 순서 추론	비문학	14	빈칸 추론	비문학
5	중심 내용	비문학	15	한글 맞춤법(사이시옷 규정)	문법
6	개요 빈칸 추론	비문학	16	한자 성어	어휘
7	고쳐 쓰기	문법	17	전개 방식	비문학
8	한자 표기	어휘	18	빈칸 추론	비문학
9	현대 운문의 이해 - 윤동주, <또 다른 고향>	문학	19	내용 이해 및 추론	비문학
10	현대 산문의 이해 - 손창섭, <비 오는 날>	문학	20	내용 이해 및 추론	비문학

2. 출제 형식별 분석

문법	비문학	문학	어휘 및 한자
3(15%)	10(50%)	4(20%)	3(15%)
단답형 지식 문제		박스형 지문 및 이해	
1(5%)		19(95%)	

2023년 국가직 9급

1. 문항별 분석

번호	내용	범위	번호	내용	범위
1	작문	비문학	11	내용 이해 및 추론	비문학
2	말하기 방식	비문학	12	내용 이해 및 추론	비문학
3	관용어	어휘	13	추론	비문학
4	글의 순서 추론	비문학	14	내용 이해 및 추론	비문학
5	현대 산문의 이해 - 김승옥, <무진기행>	문학	15	표준어 규정	문법
6	한자 성어	어휘	16	고쳐 쓰기	비문학
7	고전 운문의 이해 - 작자 미상, <어이 못 오던가>	문학	17	현대 운문의 이해 - 박재삼, <매미 울음 끝에>	문학
8	빈칸 추론	비문학	18	내용 이해 및 추론	비문학
9	한글 맞춤법	문법	19	내용 이해 및 추론	비문학
10	한자 표기	어휘	20	내용 이해 및 추론	비문학

2. 출제 형식별 분석

문법	비문학	문학	어휘 및 한자
2(10%)	12(60%)	3(15%)	3(15%)
단답형 지식 문제		박스형 지문 및 이해	
3(15%)		17(85%)	

2023년 지방직 7급

1. 문항별 분석

번호	내용	범위	번호	내용	범위
1	말하기 방식	비문학	11	내용 이해 및 추론	비문학
2	말하기 방식	비문학	12	내용 이해 및 추론	비문학
3	현대 운문의 이해 - 정현종, <떨어져도 튀는 공처럼>	문학	13	내용 이해 및 추론	비문학
4	현대 산문의 이해 - 안국선, <금수회의록>	문학	14	명사형 어미 '-기'와 접미사 '-기'	문법
5	글의 순서 추론	비문학	15	한글 맞춤법	문법
6	고쳐 쓰기	비문학	16	한글 맞춤법	문법
7	한자어와 고유어	어휘	17	빈칸 추론	비문학
8	고전 운문의 이해 - 유리왕, <황조가> - 최치원, <추야우중>	문학	18	빈칸 추론	비문학
9	고전 산문의 이해 - 작자 미상, <흥보가>	문학	19	추론	비문학
10	한자 표기	어휘	20	추론	비문학

2. 출제 형식별 분석

문법	비문학	문학	어휘 및 한자
3(15%)	11(55%)	4(20%)	2(10%)
단답형 지식 문제		박스형 지문 및 이해	
5(25%)		15(75%)	

2023년 지방직 9급

1. 문항별 분석

번호	내용	범위	번호	내용	범위
1	말하기 방식	비문학	11	말하기 방식	비문학
2	글의 순서 추론	비문학	12	한자 표기	어휘
3	문장 성분	문법	13	한글 맞춤법	문법
4	한자어와 고유어	어휘	14	한자 표기	어휘
5	고전 운문의 이해 - 황진이, <청산은 내 뜻이오> / - 이황, <도산십이곡>	문학	15	추론	비문학
6	중심 내용	비문학	16	고전 산문의 이해 - 작자 미상, <춘향전>	문학
7	고쳐 쓰기	비문학	17	내용 이해 및 추론	비문학
8	빈칸 추론	비문학	18	내용 이해 및 추론	비문학
9	현대 운문의 이해 - 기형도, <빈집>	문학	19	추론	비문학
10	현대 산문의 이해 - 윤흥길, <아홉 켤레의 구두로 남은 사내>	문학	20	추론	비문학

2. 출제 형식별 분석

문법	비문학	문학	어휘 및 한자
2(10%)	11(55%)	4(20%)	3(15%)
단답형 지식 문제		박스형 지문 및 이해	
5(25%)		15(75%)	

난이도별 모의고사

01~02회 ★★☆☆☆ 난이도 하

03~05회 ★★☆☆☆ 난이도 중

06~08회 ★★★☆☆ 난이도 상

09~10회 ★★★★★ 난이도 최상

합격을 위한 목표 정답률

안정적인 합격권 진입을 위한 목표 정답률을 확인하고 자신의 점수와 비교하여 단계적으로 실력을 점검하세요.

✓ 난이도 하: 정답률 100%

✓ 난이도 중: 정답률 80~90%

✓ 난이도 상: 정답률 60~70%

✓ 난이도 최상: 정답률 60%

01 (가) ~ (라)를 수정한 것으로 적절하지 않은 것은?

> (가) 대학은 진리의 탐구와 자신의 인격을 도야하는 곳이다.
> (나) 그녀는 제법 눈맵시가 있어 옷 색깔을 잘 맞추어 입었다.
> (다) 그들은 한적한 오솔길을 걸으며 시색에 잠기기도 하고 내일을 설계했다.
> (라) 내가 강조하는 것은 언어는 민족 얼의 반영이요, 민족 정신의 핵심이요, 민족 사회의 보물이다.

① (가)는 "대학은 진리를 탐구하고 자신의 인격을 도야하는 곳이다."로 수정한다.
② (나)는 "그녀는 제법 눈맵시가 있어 옷 색깔을 잘 맞히어 입었다."로 수정한다.
③ (다)는 "그들은 한적한 오솔길을 걸으며 사색에 잠기기도 하고 내일을 설계하기도 했다."로 수정한다.
④ (라)는 "내가 강조하는 것은 언어는 민족 얼의 반영이요, 민족 정신의 핵심이요, 민족 사회의 보물이라는 것이다."로 수정한다.

02 다음 글의 ⊙과 ⓒ의 사례가 포함되어 있지 않은 것은?

> 단어들은 의미를 중심으로 관계를 맺고 있다. 의미가 같거나 비슷한 둘 이상의 단어가 맺는 의미 관계를 ⊙ 유의 관계라고 한다. 고유어 '옷'과 한자어 '의복(衣服)'은 유의 관계이다. 둘 이상의 단어에서 의미가 서로 짝을 이루어 대립하는 의미 관계를 ⓒ 반의 관계라고 한다. 고유어 '밤'과 '낮'은 반의 관계이다. 한쪽이 의미상 다른 쪽을 포함하거나 다른 쪽에 포함되는 의미 관계를 상하 관계라 한다. '사과'나 '배'는 '과일'의 일종이다. 따라서 이들은 상하 관계이다.

① ⊙ 서점 : 책방
　 ⓒ 기쁨 : 슬픔
② ⊙ 걱정 : 근심
　 ⓒ 학생 : 남학생
③ ⊙ 밝다 : 환하다
　 ⓒ 오르다 : 내리다
④ ⊙ 분명하다 : 명료하다
　 ⓒ 숨기다 : 드러내다

03 다음 글에서 추론한 내용으로 가장 적절한 것은?

> 언뜻 보아서는 살쾡이와 고양이를 구별하기 힘들다. 살쾡이가 고양잇과의 포유동물이어서 고양이와 흡사하기 때문이다. 그래서인지 '살쾡이'란 단어는 '고양이'와 연관이 있다. '살쾡이'의 '쾡이'가 '괭이'와 연관이 있는데, '괭이'는 '고양이'의 준말이기 때문이다.
> '살쾡이'는 원래 '삵'에 '괭이'가 붙어서 만들어진 단어이다. '삵'은 그 자체로 살쾡이를 뜻하는 단어였다. 살쾡이의 모습이 고양이와 비슷해도 단어 '삵'은 '고양이'와는 아무런 연관이 없다. 그런데도 '삵'에 고양이를 뜻하는 '괭이'가 덧붙게 되었다. 그렇다고 '살쾡이'가 '삵과 고양이', 즉 '살쾡이와 고양이'란 의미를 가지는 것은 아니다. 단지 '삵'에 비해 '살쾡이'가 후대에 생겨난 단어일 뿐이다. '호랑이'란 단어도 이런 식으로 생겨났다. '호랑이'는 '호'(虎, 범)와 '랑'(狼, 이리)으로 구성되어 있으면서도 '호랑이와 이리'란 뜻을 가진 것이 아니라 그 뜻은 역시 '범'인 것이다.
> '살쾡이'는 '삵'과 '괭이'가 합쳐져 만들어진 단어이기 때문에 '삵괭이' 또는 '삭괭이'로도 말하는 지역이 있으며, '삵'의 'ㄱ' 때문에 뒤의 '괭이'가 된소리인 '꽹이'가 되어 '삭꽹이' 또는 '살꽹이'로 말하는 지역도 있다. 그리고 '삵'에 거센소리가 발생하여 '살쾡이'로 발음하는 지역도 있다. 주로 서울 지역에서 '살쾡이'로 발음하기 때문에 '살쾡이'를 표준어로 삼았다. 반면에 북한의 사전에서는 '살쾡이'를 찾을 수 없고 '살꽹이'만 찾을 수 있다. 남한에서 '살꽹이'를 '살쾡이'의 방언으로 처리한 것과는 다르다.

① '살꽹이'가 남북한 사전 모두에 실려 있다.
② 두 단어가 합쳐져 하나의 대상을 지시할 수 없다.
③ '살쾡이'는 가장 광범위하게 사용되기에 표준어로 정해졌다.
④ '살쾡이'의 방언이 다양하게 나타나는 것은 지역의 발음 차이 때문이다.

04 (가)의 요지를 고려할 때, (나)의 '갑'에게 해 줄 수 있는 조언으로 가장 적절한 것은?

> (가) '평균'은 보편적인 것, 대표적인 것이며, 어떤 집단의 속성을 잘 보여주는 지표가 되곤 한다. 그런데 평균이 정말 보편적이고 대표적인 값이라고 할 수 있을까? 평균적인 사람도, 평균적인 삶도 존재하지 않는다. 인간의 신체, 지적 능력, 삶의 모습 등에는 다양한 속성이 존재한다. 키는 평균보다 크지만 팔 길이는 짧은 사람이 있듯이, 미술은 평균 이상으로 잘하는데 수학은 어려워하는 사람도 얼마든지 존재할 수 있다. 따라서 우리는 평균에서 벗어나 있다고 걱정하지 않아도 된다. 행복도 마찬가지이다. 평균적 행복이란 없다. 우리가 평균적 행복이라고 말하는 것은 타인의 취향에 나를 대입한 것이다. 이런 평균적 삶을 따르기보다는 타인과 구별 짓는 색다른 경험을 해 보는 건 어떨까? 스스로 원하는 것을 선택하는 힘을 기르는 것이 그 시작일 것이다.
>
> (나) '갑'은 식당에 가면 가장 많이 팔린다는 베스트 메뉴를 선택하여 먹는다. 또한 서점에서는 베스트셀러 1위부터 10위까지의 순위 안에서 책을 선택하여 구매하는 편이다.

① 각 분야의 전문가들이 실제로 경험한 이야기를 참고하여 판단해라.
② 타인의 기준을 따르기보다는 자신의 특별한 기준을 찾아 선택해라.
③ 복잡한 것들을 여러 단계에 거쳐 단순하게 만든 후에 양자택일해라.
④ 철저한 사전 조사를 통해 선택에 필요한 의사 결정의 시간을 줄여라.

05 다음 글의 빈칸에 들어갈 말로 가장 적절한 것은?

> 우리가 사용하는 언어 표현 가운데는 어떤 대상을 직접 지시하는 것이 있다. 우리는 이를 직시(直示)라고 한다. 직시는 무엇을 지시하느냐에 따라 담화 직시, 장소 직시, 시간 직시 등으로 나뉜다. 이 중에서 담화 직시란 담화의 어떤 부분을 직접 지시하는 것이다. 예를 들어 '어제 김 회장은 개인 재산의 일부를 사회에 환원하겠다고 주주들에게 말했다. 그러나 그것은 거짓으로 밝혀졌다.'라는 담화에서 '그것'이 지시하는 것은 이 담화의 한 부분인 '[   ]'이다. 이 경우 '그것'이 바로 담화 직시 표현이다.

① 어제
② 김 회장
③ 주주들에게
④ 개인 재산의 일부를 사회에 환원하겠다.

06 <개요>를 수정·보완할 방안으로 적절하지 않은 것은?

> ─────〈개요〉─────
> 전통 시장 활성화 방안
>
> Ⅰ. 서론
> 　　가. 전통 시장의 의의와 필요성
> 　　나. 전통 시장이 침체되고 있는 실태
> Ⅱ. 전통 시장 쇠퇴의 원인
> 　　가. 고객 편의 시설 부족
> 　　나. 소비자의 구매 형태 다양화
> 　　다. 지역 특성을 고려한 소비자 유인 요소 부족
> Ⅲ. 전통 시장 활성화 방안
> 　　가. 휴게실, 주차장 등 고객 편의 시설 확충
> 　　나. 소비자 유형별 판매 전략 수립
> 　　다. 재활용 상품에 대한 소비자의 인식 개선
> Ⅳ. 결론
> 　　전통 시장 보존의 중요성

① 'Ⅲ'에는 'Ⅱ-다'와의 관련성을 고려하여 '소비자의 관심을 고려한 지역 특화 상권 개발'을 추가한다.
② 'Ⅲ-나'는 상위 항목과 어울리지 않으므로 'Ⅱ'의 하위 항목으로 옮긴다.
③ 'Ⅲ-다'는 글의 주제와 관련이 없으므로 삭제한다.
④ 'Ⅳ'는 논지의 흐름을 고려하여 '전통 시장의 활성화를 위한 대책 마련 촉구'로 수정한다.

07 '갑'과 '을'의 공통적 말하기 방식은?

> (수련회 중 반 대항 축구 대회의 대진을 어떤 방식으로 할지 함께 토의하는 상황)
>
> 갑: 수련회 기간이 작년에 비해 하루가 늘어서 3박 4일이 되었잖아. 경기 시간을 늘리고 작년처럼 토너먼트로 진행하는 것이 어때? 작년에는 경기 시간이 짧아서 제 실력을 발휘하지 못했다고 여러 반에서 불만을 털어 놓았잖아.
> 을: 작년에 토너먼트 방식으로 진행되면서 경기력이 뛰어난 반들끼리 1차전에 붙어서 첫 경기에 떨어지는 경우들이 생겨 불만이 많았어. 또 이 때문에 준결승전과 결승전의 흥미도도 떨어져서 학생들의 호응도 시원치 않았고. 이번에는 리그전으로 진행하는 것은 어떨까?

① 객관적인 통계 자료를 활용하여 자신의 의견에 대한 신뢰성을 높인다.
② 가정적인 상황을 언급하면서 자신의 의견이 가지고 있는 타당성을 입증한다.
③ 자신의 의견이 가진 한계를 언급하면서 한계를 보완할 수 있는 방법을 제시한다.
④ 과거의 경험을 통해 문제점을 지적하면서 문제점을 보완할 수 있는 의견을 제안한다.

08 다음 진술이 모두 참일 때 반드시 참이 아닌 것은?

> ○ 책을 좋아하면 영화를 좋아한다.
> ○ 여행을 좋아하지 않으면 책을 좋아하지 않는다.
> ○ 산책을 좋아하면 게임을 좋아하지 않는다.
> ○ 영화를 좋아하면 산책을 좋아한다.

① 책을 좋아하면 산책을 좋아한다.
② 게임을 좋아하면 영화를 좋아하지 않는다.
③ 영화를 좋아하지 않으면 책을 좋아하지 않는다.
④ 여행을 좋아하지 않으면 게임을 좋아하지 않는다.

09 (가)~(라)를 맥락에 맞추어 가장 적절하게 나열한 것은?

> 회화와 사진은 만들어지는 과정이 상반된다.
>
> (가) 하지만 사진은 이미 모든 것이 존재하는 현실의 공간에서 필요 없는 것들을 제외하고 필요한 것만 골라 찍는다.
> (나) 회화는 빈 공간에 사물이 하나하나 더해 가면서 화면을 구성해 간다.
> (다) 그렇기에 회화가 '덧셈'의 예술이요, 사진이 '뺄셈'의 예술이라면 가장 알기 쉽게 비유가 될 것이다.
> (라) 즉 모든 것이 있는 현실에서 불필요한 것을 빼내는 것이다.

① (나) - (가) - (라) - (다)
② (나) - (다) - (가) - (라)
③ (다) - (가) - (라) - (나)
④ (다) - (라) - (가) - (나)

10 다음 글에서 추론한 내용으로 가장 적절한 것은?

> 디지털 미디어는 기존의 다른 미디어보다 접근하기 더 어려운 미디어이다. 부유한 사람들은 쉽게 디지털 미디어를 이용할 수 있지만, 가난한 사람들은 그런 기회를 얻지 못하게 된다. 디지털 미디어를 이용하는 사람들은 인터넷 등에서 수많은 정보를 쉽게 얻을 수 있고 그 정보를 이용해 사회적으로 더 쉽게 성공할 수 있다. 즉 사람들의 경제적·사회적 차이가 디지털 미디어를 이용해 정보에 접근하고 이용할 수 있는 기회에도 차이를 만들어내고, 그런 기회의 차이는 다시 사람들의 경제적·사회적 차이를 심화시키는 것이다. 이러한 현상을 일컬어 '디지털 격차'라고 한다.

① 디지털 미디어의 발달로 정보의 오류가 늘어나고 있는 실정이다.
② 디지털 격차로 인하여 정보를 해석하는 데에 주관성이 더욱 중요해졌다.
③ 디지털 정보는 복잡한 과정에 따라 처리되기 때문에 단순화시킬 필요가 있다.
④ 디지털 미디어가 지배하는 시대에는 정보의 부익부 빈익빈 현상이 심해질 수 있다.

11 다음 글의 ㉠ ~ ㉢에 들어갈 말을 적절하게 나열한 것은?

전통 사회에서는 대체로 어른이 먼저 정보를 접하고, 이 정보를 교육이나 지시를 통해 아랫사람들에게 전달하는 경로를 거쳤다. 예컨대 할아버지가 명령을 하면 그것을 아버지가 받아서 어머니에게 전달하고, 어머니는 그 정보를 다시 자녀들에게 전달하였다. 이때는 정보를 가장 많이 소유한 할아버지가 가장 높은 권위를 가질 수 있었다. ㉠ 산업화 과정에서 전통적인 가부장적 사상이 약화되고 자녀 교육이 사회로 이전되면서 부모의 권위는 점차 약화되었다. 이러한 현상은 정보화 사회에 들어와서 더욱 심화되고 있다. ㉡ 정보가 공동 분배되고 있는 오늘날은, 특히 정보에 관한 한, 조부모나 부모가 예전과 같은 권위를 행사할 수가 없게 되었다. 새로운 첨단 정보에 관하여는 부모보다 자녀가 더 우위에 있게 됨으로써 가족 구성원 간에 정보가 한 방향으로만 흐르지 않게 된 것이다. ㉢ 요즘과 같은 정보화 사회에서는 부모와 자녀가 유연하게 정보 소통을 한다면 여러 가지 문제들을 쉽게 해결하고 그 관계가 더 좋아질 것이다. 이제는 부모 자녀가 유용한 정보를 공유해야 하며, 그 정보 전달의 매체도 공유하도록 노력하는 것이 바람직하다.

	㉠	㉡	㉢
①	그러면	따라서	그리고
②	그러나	그런데	그러나
③	그리고	하지만	그리하여
④	그런데	그리하여	그러므로

12 ㉠에 대한 이해로 적절하지 않은 것은?

니체의 철학적 견해는 20세기 초의 예술가들에게 많은 영향을 주었는데, 특히 회화에서 독일의 표현주의가 니체의 철학을 수용했다. 표현주의는 전통적인 사실주의 미학을 따르지 않았다. 사실주의 미학은 형이상학적 이원론에 근거하여 존재와 진리의 참모습을 모방하는 것을 예술의 목적으로 받아들이는 재현의 미학이었다. 그러나 니체의 철학적 관점에서 예술을 이해한 ㉠'표현주의 화가들'은 예술의 목적을 대상의 재현이 아니라 인간의 감정과 충동을 표현하는 것으로 생각했다. 그들은 사실주의 미학에서 이성보다 열등한 것이라고 여겼던 감정을 존재의 본질을 드러내는 것으로 보았다. 그들이 생각하는 인간의 감정은 시시각각 변화하며 생성과 소멸을 반복하는 것이었기에 그림을 그리는 동안에도 매 순간 변화하는 감정을 중시했다. 그래서 대상의 비례와 고유한 형태를 왜곡하고, 색채도 실제보다 더 강하게 과장해서 그리거나 대비되는 원색을 대담하게 사용하는 등의 방법을 통해 자신의 감정과 충동을 표현했다. 또한 원근법에 얽매이지 않는 화면 구성을 보임으로써 작품에서 드러나는 공간이 현실 공간의 재현이 아니라 화가 자신의 감정을 표현하기 위한 상징과 의미를 생산하는 공간이라는 인식을 드러냈다.

표현주의 화가들은 이성과 합리성의 가치를 추구하던 당시 사회의 분위기에 반발하며 예술가로서의 감정적, 주관적인 표현을 예술이 추구해야 하는 가치로 보았다. 그들은 자유로운 형태와 색채로 자신들이 가지고 있던 내면의 불안, 공포, 고뇌 등을 예술로써 극복하려고 노력하면서 강한 생명력을 보여 주었다. 결국 화가의 내면을 적극적으로 표현했던 표현주의는 니체의 철학을 근거로 예술에 대한 새로운 해석을 보여 주었다고 할 수 있다.

① 존재와 진리의 참모습을 모방하는 것이 중요하다고 여겼다.
② 인간의 감정을 존재의 본질을 드러내는 것으로 인식하였다.
③ 예술이 추구해야 하는 가치는 예술가로서의 주관적 표현이다.
④ 시시각각 변화하며 생성과 소멸을 반복하는 감정을 중시하였다.

13 '갑'의 말하기를 분석한 내용으로 가장 적절한 것은?

> 갑: 네 단짝 민지는 어디 가고 혼자 앉아 있니?
>
> 을: 민지? 어디 있는지 잘 모르겠어.
>
> 갑: 왜? 너희들 단짝이라 항상 같이 있었잖아.
>
> 을: 민지가 나한테 화가 났는지, 같이 잘 안 다녀.
>
> 갑: 무슨 일 있었니?
>
> 을: 며칠 전에 내가 과제물을 작성하느라 잠을 잘 못 잤거든. 그래서 쉬는 시간에 책상에 엎드려 자고 있었는데, 민지가 와서 국어 시험 범위를 물었어. 그런데 내가 너무 피곤해서 시큰둥하게 모른다고 하고 계속 잤는데, 그 후부터 나를 못 본 처해.
>
> 갑: 그러면 지금이라도 가서 미안하다고 얘기해 봐.
>
> 을: 나도 그러고 싶은데, 내가 볼 때마다 민지의 표정이 너무 싸늘해서 말을 못 붙이겠어.
>
> 갑: 그래도 늦기 전에 빨리 가서 얘기해 봐. 예전에 나도 친한 친구와 비슷한 일이 있었는데, 그 순간은 정말 어색하고 민망해도 친한 친구이니만큼 금세 서로 이해하게 되더라고. 네가 미안하다고 한마디만 해도 금세 웃게 될 것 같은데? 어서 가 봐!

① 자신의 경험을 언급하며 '을'에게 용기를 주고 있다.
② 유머를 활용하여 '을'의 긴장감을 해소시켜 주고 있다.
③ '을'이 말한 내용을 요약하면서 집중도를 높이고 있다.
④ 관용적 표현을 통해 '을'에 대한 공감을 드러내고 있다.

14 (가)와 (나)를 전제로 할 때 빈칸에 들어갈 결론으로 가장 적절한 것은?

> (가) '갑'은 '을'보다 무겁다.
> (나) '병'은 '을'보다 가볍다.
> 따라서 _____

① '갑'이 가장 가볍다.
② '을'이 가장 무겁다.
③ '병'이 가장 가볍다.
④ '갑'이 '병'보다 가볍다.

15 다음 글의 ㉠~㉣ 중 어색한 곳을 찾아 가장 적절하게 수정한 것은?

> 위작을 가려내야 하는 입장에서 보면, 대부분의 위작은 기법과 재료가 해당 미술가와 ㉠ 일치하지 않는다는 초보적인 실수를 저지르고 있기 때문에 금방 가려낼 수 있다. 문제는 소수의 매우 정교한 위작이다. 대부분의 위작을 걸러 냈다고 해도 한두 점의 위작을 진품으로 취급했다가 나중에 위작임이 드러나면, 앞서 이를 진품으로 판정했던 전문가와 미술관 등의 ㉡ 위신이 회복될 수 있다. 게다가 이로 인해 심각한 금전적 문제까지 발생한다.
>
> 최근에는 미술품의 진위를 가리는 데 ㉢ 과학 기술이 널리 사용되고 있다. 예를 들어 엑스선을 미술품에 비추면 미술품의 내부 구조를 파악할 수 있다. 유화에 엑스선을 비추어 흰색 안료가 칠해져 있는 모양과 두께 등을 보면 화가 특유의 필치, 즉 화가가 붓을 움직이는 방식까지 알 수 있다. 따라서 이를 통해 다른 누군가가 그 화가를 흉내 내어 붓을 놀렸을 경우 ㉣ 그 미묘한 차이까지 가려낼 수 있다.

① ㉠: 일치한다는
② ㉡: 위신은 땅에 떨어진다.
③ ㉢: 과학 기술이 널리 사용되고 있지 않다.
④ ㉣: 그 미묘한 차이까지 가려낼 수 없다.

16 ㉠ ~ ㉤에 대한 이해로 적절하지 않은 것은?

> ㉠ 궁궐같이 전각의 수가 많고 영역의 규모가 큰 경우에는 대칭을 지키기가 어려운 것이 사실이다. ㉡ 그러나 그렇게 큰 규모임에도 불구하고 대칭 구도로 지어진 건축물은 얼마든지 있다. ㉢ 서양의 베르사유 궁전이나 루브르 궁전 등이 이에 해당한다. ㉣ 이는 궁궐같이 큰 규모의 건축물일지라도 대칭 구도로 짓는 것이 가능하다는 것을 잘 보여 준다. ㉤ 이렇게 볼 때 한국 전통 건축에 나타나는 비대칭 구도는 대칭 구도를 의도적으로 피한 결과로 해석할 수 있다.

① ㉠과 ㉡은 대립되는 내용의 진술이다.
② ㉢은 ㉡의 구체적 사례이다.
③ ㉣은 ㉡과 ㉢을 통해 이끌어낸 내용이다.
④ ㉤은 ㉢과 ㉣을 절충하여 내린 새로운 결론이다.

[17-18] 다음 글을 읽고 물음에 답하시오.

> ㉠ 인간이 ㉡ 동물과 달리 음악을 들을 수 있는 한 가지 이유는 인간의 두뇌가 다른 동물들의 두뇌가 처리할 수 있는 것보다 훨씬 더 복잡한 소리의 유형들을 다룰 수 있기 때문이다. (가) 우리는 음악의 다양한 유형들을 맞추어 교향곡의 한 악장을 만든다. 서로 다른 음들이 묶여 단편적인 멜로디들을 만들고, 전체 멜로디로 이어진 뒤 다시 악구로 확장되었다가 긴 악절을 형성한다. 동시에 발생하는 음들은 음정으로 합쳐지고 음정은 다시 화음으로, 화음은 화성 진행으로 통합된다. 유형화한 악센트들은 리듬을 형성하고 긴장감의 대비는 크레센도(점점 크게)와 디크레센도(점점 약하게)로 융합된다. 우리의 두뇌가 이러한 관계들을 해독함에 따라 소리에 대한 감흥이 일어난다. 듣는다는 것은 이러한 관계를 만드는 과정 그 자체이다.
>
> 우리는 어떤 이를 가리켜 음악에 대한 ㉢ 좋은 귀를 가진 사람이라고 말하지만 사실 그런 사람은 ㉣ 음악을 잘 들을 수 있는 훌륭한 마음을 가진 사람이라고 말해야 옳을 것이다. 동시에 발생하는 멜로디들, 리듬들, 그리고 심지어는 하모니들까지 들을 수 있는 마음 말이다. 개별적인 소리들을 인식하는 데 필요한 가장 기본적인 메커니즘은 우리 신경계에 이미 내장되어 있다. 그러나 그 밖의 다른 면들은 부분적으로 또는 모두 학습에 의해 다듬어진다. 그래서 마음의 훈련이 덜 되면 음들의 보다 단순한 관계만을 들을 수 있는 것이다.

17 윗글을 이해한 내용으로 적절하지 않은 것은?

① 훈련이 된다면 음악을 더욱 잘 이해할 수 있다.

② 음악은 단순한 물리적 현상이라기보다는 인간 두뇌 작용의 결과이다.

③ 인간은 음악을 들을 수 있는 신경계의 메커니즘을 후천적으로 가지게 된다.

④ 음악을 듣는다는 것은 음악을 형성하고 있는 요소들의 관계를 해독하는 과정이다.

18 윗글의 ㉠~㉣ 중 문맥상 (가)의 의미와 가장 가까운 것은?

① ㉠   ② ㉡

③ ㉢   ④ ㉣

[19-20] 다음 글을 읽고 물음에 답하시오.

> 한국인은 상황에 따라 문장의 일부분을 생략하기도 하고, 긴 것을 아주 간단하게 축약하기도 한다. 그래서 한국어를 '상황 중심 언어' 혹은 '상황 의존적 언어'라고 한다. 이렇게 문장의 일부분을 생략하고 표현할 수 있는 것은 당시의 상황에서 필요한 것은 '누가'와 '무엇'이고, 그 외의 것은 별다른 중요성을 부여할 필요가 없다는 한국인의 인식이 언어에 반영되었기 때문이다.
>
> 찬바람이 쌩쌩 부는 겨울에 방문을 열어 놓고 들어오는 사람이 있는 상황에서, 한국 사람들은 "문 좀 닫고 들어와."라고 표현한다. 가만히 곱씹어 생각해 보면 논리에 맞지 않는 표현이다. 투명 인간이 아닌 다음에야 어떻게 문을 닫고 들어올 수가 있겠는가? 이런 말을 들은 서양인들은 한국인의 사고 구조에 대해 대단히 의심스러워할지도 모르겠다. 그런데 한국 사람들은 이런 말을 아주 자연스럽게 받아들인다. 그것은 한국인들이 그 상황에서 '한 개인의 출입'보다 '문을 닫는 행위'가 더 중요하다고 생각하기 때문이다. 중요한 것을 앞에 두어서 '강조'하려는 심리가 언어 관습으로 ㉠ 굳어진 것이다.

19 윗글에 나타난 글쓴이의 생각으로 가장 적절한 것은?

① 언어는 무한하고 창조적인 체계이다.

② 언어는 음성과 의미가 자의적으로 결합되어 있다.

③ 언어는 그 언어를 사용하는 사람의 인식을 반영한다.

④ 언어는 세상에 존재하는 사물을 표현하기 위한 수단이다.

20 문맥상 ㉠의 의미와 가장 가까운 것은?

① 그의 표정은 돌처럼 굳어 있었다.

② 밀가루 반죽을 오래 두면 딱딱하게 굳는다.

③ 한번 말버릇이 굳어 버리면 여간해서 고치기 어렵다.

④ 운동을 적당히 하지 않으면 나이가 들수록 관절이 조금씩 굳는다.

약점 보완 해설집 2p

01 <지침>에 따라 ⊙ ~ ②을 수정한 것으로 적절하지 않은 것은?

> 지구의 환경 문제에 대한 우려의 목소리가 점점 커지면서 환경 보호 활동에 대한 관심이 높아졌다. 사람들은 그동안 단순히 물건을 재활용했던 것을 넘어 좀 더 가치 있는 활동에 관심을 가지게 되었다. ⊙ 그런데 생활 속에서 쓸모없어진 폐기물에 생명을 불어넣는 '업사이클링'에 주목하고 있다. 환경친화적인 삶을 실천하는 방법으로 새롭게 떠오르고 있는 업사이클링에 대해 알아보자.
>
> 업사이클링은 '업그레이드'와 '리사이클링'이 합쳐진 말로, 버려지거나 다 쓴 물건에 디자인이나 활용도를 더해 새로운 제품으로 재탄생시키는 것을 뜻한다. 환경을 보호하고, 경제적 가치를 창출할 수 있다는 점에서 많은 사람들이 업사이클링 활동에 관심을 가지고 참여하고 있으며, 사회적 기업들도 업사이클링 상품들을 ⓒ 개시하고 있다. 업사이클링 활동에 참여하는 것이 어렵다고 생각하는 학생들이 많지만, 이미 이러한 활동은 여러 곳에서 활발히 진행되고 있다. 지난 환경의 날에 우리 학교의 학생회에서 진행한 '폐현수막으로 에코백 만들기'와 이번 축제 때 우리가 하게 될 '방수천을 활용한 필통 만들기'도 업사이클링과 ⓒ 관련되어진 활동이다.
>
> 그렇다면 ② 우리가 생활 속에서 실천하기 위해서 어떻게 해야 할까? 무엇보다도 버려진 것들에 관심을 가지고, 그것을 새로운 물건이 될 수 있는 재료로 바라보는 자세가 필요하다. 폐타이어를 활용해 미끄러지지 않는 신발을 만든 것도 폐타이어를 쓰레기가 아닌 신발의 밑창이 될 수 있는 재료로 보았기 때문에 가능했다. 평소 쓸모가 없다고 생각했던 것들의 가치 있는 재활용을 고민함으로써 쓰레기도 소중한 자원이 될 수 있다는 사실을 깨닫고, 업사이클링을 일상생활 속에서 실천해 봤으면 좋겠다.

> ───────〈지침〉───────
> ○ 적절한 단어를 사용할 것.
> ○ 적절한 접속 부사를 사용할 것.
> ○ 필요한 문장 성분을 생략하지 말 것.
> ○ 불필요한 피동 표현의 중복을 피할 것.

① ⊙: 그러나
② ⓒ: 출시
③ ⓒ: 관련된
④ ②: 우리가 생활 속에서 업사이클링을 실천하기 위해서 어떻게 해야 할까?

02 다음 글의 빈칸에 들어갈 이유로 가장 적절한 것은?

> 왜 세포는 스스로 죽음을 선택할까? 진화의 관점으로 본다면 개별 세포도 살기 위해 발버둥 쳐야 마땅한데 스스로 죽기를 택하다니 역설적인 이야기가 아닐 수 없다. 하지만 개체의 생존과 유지의 측면에서 세포 자살은 꼭 필요한 것이다. 세포가 죽음을 선택하는 이유는 [   ] 즉 자신을 던져 전체를 살리는 희생정신을 발휘하는 것이다.

① 불필요한 부분을 없애기 위해서이다.
② 다른 세포가 자신을 공격할 수 있기 때문이다.
③ 자신이 죽는 것이 전체 개체에 유익하기 때문이다.
④ 세포가 외부의 영향으로 어쩔 수 없이 죽음을 맞는 것이다.

03 다음 글의 ⊙의 사례가 포함되어 있지 않은 것은?

> 한 단어의 의미가 여러 가지 의미로 쓰일 때 그 가운데에서 가장 기본적이고 핵심적인 의미를 중심적 의미라고 하고, 이를 제외한 나머지 의미를 ⊙ 주변적 의미라고 한다. '그는 손을 흔들며 친구에게 작별 인사를 했다.'는 문장에서 '손'은 '사람의 팔목 끝에 달린 부분'이라는 중심적 의미로 해석된다. '농촌에서는 손이 부족해서 여러 가지 일이 진행되지 못하고 있다.'에서 '손'은 '어떤 일을 하는 데 드는 사람의 힘이나 노력'이라는 주변적 의미로 해석된다.

① 여러 다리를 거쳐서 너를 찾게 되었다.
② 시끄러운 소리가 들려 귀를 막고 있었다.
③ 그녀는 인재를 알아보는 눈을 갖고 있다.
④ 집단의 머리 노릇을 하는 것은 쉽지 않다.

04 다음 글의 핵심 논지로 가장 적절한 것은?

실제 의사소통의 상황에서 메시지를 수용하는 수신자는 어떤 면에서 언어적 메시지보다는 메타메시지에 더 민감한 반응을 보인다. 상대방의 말을 들을 때 그 사람이 무슨 말을 했는가보다는 얼마나 진지하고 예절 바르게 말하는가, 자신에 대해서 얼마나 호의적인가 등을 중심으로 그 사람을 판단한다. 만약 말로 인해 갈등을 겪거나 상처를 받는 사람이 있다면, 그것은 대개 상대방이 무슨 말을 했는가 하는 말의 내용 때문이라기보다는 상대방이 어떤 식으로 말하는가 하는 방식이나 태도 때문이다. 같은 말이라도 떠벌리는 태도로 지나치게 크게 말한다거나, 상대방을 바라보지 않고 다른 곳을 응시하며 말하는 경우에는 참여자들 사이에 신뢰가 형성될 수 없다. 아무리 도움이 되는 말이라도 직접 면전에서 듣는 것보다 다른 누군가를 통해서 전해 듣는 것이 기분 나쁜 이유는 말하는 상황 자체에서 전달되는 메타메시지를 공유할 수 없기 때문이다.

① 목소리를 조절하라.
　친밀감을 주기 위해서는 커다란 목소리로 힘 있게 말하라.
② 적극적으로 대응하라.
　상대방이 다양한 사례로 자신을 비판한다면 즉각 반격하라.
③ 예절 바르게 말하라.
　말하는 내용보다 전달하는 자세가 중요하다는 점을 기억하라.
④ 여유를 갖도록 하라.
　상대방의 주변을 살펴보며 상황에 따라 적절한 몸동작을 활용하라.

05 다음 진술이 모두 참일 때 반드시 참인 것은?

○ 독서를 좋아하는 사람은 모두 글쓰기를 좋아한다.
○ 여행을 좋아하는 사람은 모두 사진 찍기를 좋아한다.
○ 글쓰기를 좋아하지 않는 사람은 모두 사진 찍기를 좋아하지 않는다.

① 여행을 좋아하는 사람은 모두 글쓰기를 좋아한다.
② 여행을 좋아하는 사람은 모두 독서를 좋아하지 않는다.
③ 독서를 좋아하지 않는 사람은 모두 사진 찍기를 좋아한다.
④ 글쓰기를 좋아하는 사람은 모두 사진 찍기를 좋아하지 않는다.

06 (가) ~ (라)를 맥락에 맞추어 가장 적절하게 나열한 것은?

(가) 노벨 위원회가 아무리 설득해도 파인먼의 의지를 꺾을 수 없었다.
(나) 스웨덴까지 갔다 오면 시간 손실이 많아 연구에 지장이 있다는 이유에서였다.
(다) 그러던 그의 마음을 움직인 것은, "수상식에 불참하면 기자들이 몰려와 진을 치고 이유를 물을 텐데, 그러면 당신의 연구 시간을 더 뺏길 수도 있다."라는 부인의 말이었다.
(라) 1965년 노벨 물리학상을 수상한 미국의 리처드 파인먼은 수상식 참석을 거부했다.

시간을 덜 뺏기도록 노력하겠다는 노벨 위원회 측의 메시지보다 오히려 시간을 더 뺏길지도 모른다는 부인의 한마디가 설득력이 컸던 것이다.

① (나) - (가) - (라) - (다)
② (나) - (다) - (가) - (라)
③ (라) - (나) - (가) - (다)
④ (라) - (나) - (다) - (가)

07 ㉠ ~ ㉣ 중 <보기>가 들어갈 위치로 가장 적절한 것은?

2001년 미국 캘리포니아에서 대규모 정전 사태가 발생했다. ㉠ 이 사태로 시민들의 일상은 극도의 혼란에 빠졌으며, 도시의 기능이 마비되었다. ㉡ 이 사태는 공공재였던 전기 공급 사업을 민영화하면서 생겨난 것이다. ㉢ 그러나 민영화 이후 발전회사들은 전기 요금 인상을 요구했고, 이 요구가 받아들여지지 않자 담합하여 발전 시설을 인위적으로 폐쇄하고 전기 공급을 중단한 것이다. ㉣

───── <보기> ─────
당시 캘리포니아 주정부는 민간기업들끼리 경쟁하면 전기 요금이 더 싸질 것이라 생각했다.

① ㉠　　　　　　② ㉡
③ ㉢　　　　　　④ ㉣

08 다음 글을 이해한 내용으로 적절하지 않은 것은?

고전 소설에 널리 이용되어 온 '기이성(奇異性)'은 새롭고 낯선 것에서 느껴지는 성질로서, 당대 독자들의 호기심을 자극해 왔다. 기이성은 다양한 요소를 통해 형성되는데, 그중에서 가장 중요한 것이 비현실성이다. 비현실성은 현실에서는 도저히 일어날 수 없는 일이라고 여겨지는 초경험적이고 환상적인 것이기 때문에 기이성을 형성하는 데 아주 효과적이다. 또한 인물의 극단적인 성격이나 사건의 극적인 전개도 기이성을 형성하는 데 중요한 요소가 된다. 고전 소설에서는 아름다움, 추함, 선함, 악함, 효심, 충성심 등과 같은 인물의 성격이 극단적으로 나타나는 경우가 많으며, 또한 헤어짐에서 만남으로, 가난에서 부귀로, 위험에서 평온으로 등과 같이 사건의 전개가 극적으로 이루어지는 경우도 흔히 나타난다. 이외에 다른 나라를 배경으로 삼음으로써 나타나게 되는 이국정취 등도 기이성 형성의 한 요소가 된다. 이러한 요소들은 작품에서 복합적으로 작용하면서 기이성을 형성한다.

그런데 이러한 기이성도 소설의 역사적인 발전 단계에 따라 구현되는 양상이 달라지는데, 비현실성이 이러한 변화에 가장 큰 영향을 미쳤다. 아직도 설화의 흔적이 남아 있던 17세기의 소설에서는 비현실성이 많이 나타났다. 대부분의 불교계 국문 소설과 전기 소설 등이 여기에 해당하는데, 현실의 논리 같은 것은 크게 고려하지 않았으며 초현실적 존재가 현실계나 환상계에서 활약하는 것을 극대화하여 독자의 호기심을 자극하였다. 전기 소설의 하나인 「금령전」에 이러한 특징이 잘 나타난다.

하지만 18세기에 이르면, 합리적 사고와 사회의식이 성장하면서 초기 소설이 가지고 있던 비현실성은 점차 희석되고 현실성의 비중이 높아진다. 그리고 비현실성과 현실성이 유기적으로 결합하면서 이원적인 세계관을 형성하게 된다. 경험 세계인 현실계와 초경험 세계인 환상계가 개별적인 독립성과 함께 상호 유기성을 갖는 공간으로 설정된 것이다. 이를 통해 현실계에서 일어나는 비현실성의 근거를 환상계에 귀속시킴으로써 독자들이 큰 저항 없이 비현실성을 수용할 수 있었다. 이 시기의 적강형 영웅 소설 등이 대표적인 예라고 할 수 있다.

① 전기 소설에서는 현실 세계의 논리가 사건 전개에 중요하게 작용했다.
② 기이성은 독자의 호기심을 자극하는 요소로 고전 소설에서 널리 쓰였다.
③ 이원적 세계관을 보여 주는 대표적인 예로는 18세기 적강형 영웅 소설이 있다.
④ 합리적 사고의 성장은 고전 소설에서 비현실적 요소가 약화되는 데 영향을 줬다.

09 다음 글의 ㉠ ~ ㉣ 중 어색한 곳을 찾아 가장 적절하게 수정한 것은?

삶에서 따뜻한 대화는 참 중요한 것입니다. 우리는 따뜻한 대화를 통해서 상대와 친밀해지기도 하고, ㉠ 쌓였던 오해도 풀 수 있습니다. 생각건대 대화 없이는 진정한 인간관계도 기대할 수 없습니다. 그렇다면 따뜻한 대화를 위해서 무엇을 어떻게 해야 할까요?

첫째, 일상생활에서 공격적인 비속어나 유행어의 사용을 줄여야 할 것입니다. 예를 들면 '썰렁하다'라는 말은 '재미가 없다'는 뜻으로 쓰이는데, ㉡ 이런 표현은 말한 사람을 무안하게 하거나 대화의 맥을 끊어버리곤 합니다.

둘째, 대화 상황에 적절한 언어 외적 표현을 활용하는 것도 좋은 방법 중 하나입니다. 언어 외적 표현은 몸짓, 태도, 표정, 눈길, 손짓, 옷차림 등을 통해 의사를 드러내는 것으로, ㉢ 이를 대화 상황에 적절하게 사용하면 대화의 분위기가 따뜻해집니다.

셋째, ㉣ 언어도단(言語道斷)이라는 말이 있듯이, 대화할 때는 먼저 상대방의 처지를 생각하여 다정하고 친근한 말을 사용해야 합니다. 이렇게 서로를 배려하면서 대화를 나눌 수 있게 된다면, 쓸데없는 오해나 마음의 상처는 사라지고 아름다운 세상이 될 것입니다.

① ㉠: 없던 오해도 심화될 수 있습니다.
② ㉡: 이런 표현은 말한 사람을 웃게 하거나 새로운 대화를 이끌어내기도 합니다.
③ ㉢: 이를 대화 상황에서 완전히 배제해 버리면
④ ㉣: 역지사지(易地思之)라는 말이 있듯이

10 다음 빈칸에 들어갈 말로 가장 적절한 것은?

아메리카 인디언들 사이에서 전해 내려오는 곰 사냥에 대한 이야기가 있다. 이들이 곰을 사냥하는 방법은 생각보다 간단하다. 먼저 곰의 머리만한 크기의 돌덩이를 준비하고, 거기에 곰이 좋아하는 달콤한 꿀을 잔뜩 바른다. 그다음엔 꿀을 바른 돌을 곰이 서 있을 때의 머리 높이쯤으로 해서 튼튼한 나뭇가지에다가 매달아 놓고 기다리는 것이 곰 사냥 준비의 전부이다. 그러면 얼마 지나지 않아 꿀을 좋아하는 곰이 냄새를 맡고 나타난다. 곰은 그 돌에 묻어 있는 꿀을 먹으려고 앞발을 들고 돌을 잡으려고 노력한다. 하지만 나뭇가지에 매달려 있는 돌을 곰이 잡기는 쉽지 않다. 돌은 오히려 곰의 앞발 동작에 뒤로 밀렸다가 앞으로 돌아오면서 곰의 머리를 때린다. 다시 곰이 그 돌을 잡으려고 하면 또 돌은 좀 더 밀려갔다가 다가오면서 곰의 머리를 아까보다 더 세게 친다. 그러면 곰은 '저 놈이 나를 계속 때렸겠다. 어디 누가 이기나 끝까지 해 볼까?' 하는 생각에 돌을 더 꽉 잡으려고 계속해서 달려든다. 하지만 곰이 돌을 잡으려고 하면 할수록 돌은 더 큰 반작용으로 곰에게 돌아오게 된다. 결국 곰은 되돌아오는 돌에 계속 맞아 큰 충격을 받게 되고 마침내 쓰러지고 만다. 이렇게 저돌적인 곰의 성격을 이용해서 인디언들은 힘들이지 않고 곰을 잡는다고 한다. 이 이야기에 나오는 곰의 모습을 통해 우리는 '⬚⬚⬚⬚⬚'를 배울 수 있다.

① 목적 달성을 위해서라면 소수의 희생은 불가피하다.
② 승부는 정정당당하게 겨뤄서 가리는 것이 중요하다.
③ 자신의 욕구에 집착하지 않는 마음 자세가 필요하다.
④ 평소에 친구와 원만한 관계를 유지하는 것이 필요하다.

11 '갑'과 '을'이 공통적으로 전제하고 있는 것은?

갑: 한국에서 까치는 길조이고 까마귀는 흉조인데, 미국에서는 그 반대라면서요? 길조라고 생각해서 그런지 제 눈에는 까치가 더 예쁘게 보여요. 미국 사람들 눈에는 그렇지 않겠죠?

을: 그럼요. 그게 문화적 차이라는 거죠. 같은 민족끼리도 지역에 따라 문화적 차이가 있는데, 민족이나 국가가 다르면 그 차이가 더 심할 수밖에 없지요.

갑: 그런데 문화가 달라도 개인적인 느낌으로 끝나고 말면 별 문제가 없지만, 상황에 따라서는 주의를 해야 할 때가 많은 것 같아요. 서양에서는 모르는 사이라도 서로 마주치면 미소를 지으면서 '하이!' 하고 인사를 나누는 것이 예의라고 하지만, 만약 한국에서 그래 보세요. 영락없이 이상한 사람으로 취급 받지 않겠어요?

을: 우리 나라에서는 손짓으로 사람을 부를 때 손바닥이 아래를 가리키게 하고 강아지를 부를 때는 손바닥이 위를 가리키게 하는데, 이것도 미국에서는 반대거든요. 제가 미국에 갔을 때 실제로 이런 일을 당한 적이 있는데 몹시 기분이 나빴어요. 순간적으로 저 사람들이 나를 강아지로 취급하나 하는 생각이 들었거든요.

갑: 그런 일이 있었군요. 그게 다 서로 간에 문화적 차이를 제대로 알지 못한 데서 생긴 일이 아닐까요? 그렇다고 외국의 문화를 일일이 다 알아 둘 수도 없는 일이고…….

을: 외국의 문화적 습관을 잘 몰라서 그러는 경우야 어쩔 수 없겠지만 그렇다고 해서 언제나 양해가 되는 것은 아니지요. 남의 문화를 이해하려는 노력이 필요할 것 같아요.

① 문화적 차이를 인정해야 한다.
② 우리 문화부터 제대로 이해해야 한다.
③ 외국인을 대할 때는 예의를 갖추어야 한다.
④ 외국인에게 우리 문화의 우수성을 홍보해야 한다.

[12-13] 다음 글을 읽고 물음에 답하시오.

요즘에는 방송이나 잡지 등의 대중매체를 통해 비전문가들이 쏟아 내는 현대사 연구물을 흔히 볼 수 있다. 이러한 연구들은 대중에게 현대사에 관심을 갖게 하고 역사 연구의 저변을 확대한다는 점에서 긍정적이다. 그러나 사실에 입각해 역사를 서술해야 한다는 기본 명제에 충실하지 못해 문제가 되는 경우도 많다. 이를 해결하고 올바른 현대사 연구로 나아가기 위해 보완해야 할 점이 있다면 무엇일까?

우선 말하고 싶은 것은 수집한 문헌 자료에 대해 (가) 철저한 사실 검증의 절차를 거쳐야 한다는 점이다. 현재의 연구들은 대중들의 기호나 연구자의 이해관계에 의해 선택된 자료들이 자의적으로 활용되어 문제가 되는 경우가 많다. 따라서 다루고자 하는 현대사 분야와 관련하여 자신이 수집하고 검토한 문헌 자료의 사실 여부를 철저히 확인하고 이에 대한 전문가의 의견을 수렴하는 절차를 거쳐 자료의 공정성과 신뢰성 등을 검증할 필요가 있다. 이런 과정을 소홀히 한 현대사 연구는 대중이 역사를 올바르게 인식하는 데 장애가 될 수 있을 것이다.

다음으로는 (나) 사건을 바라보는 광각적 시야를 갖출 필요가 있다는 점이다. 현재 비전문가들에 의해 이루어진 현대사 연구를 보면 역사적 사건을 특정한 시각에서 지엽적으로 서술하는 경우가 많다. 하지만 현대사 연구는 어느 한 나라의 테두리를 벗어나 세계사의 영역에 속하는 종합적인 분야로 다루어져야 한다. 따라서 이러한 특성을 고려하여 지역적으로 국한된 사건에 대한 연구라 하더라도 그것을 포괄하는 넓은 시각으로 바라보는 태도가 요구된다.

마지막으로는 (다) 구술사(口述史)의 활용에 대한 부분이다. 현대사는 특정 사건과 관련된 당사자들이 생존해 있는 경우, 문헌 자료를 보충할 수 있는 구술사를 활용함으로써 진실에 더욱 접근하기 쉬울 때가 있다. 이런 이유로 현대사의 많은 부분들이 참여자의 경험담, 목격자의 증언, 관련자들의 진술을 토대로 계속 보완되고 있다. 하지만 비전문가들에게 구술사는 여전히 전문가의 영역으로 인식되어 그 중요성에 대한 자각이 상대적으로 낮은 편이다. 이를 보완하여 비전문가들도 사건과 관련된 사람들을 찾아가 관련 내용을 채록하고 연구에 활용하는 노력을 병행할 필요가 있다. 이런 노력들이 이어질 때 더욱 올바른 현대사 연구가 가능할 것이다.

12 윗글의 중심 내용으로 가장 적절한 것은?

① 매체의 발달이 가져온 현대사 연구 분야의 성과
② 현대사 연구의 활성화를 위한 대책과 지원 방안
③ 비전문가들이 현대사를 연구할 때 고려해야 할 점
④ 현대사 연구의 발전을 위한 통시적 관점의 필요성

13 (가) ~ (다)의 사례를 바르게 연결한 것은?

6·25 전쟁에 대한 역사 서술

㉠ 다양한 집단의 구성원들이 말하는 전쟁 경험의 증언과 진술을 확보하여 그들이 경험한 전쟁 상황을 기록하고 연구에 활용한다.
㉡ 전쟁과 관련된 문헌 자료를 다양하게 수집하되 활용의 자의성을 막고 공정성을 확보할 수 있도록 전문가의 검증을 거친 후 이를 반영한다.
㉢ 전쟁 발발의 원인과 결과를 밝히기 위해 남북의 정치 상황을 세부적으로 분석하되 우리나라를 둘러싼 주변 국들의 이해관계까지 함께 파악한다.

	(가)	(나)	(다)
①	㉠	㉢	㉡
②	㉡	㉠	㉢
③	㉡	㉢	㉠
④	㉢	㉡	㉠

14 다음 대화의 (가)에 들어갈 말로 적절한 것은?

갑: 자전거를 타는 사람들은 모두 주유를 하지 않는대.
을: 그렇겠네. 자전거를 두 발로 움직이니까.
갑: 어 맞아. 그리고 ☐☐(가)☐☐
을: 아하, 그럼 자전거를 타는 사람은 모두 오토바이를 타지 않겠구나.

① 오토바이를 타는 사람은 모두 주유를 해.
② 오토바이를 타지 않는 사람은 모두 자전거를 타지 않아.
③ 주유를 하지 않는 사람은 모두 오토바이를 타.
④ 오토바이를 타지 않는 사람은 모두 주유를 하지 않아.

15 ⊙을 평가한 내용으로 적절한 것만을 <보기>에서 모두 고르면?

> 벡터란 치료용 유전자를 핵까지 안전하게 운반하는 전달체이다. 핵에 도달한 치료용 유전자는 유전자 발현을 통해 질병을 치료한다. 벡터에는 바이러스를 이용하는 바이러스성 벡터와 고분자 등의 화학 물질을 이용하는 비바이러스성 벡터가 있다. ⊙ 바이러스성 벡터는 세포막과 잘 결합하고, 치료용 유전자를 핵까지 쉽게 전달할 수 있기 때문에 유전자의 발현 효율이 매우 높다. 그러나 바이러스는 원래 질병을 유발하는 물질이기 때문에 이를 벡터로 활용하기 위해서는 질병을 일으키는 기능을 최대한 억제시켜야 한다. 하지만 그럼에도 불구하고 언제든지 질병을 일으킬 가능성이 남아 있다는 문제점이 있다. 또한 바이러스성 벡터는 크기가 매우 작아 삽입할 수 있는 치료용 유전자의 크기에 제한이 있다.

〈보기〉
ㄱ. 세포막과 잘 결합하는 특성이 있다.
ㄴ. 질병을 유발할 수 있는 가능성이 남아 있다.
ㄷ. 삽입할 수 있는 치료용 유전자의 크기에 제한이 없다.

① ㄱ
② ㄱ, ㄴ
③ ㄴ, ㄷ
④ ㄱ, ㄴ, ㄷ

16 다음은 A학교의 학생회장 후보자들의 연설이다. 두 사람이 공통적으로 주장하는 것은?

> 갑: 저는 선후배들 간의 연계 프로그램을 만들겠습니다. 일대일로 선후배를 연결해 줘서 선배들은 후배들과 친분을 쌓을 수 있도록 하고, 후배들은 공부 방법이나 학교생활에 대해 도움을 받을 수 있도록 하겠습니다. 다음으로 모든 학생들이 함께 할 수 있는 축제 문화를 만들겠습니다. 지금까지의 학교 축제는 몇몇 동아리들만의 축제였다고 할 수 있습니다. 이젠 동아리에 가입하지 않은 학생들도 프로그램을 기획하고 참여할 수 있는 기회를 마련하겠습니다.
>
> 을: 여러분, 매점에 가면 항상 뭘 먹을까 고민되시죠? 배가 고파 매점에 가 보면 먹을 만한 게 없는데다 매점의 운영 시간도 짧은 편입니다. 제가 학생회장이 되면 매점 메뉴의 다양화와 운영 시간 연장을 적극 건의해서 반드시 실현시키도록 하겠습니다. 그리고 선배님들, 졸업장 받고 사진 찍는 단조로운 졸업식, 싫으시죠? (청중의 대답을 듣고) 그렇습니다. 제가 학생회장이 되면 졸업식을 의미 있는 축제의 장으로 만들겠습니다. 선후배가 함께 공연도 하고 후배들의 축하도 받으면서 졸업식이 소중한 시간이 될 수 있도록 하는 프로그램을 마련하겠습니다.

① 학생들을 위한 복지시설을 더욱 확충해야 한다.
② 학생들의 안전을 위해 학교 시설을 점검해야 한다.
③ 선후배가 함께할 수 있는 프로그램을 마련해야 한다.
④ 선거 공약은 신뢰성 있고 실현 가능한 것이어야 한다.

시대가 시대이니만큼 콘텐츠의 중요함은 새삼 강조할 필요가 없어 보인다.

> (가) 그러므로 아무리 우수한 콘텐츠를 가지고 있더라도 미디어의 발전이 없다면 콘텐츠는 표현의 한계를 가질 수밖에 없다.
>
> (나) 그러나 콘텐츠만 강조하는 것은 의미가 없다.
>
> (다) 콘텐츠는 본질적으로 내용일 텐데, 그 내용은 결국 미디어라는 형식이나 도구를 빌어 표현될 수밖에 없기 때문이다.

문화의 내용이나 콘텐츠는 중요하다. 하지만 일반적으로 사람들은 문화를 향유할 때, 콘텐츠를 선택하기에 앞서 미디어를 먼저 결정한다. 전쟁물, 공포물을 감상할까 아니면 멜로나 판타지를 감상할까를 먼저 결정하는 것이 아니라 영화를 볼까 연극을 볼까 아니면 TV를 볼까 하는 선택이 먼저라는 것이다. 그런 다음, 영화를 볼 거면 어떤 개봉 영화를 볼까를 결정한다. 어떤 내용이냐도 중요하지만 어떤 형식이냐가 먼저이다.

가령, <태극기 휘날리며>나 <실미도>라는 대중적인 흥행물은 영화라는 미디어를 통해 메시지를 전달하고 있다. <태극기 휘날리며>나 <실미도>는 책으로 읽을 수도 있고, 연극으로 감상할 수도 있다. 하지만 흥행에 성공한 것은 영화라는 미디어였다. 여기서 중요한 것은 메시지나 콘텐츠를 어떤 미디어를 통해 접하는가이다. 아무래도 영화로 생생한 감동을 느끼는 <태극기 휘날리며>와 차분히 책장을 넘기며 감상하는 <태극기 휘날리며>는 수용자의 입장에서 보면 큰 차이가 있다. 감각을 활용하는 것은 콘텐츠보다는 미디어와 관련이 있다. 따라서 미디어의 차이는 단순한 도구의 차이가 아니라 메시지의 수용과도 연결된다.

17 윗글에 대한 설명으로 가장 적절한 것은?

① 사례를 들어 독자의 이해를 돕는다.
② 추상적인 내용을 익숙한 경험에 빗댄다.
③ 상반되는 견해를 제시 후 합일점을 찾는다.
④ 일반적 진술에서 구체적인 사실을 이끌어낸다.

18 (가) ~ (다)를 맥락에 맞게 순서대로 나열한 것은?

① (가) - (다) - (나)
② (나) - (가) - (다)
③ (나) - (다) - (가)
④ (다) - (나) - (가)

도서관에 있는 책은 옆면에 각각의 이름표를 ㉠ 달고 있다. 숫자와 문자가 함께 사용돼 언뜻 복잡해 보이지만 원리를 알면 놀라움 그 자체다. 먼저 각 책장에는 앞자리가 비슷한 책이 한데 모여 있다. 특히 맨 앞자리 숫자는 지구상의 모든 자료를 0에서 9까지 10개의 '주류'로 나눈 것이다. 이들은 [ ]를 갖추고 있다.

000은 태초의 인간과 자연이 혼돈에서 출발한다는 의미에서 특정 학문이나 주제에 속하지 않는 분야를 모았다. 100은 혼돈에서 질서를 찾기 위한 이성의 노력을 담은 철학을, 200에서는 유한한 인간이 절대적인 신을 숭배한다는 뜻에서 종교를 담았다. 300에는 인간이 가족과 사회, 국가를 형성하는 데 필요한 사회학을, 400에는 사회가 서로 소통하기 위해 필요한 언어학을 모았다. 500에는 생활에 필요한 과학적 지식인 자연과학을 담고, 600에는 지식이 기술로 발전된 기술 과학을 담았다. 생활 수준이 높아지면서 예술(700)이 나타나고, 정신을 풍요롭게 하는 문학(800)도 나타난다. 마지막으로 900에는 이 모든 것을 기록한 역사를 모았다.

19 윗글의 빈칸에 들어갈 말로 가장 적절한 것은?

① 인류의 역사와 비슷한 구조
② 특정한 사람이 세상을 바라보는 구조
③ 철학이 가장 중요한 것임을 나타내는 구조
④ 동·서양의 시각이 다르다는 것을 보여주는 구조

20 윗글의 문맥상 ㉠의 의미와 가장 가까운 것은?

① 옷에 단추를 <u>달아</u> 주세요.
② 그는 꼭 친구를 <u>달고</u> 다닌다.
③ 오늘 술값은 장부에 <u>달아</u> 두세요.
④ 태극기를 <u>단</u> 집이 생각보다 적다.

01 <공공언어 바로 쓰기 원칙>에 따라 수정한 것으로 적절하지 않은 것은?

───〈공공언어 바로 쓰기 원칙〉───
○ 주어와 서술어를 호응시킬 것.
○ 부사어와 서술어를 호응시킬 것.
○ 불필요한 피동 표현을 삼갈 것.
○ 여러 뜻으로 해석되는 표현 삼갈 것.

① "수많은 사람에게 읽혀 온 불후의 명작"은 "수많은 사람에게 읽혀져 온 불후의 명작"으로 수정한다.

② "동아리에 가입하기 위해서는 절대로 직접 손으로 쓴 작품을 제출해야 한다."는 "동아리에 가입하기 위해서는 반드시 직접 손으로 쓴 작품을 제출해야 한다."로 수정한다.

③ "그 선수의 장점은 경기의 흐름을 잘 읽고 다른 선수들에게 공을 잘 보내 준다."는 "그 선수의 장점은 경기의 흐름을 잘 읽고 다른 선수들에게 공을 잘 보내 준다는 것이다."로 수정한다.

④ "어머니께서 공부하는 나에게 간식으로 사과와 귤 두 개를 주셨다."를 "어머니께서 공부하는 나에게 간식으로 사과 두 개와 귤 두 개를 주셨다."로 수정한다.

02 ㉠ ~ ㉣의 사례로 적절하지 않은 것은?

공손성의 원리는 상대방에게 정중하지 않은 표현을 최소화하고 정중한 표현을 최대화하는 공손한 어법을 가리키는 말로서 '정중어법'이라고도 한다. 공손성의 원리에는 요령의 격률, 관용의 격률, 찬동의 격률, 겸양의 격률, 동의의 격률이 있다. ㉠ 요령의 격률은 상대방에게 부담이 가는 표현을 최소화하고 상대방의 이익을 극대화하는 것이다. 정중하고 공손한 말은 상대방이 좋아하는 쪽으로 말하는 것이며 상대방에게 이익이 되는 쪽으로 말하는 것이다. ㉡ 관용의 격률은 요령의 격률을 화자의 관점에서 말한 것으로 화자 자신에게 혜택이 되는 표현을 최소화하고 화자 자신에게 부담이 되는 표현을 최대화하는 것이다. 이 격률에 의하면 의사소통의 과정에서 남이 하기 싫은 일을 자신이 떠맡음으로써 남을 높이고 존중하는 태도를 지니라는 것이다. 찬동의 격률은 다른 사람에 대한 비방을 최소화하고 칭찬을 극대화하는 것이다. ㉢ 겸양의 격률은 찬동의 격률을 화자의 관점에서 말한 것으로 자기 자신에 대한 칭찬은 최소화하고 자신에 대한 비방을 극대화하는 것이다. ㉣ 동의의 격률은 자신의 의견과 다른 사람의 의견 사이의 차이점을 최소화하고 자신의 의견과 다른 사람의 의견 사이의 일치점을 극대화하는 것이다.

① ㉠: 사랑아, 오늘 방과 후에 시간이 되면 선생님 좀 도와줄 수 있니?

② ㉡: 이 문제 좀 가르쳐 줄래? 너는 시간이 많잖아.

③ ㉢: 제가 한 게 별로 없는데요 뭐. 다 선생님께서 가르쳐 주신 덕분입니다.

④ ㉣: 그래, 연극도 좋지만 네가 말한 영화도 참 좋아. 웅장한 스케일과 음악이 감동적이야.

03 다음 글에서 추론한 내용으로 적절하지 않은 것은?

> 독서를 통해 다른 사람을 가르칠 때는 반드시 지은이가 주장하는 뜻을 먼저 알아야 한다. 그런 후에 그 뜻을 아직 알지 못하는 사람에게 전해야 한다. 지은이가 기록한 내용 중에는 크고 작은 것, 깊고 얕은 것이 있을 수 있다. 또 그것을 표현할 때에도 번거롭고 복잡하거나 혹은 간략하고 단순한 차이가 있을 수 있다. 일을 서술해 기록할 때에도 가장 핵심이 되는 곳과 심오한 곳이 있다. 시대에 따라 크게 떠받들고 본받는 것이나 일을 논하는 조목도 마땅히 옛날과 오늘날은 다르다. 이 모든 것을 두루 섭렵했느냐 혹은 그렇지 못했느냐에 따라 깨닫고 이해하는 데 크게 차이가 생겨난다. 따라서 경전과 역사서에서 물류나 방술에 이르기까지 천지와 인간사에 관한 학설과 이치를 대체적으로나마 알고 있어야 한다. 이제 독서를 통해 뒤따르는 사람에게 좋은 교훈을 남기려면, 대체로 책의 번거롭고 복잡한 내용과 이해하기 어려운 글귀나 기이하고 괴상한 내용은 깊이 경계하도록 하고, 실제 행동으로 옮길 수 있도록 사물의 이치를 명확히 밝힌 글이나 이해하기 쉽게 쓴 글과 문장을 권장해야 한다.

① 배경지식을 활용하여 글을 읽어야 한다.
② 예측한 내용이 맞는지 확인하며 읽어야 한다.
③ 글이 쓰인 시대적인 특성을 고려하며 읽어야 한다.
④ 글쓴이가 말하고자 하는 바를 파악해 가며 읽어야 한다.

04 다음 진술이 모두 참일 때 반드시 참인 것은?

> ○ 늦잠을 자지 않으면 부지런하다.
> ○ 늦잠을 자면 건강하지 않다.
> ○ 비타민을 챙겨 먹으면 건강하다.

① 부지런하면 건강하다.
② 부지런하면 비타민을 챙겨 먹는다.
③ 늦잠을 자면 부지런하지 않다.
④ 비타민을 챙겨 먹으면 부지런하다.

05 다음 글의 ㉠ ~ ㉢에 들어갈 말을 적절하게 나열한 것은?

> 윤동주는 일제의 핍박을 받고 있는 암울한 식민지 현실에 적극적으로 대응하지 못하는 자신을 늘 부끄러워했다. 그의 부끄러움은 식민지 지식인의 양심을 지키려고 애쓰는 ' ㉠ '와 무기력하게 현실에 안주하려고 하는 ' ㉡ '의 갈등에서 촉발된 것이었다. 그가 독립운동의 혐의로 검거된 후 1945년 후쿠오카 형무소에서 옥사한 사실은, 내적 성찰을 통해 ㉢ 를 서서히 소멸시켜 나간 그의 양심이 독립을 위한 자기희생이라는 실천적 행동으로 발현되었음을 보여 주는 것으로 볼 수 있다. 「간」은 이러한 그의 내면 의식의 변화를 엿볼 수 있는 작품이다.

	㉠	㉡	㉢
①	육체적 자아	정신적 자아	무기력한 자아
②	현실의 자아	육체적 자아	자기희생적 자아
③	정신적 자아	육체적 자아	무기력한 자아
④	정신적 자아	이상적 자아	자기희생적 자아

06 <개요>의 ㉠ ~ ㉣을 수정한 내용으로 적절하지 않은 것은?

> ─── 〈개요〉 ───
>
> ○ 제목: ㉠ 문화재의 보존 가치
>
> Ⅰ. 서론: 소중한 문화재가 훼손되고 있는 현실
> Ⅱ. 본론
>   1. 문화재 훼손의 원인
>   가. 자연적 요인 ·············· ㉡
>   나. 인위적 요인
>   2. 문화재 훼손을 막기 위한 대책
>   가. ㉢ 문화재 관리 전문 인력의 충원
>   나. 문화재 관리 규정 정비
>   다. 올바른 관람 예절 강조
> Ⅲ. 결론 ························· ㉣

① ㉠을 '문화재 훼손에 대한 대책 마련 촉구'로 고친다.
② ㉡에 예시 자료로 '흰개미가 갉아먹어 훼손된 문화재'를 제시한다.
③ ㉢은 'Ⅱ-2-다'의 내용과 중복되므로 삭제한다.
④ ㉣에 '관람객의 관람 예절 실천을 촉구'하는 내용도 포함시킨다.

07 (가) ~ (다)를 맥락에 맞게 순서대로 나열한 것은?

> 우리가 먹는 식초는 pH가 7보다 훨씬 작은 산성 용액이다.
>
> > (가) 또한 염기성 물질인 탄산수소나트륨이 많이 포함된 과자를 많이 먹은 경우에도 몸의 pH가 염기성으로 바뀌지 않는다.
> > (나) 그러나 식초가 듬뿍 포함된 음식을 많이 먹어도 혈액이나 몸의 pH가 산성으로 변하지 않는다.
> > (다) 이처럼 산과 염기성 식품을 먹어 체내의 산이나 염기의 농도가 일시적으로 증가한다 해도 우리 몸의 혈액은 pH가 7.3~7.4로 일정하게 유지된다.
>
> 만일 pH가 큰 폭으로 변하면 우리 몸에 어떤 일이 일어날까? 그렇게 되면 체내의 생명 활동에 중요한 역할을 담당하는 효소의 구조가 바뀌어 활성을 잃게 되고 그에 따라 생명 활동에 문제가 발생할 수 있다. 효소는 단백질로 이루어져 있는데, 단백질은 pH에 따라 민감하게 반응하기 때문이다.

① (가) - (다) - (나)
② (나) - (가) - (다)
③ (나) - (다) - (가)
④ (다) - (나) - (가)

08 다음 글의 빈칸에 들어갈 결론으로 가장 적절한 것은?

> 한때 인터넷상의 문자어 '아행행'의 발음이 무엇이냐에 대해 의견이 분분한 적이 있었다. 웃음소리를 나타내는 의성어의 오타에서 비롯됐다고 하는 '아행행'은 보통의 국어 단어에서는 볼 수 없는 기이한 모습을 하고 있다.
> '아행행'에는 네 개의 'ㅎ'이 등장하는데 자음 중 'ㅎ'은 주위 환경에 따라 매우 다양하게 발음된다. '아행행'의 발음을 추정하기 위해 표준 발음법에서 'ㅎ'이 어떻게 소리나는지 살펴보면 다음과 같다.
>
> (1) 하늘[하늘], 오호[오호]
> (2) 히읗[히읃], 닿소[닫쏘]
> (3) 각하[가카], 맏형[마텽], 굽혀[구펴], 젖히고[저치고]
>
> (1)에서 음절 첫소리의 'ㅎ'은 제 음가대로 소리가 남을 알 수 있다. (2)를 보면 'ㅎ'이 음절 끝소리로 쓰일 때, 혹은 뒤 음절의 자음과 부딪힐 때 [ㄷ]으로 발음된다. (3)에서 'ㅎ'은 앞 음절의 'ㄱ, ㄷ, ㅂ, ㅈ'과 연이어 소리 날 때, 각기 [ㅋ, ㅌ, ㅍ, ㅊ]으로 발음됨을 알 수 있다. 따라서 '아행행'의 발음은 _____(으)로 추정할 수 있다.

① [아해앧]
② [아해해]
③ [아해탣]
④ [아행햄]

09 다음 대화를 분석한 내용으로 적절하지 않은 것은?

> 희서: 다녀왔습니다. 아유, 피곤해.
>
> 엄마: 어서 오렴. 배고프지? 엄마 지금 저녁 준비하는데 손이 부족하네. 누가 냉장고에서 반찬 좀 꺼내주면 좋겠네.
>
> 희서: (툴툴거리며) 엄마, 저 피곤해요. 영수 시키면 되잖아요?
>
> 엄마: 영수는 두부 사러 갔어. 네가 퉁명스럽게 말하니 엄마가 서운하다. 우리 착한 딸이 오늘 기분이 별로네. 학교에서 무슨 일 있었니?
>
> 희서: (미안해하며) 별일 없었어요. (가방을 열며) 근데 엄마, 선생님께서 오늘 주신 가정통신문을 꼭 부모님과 같이 읽어 보라고 하셨어요. 여기요……. 그런데 밥상머리 교육이란 게 뭐예요?
>
> 엄마: 함께 식사하면서 이뤄지는 가정교육을 말하는 거겠지. (가정통신문을 보며) 가족 식사의 날을 정하고, 함께 저녁 식사를 하면서 하루 일과를 나누는 소통의 시간을 마련하라는데? 우리도 가족 식사의 날을 정해서 일주일에 하루라도 온 가족이 함께 밥상머리에 앉아 볼까?
>
> 희서: 근데 엄마, 오늘 아빠가 용돈 주시기로 하셨는데 아직 안 오셨네요. 오늘 바쁘신가 봐요.
>
> 엄마: 응. 일이 많으신가 봐. 그렇지만 아빠도 밥상머리 교육의 취지를 아시면 가족 식사의 날에는 일찍 들어오실 거야. 우리 가족도 밥을 먹으면서 대화를 나누면 좋을 텐데, 네 생각은 어떠니?
>
> 희서: 네, 좋아요.
>
> 엄마: 그리고 함께 식사할 땐 친밀한 대화를 위해 TV와 휴대폰은 잠시 끄는 게 어떨까?
>
> 희서: 엄마가 원하시니 저도 노력해 볼게요. 그리고 엄마가 퇴근해서 식사 준비하시기가 쉽지 않을 것 같아요. 저도 될 수 있는 대로 일찍 와서 도울게요. 근데 엄마, 여기 가정통신문을 보면 유대인들은 밥상에서 부정적인 말보다는 칭찬이나 공감하는 말을 많이 했다는데요, 제 생각에는 우리 집도 그랬으면 좋겠어요. 그러니까 엄마도 칭찬 많이많이 해 주세요.
>
> 엄마: 알았다. 즐거운 시간이 될 수 있도록 함께 힘써 보자. 그럼 오늘 아빠가 일찍 들어오실 수 있는지, 아빠께 전화해 보자.

① 희서는 어른 앞에서 자신의 의견을 내세우지 않는 태도를 보인다.

② 희서는 대화가 진행되면서 상대방의 처지를 고려하는 태도로 변화하는 모습이 보인다.

③ 엄마는 상대방의 감정을 고려해 말하려는 배려의 태도를 보인다.

④ 엄마는 상대방을 비난하는 대신, 상대방의 말에서 느낀 자신의 감정을 솔직하게 전달하고 있다.

10 ㉠의 관점을 강화하는 사례로 적절하지 않은 것은?

> 인간은 언어가 없어도 사고(思考)를 할 수 있을까? 언어가 있어야 사고할 수 있는 것인지, 아니면 사고가 있어야 언어를 사용할 수 있는 것인지 분명진 않지만, ㉠ 언어와 사고가 밀접한 관계를 맺고 있는 것은 사실이다. 실제로 어린아이의 성장 과정을 관찰해 보면, 언어 능력과 지적 능력의 발달이 함께 이루어지는 것을 쉽게 알 수 있다. 언어를 습득하면서 지적 능력이 빠르게 발달하고, 그 영향으로 언어 능력의 수준도 높아지게 된다. 결국 인간은 언어를 도구로 하여 생각하며, 그 결과 사고력과 인지 능력이 점점 발달한다고 할 수 있다.

① 영아가 말을 배우기 이전에 울음으로 의사를 표현한다.

② 부정적인 말을 생활화하는 사람은 생각도 부정적으로 된다.

③ 친족 관계를 중시하는 사고로 인하여 친족어의 발달을 가져왔다.

④ 어른에 대해 공경 의식이 있어서 우리말에는 높임 표현이 발달해 있다.

선인들의 문집을 뒤적이다가 뜻밖에 생각지 못했던 글과 만나는 때가 종종 있다. 면앙정 송순 선생이 늙마에 아들을 잃었을 때에는 '곡자문'을 남겼다.

"너 죽어 내 곡하니, 나 죽으면 뉘 곡할꼬. 네 장례 내 치르니, 내 장례는 뉘 치를까. 흰머리로 통곡하니 푸른 산도 저무누나."

원문 스물넉 자에 불과하나 그 슬픔은 어떤 장문의 제문보다 폐부를 찌른다.

김주신의 "수곡집"에는 '선고 언행 기문록'이라는 글이 실려 있다. 유모가 자식 없이 세상을 뜨자 어머니가 그녀가 살던 집을 팔았고 그리하여 백금 2백 냥이 생겼다. 이 일을 알게 된 아버지가 그 돈을 다른 데 쓰지 못하게 하고, 죽을 쑤어 굶주리는 백성을 구황하는 데 쓰게 했던 일 등 자신이 직접 견문한 아버지의 살아생전의 기억을 꼼꼼히 적었다.

퇴계 선생이 임종을 전후해서 병상에서 지내시던 모습을 이덕홍을 비롯한 제자들이 일기체로 기록한 '퇴계 선생 고종기'는 위대한 학자의 마지막 모습을 사뭇 장엄하게 적고 있다. 남명 조식 선생의 고제 정인홍도 '남명 선생 병시 사적'이라는 글에서 스승의 마지막 가시는 길을 증언으로 남겼다. 다른 어떤 글보다 이 글들 속에서 두 분 선생의 참된 면목이 오롯이 담겨 있음을 느낀다. 이제 아무도 이런 기억들을 글로 ㉠쓰려 하지 않는다.

11 윗글의 제목으로 가장 적절한 것은?

① 선인들의 기록 정신
② 선인들의 조문 방법
③ 선인들의 지극한 효성
④ 선인들의 학문 정진 태도

12 문맥상 ㉠의 의미와 가장 가까운 것은?

① 그는 노래도 부르고 곡도 직접 쓴다.
② 그는 조그마한 수첩에 일기를 써 왔다.
③ 요즘 논문을 쓰느라고 며칠 밤을 꼬박 새웠다.
④ 오늘 배운 데까지 공책에 두 번 써 오는 게 숙제다.

13 다음 글의 ㉠ ~ ㉣ 중 어색한 곳을 찾아 가장 적절하게 수정한 것은?

2004년 저명한 과학 잡지인 『네이처』에 프랑스 과학자 크리스토퍼 클라네 박사의 물수제비 관련 논문이 실렸다. 이 논문에 따르면, ㉠물수제비가 성공하기 위해서는 세 가지 조건을 충족해야 한다고 한다. 먼저 둥글고 납작한 지름 5cm의 돌이 있어야 하고, 돌과 수면의 각도는 20도를 유지해야 하며, 초속 2.5m 이상의 속도로 던져야 한다는 것이다. 그렇다면 왜 과학자가 물수제비에 관심을 갖는지 이상한 느낌이 들지 않는가?

사실 과학자들이 물수제비에 관심을 갖기 시작한 것은 1940년대부터이다. 우주 과학과 항공 공학에서 물수제비에 대한 연구가 요긴하게 활용될 수 있기 때문이다. 우주선이 지구로 귀환하기 위해서는 ㉡지구를 둘러싼 대기권으로 진입할 수 있다. 우주선이 대기권으로 진입하는 순간의 상황이 돌멩이가 수면에 닿는 순간의 상황과 비슷하다. 계산을 잘못했다가는 우주선이 대기권에 거대한 물수제비 무늬를 남기며 튕겨나갈지도 모른다. 그래서 우주 과학자들은 이를 막기 위해 물수제비 현상을 연구하고 그것을 역으로 이용하고 있다.

㉢반면에 항공 공학에서는 물수제비의 원리를 그대로 이용하는 방법을 연구한다. 비행기가 40km 높이까지 올라갔다가 하강하면서 대류권과 만나면 물수제비처럼 통통 튀어 목적지로 갈 수 있다는 계산이 나온다고 한다. 이론적으로는 시카고에서 로마까지 72분 만에 갈 수 있다니 실제로 가능하다면 연료와 시간을 획기적으로 줄일 수 있을 것이다.

이러한 아이디어들이 어느 정도 실현 가능한 이야기인지는 모르겠다. 하지만 작은 돌멩이 하나가 보여주는 묘기가 놀라운 과학적 아이디어로 변하는 순간을 생각하면 ㉣왠지 짜릿하지 않은가!

① ㉠: 물수제비가 실패하기 위해서는 세 가지 조건을 충족해야 한다고 한다.
② ㉡: 지구를 둘러싼 대기권으로 진입해야 한다.
③ ㉢: 그러므로 항공 공학에서는 물수제비의 원리를 그대로 이용하는 방법을 연구한다.
④ ㉣: 왠지 허무맹랑하지 않은가!

14 다음 글의 글쓴이에 대한 이해로 가장 적절한 것은?

> 하늘은 재주를 고르게 주는데 이것을 명문의 집과 과거(科擧)로써 제한하니, 인재가 늘 모자라 걱정하는 것은 당연하다. 동서고금에 첩이 낳은 아들의 재주를 쓰지 않는다는 말은 듣지 못했다. 우리나라만이 천한 어미를 가진 자손이나 두 번 시집간 자의 자손을 벼슬길에 끼지 못하게 한다. 조막만 하고 더욱이 양쪽 오랑캐 사이에 끼어 있는 이 나라에서 인재를 제대로 쓰지 못할까 두려워해도 더러 나랏일이 제대로 될지 점칠 수 없는데, 도리어 그 길을 스스로 막고서 "우리나라에는 인재가 없다."라고 탄식한다. 이것은 남쪽 나라를 치러 가면서 수레를 북쪽으로 내달리는 것과 무엇이 다르겠느냐.

① 과거의 응시 목적을 문제 삼고 있다.
② 인재의 등용과 양성의 방법을 문제 삼고 있다.
③ 인재가 골고루 등용되지 못하는 현실을 비판하고 있다.
④ 부조리한 폐단이 많은 과거 시험의 축소를 주장하고 있다.

15 다음 대화를 통해 추론한 내용으로 가장 적절한 것은?

> 갑: 이번에 우리 집에서 도배를 다시 하는데 내 방은 내가 원하는 색깔로 해 주시겠대. 난 무슨 색으로 할지 고민이야.
> 을: 그러면 초록색으로 하면 어때? 초록색은 마음을 안정시키는 데 도움이 된다고 하더라.
> 갑: 그래? 파란색이나 빨간색 어때?
> 을: 정신적으로 복잡할 때 파란색을 보면 한 가지 일에 집중할 수 있는 힘이 생긴대. 그리고 빨간색은 힘이 나게 만드는 효과가 있대.
> 갑: 우와! 너 대단하구나. 그럼 주황색은?
> 을: 주황색은 낯선 곳에 와 있다는 느낌을 들게 한대.
> 갑: 그렇구나. 그럼 난 파란색으로 해야겠다. 고마워.

① 사람들은 따뜻한 색깔을 선호한다.
② 색깔은 인간의 심리에 영향을 미친다.
③ 색깔에 대한 감정은 성별과 세대마다 다르다.
④ 사람마다 심리적 안정감을 느끼는 색은 상이하다.

16 다음 글의 핵심 논지로 가장 적절한 것은?

> 미디어는 근본적으로 두 얼굴을 가지고 있다. 때론 따뜻한 위로자가 되어 용기를 되찾게 하는 활력소가 될 때도 있지만, 의욕을 꺾는 파괴자로서 칼날을 휘두르기도 한다. 따라서 미디어는 그것 자체보다 이를 활용하는 사람에 따라 문명의 이기로 쓰일 수도 있고 흉기로 돌변할 수도 있는 양면성을 지닌 존재라는 점에 주목할 필요가 있다.

① 미디어는 겉으로 유용한 것처럼 보이지만 실상은 그렇지 않다.
② 미디어는 유용한 점도 많지만 잘못 쓰면 오히려 독이 될 수도 있다.
③ 미디어는 왜곡된 정보를 무차별적으로 퍼뜨릴 수 있기 때문에 위험하다.
④ 미디어를 통해 정보 생산자와 수용자 사이에 소통이 원활하게 이루어진다.

17 다음 빈칸에 들어갈 말로 가장 적절한 것은?

> A, B, C, D, E 사원은 출장으로 인해 호텔에 투숙하게 되었다. 투숙과 관련하여 다음과 같은 사실들이 알려졌다.
>
> ○ 호텔은 5층 건물로 A~E사원이 서로 다른 층에 묵는다.
> ○ A사원은 2층에 묵는다.
> ○ B사원은 A사원보다 높은 층에 묵지만, C사원보다는 낮은 층에 묵는다.
> ○ D사원은 C사원 바로 아래층에 묵는다.
>
> 이를 통해 '[＿＿＿＿＿＿＿]'를 알 수 있게 되었다.

① E사원은 1층에 묵는다.
② E사원은 가장 높은 층에 묵는다.
③ 가장 높은 층에 묵는 사람은 알 수 없다.
④ C사원은 D사원보다 높은 층에 묵지만, E사원보다는 낮은 층에 묵는다.

현재의 인공 지능 컴퓨터는 한정된 범위의 지식 영역에서는 전문가에 ㉠ 견줄 만한 지적 능력을 보여 주고 있다. 그러나 상식을 이용한 추론이나 인간이 매일 겪는 문제와 상황에 대한 이해 및 감각 정보의 처리 등에서는 이렇다 할 성과를 거두지 못하고 있다.

현재 인공 지능을 연구하는 사람들은, 컴퓨터 프로그램의 문제 해결 능력이 프로그램 자체의 구성 방법보다는 프로그램이 가지고 있는 지식의 양에서 비롯된다고 본다. 그들에 따르면 컴퓨터 프로그램은 정보와 지식을 많이 ㉡ 지닐수록 지능적인 것이 된다. 따라서 현재 인공 지능의 가장 중요한 문제는 컴퓨터가 지니고 있는 지식의 양이라고 할 수 있다. 어느 인공 지능 연구자에 따르면, 현실 세계에서 컴퓨터의 인공 지능이 제대로 작동하기 위해서는 약 10만 개 이상의 정보와 지식이 필요하다고 한다.

과거에는 상상 속에만 있던 자동차, 비행기, 컴퓨터 등이 오늘날 그대로 실용화되어 인간의 생활을 윤택하게 하고 있고, 과학 기술의 발전으로 상상의 세계가 점차 빠르게 현실화되고 있다. 그러므로 오늘날 인공 지능에 대한 상상이 내일에는 현실로 다가올 수 있으리라고 기대해도 좋을 것이다. 상상을 현실로 바꾸기 위해서는 인공 지능 연구가 지향하는 목표를 가로막고 있는 장애 요인들을 다시 살펴보고, 현재보다 더 많은 연구자들이 인공 지능에 대한 관심과 열의를 ㉢ 가져야 할 것이다.

현재 인공 지능을 통해 우리가 얻고자 하는 목표에 ㉣ 이르기 위해서 해결해야 하는 장애물은 수없이 많다. 하지만 이들을 해결함으로써 부분적이지만 인간의 지능을 모방한 컴퓨터가 인간의 생활을 윤택하게 할 수 있도록 해야 한다. 또한 새로운 유형의 컴퓨터 개발, 인간의 감각 기관과 유사한 센서의 개발, IC 소자의 집적화·소형화·대용량화 등의 하드웨어적 한계를 극복하기 위한 노력과 인간의 지능에 대한 연구도 지속되어야 할 것이다. 소설이나 영화에서 보는 미래의 세계는 단순한 가상의 세계가 아니다. 그러한 미래는 인공 지능 컴퓨터와 같은 과학 기술의 발전에 따라 예측할 수 있는 우리의 미래인 것이다.

18 윗글을 이해한 내용으로 적절한 것만을 <보기>에서 모두 고르면?

───────〈보기〉───────
ㄱ. 인간의 지능을 컴퓨터로 실현하려는 꿈을 성취하려면 더 많은 연구가 필요하다.
ㄴ. 인공 지능 컴퓨터의 능력은 그것이 가지고 있는 정보와 지식의 양이 아닌 질에 따라 좌우된다.
ㄷ. 인공 지능 컴퓨터의 한계를 극복하기 위해서는 인간의 지능에 대한 연구를 지속할 필요가 있다.
──────────────────────

① ㄱ
② ㄴ
③ ㄱ, ㄷ
④ ㄴ, ㄷ

19 ㉠ ~ ㉣과 바꿔 쓸 수 있는 유사한 표현으로 적절하지 않은 것은?

① ㉠: 비견(比肩)할
② ㉡: 보유(保有)할수록
③ ㉢: 소유(所有)해야
④ ㉣: 도달(到達)하기

20 (가)의 관점에서 (나)를 비판한 내용으로 가장 적절한 것은?

(가) 언어는 단순한 음성 기호 이상의 의미를 지니고 있다. 언어에는 그 언어를 사용하는 민족의 문화가 용해되어 있다. 따라서 우리 민족이 한국어라는 구체적인 언어를 사용한다는 것은 단순히 지구상에 있는 여러 언어 가운데 개별 언어 한 가지를 쓴다는 사실만을 의미하지는 않는다. 한국어에는 우리 민족의 문화와 세계 인식이 녹아 있기 때문이다. 따라서 우리말에 대한 애정은 우리 문화에 대한 사랑이요, 우리의 정체성을 살릴 수 있는 길일 것이다.

(나) 세계화 시대에 영어를 모르면 국제 사회에서 제대로 활동하기 어렵다. 특히 수출이 경제 활동의 근간인 우리나라의 경우 영어를 못하면 곤란한 문제가 발생할 수 있다. 우리나라 사람들에게 영어는 선택이 아니라 필수라 생각한다. 따라서 이제는 영어를 공용어로 삼아야 한다.

① 영어를 공용어로 채택할 것인지 말 것인지는 한두 사람의 생각에 달려 있는 것이 아니라 국민 대다수의 생각에 달려 있다.
② 언어는 단순히 의사 표현의 수단에 불과한 것이 아니다. 영어를 공용어로 삼았다가는 우리의 민족 문화는 위태로워질 것이다.
③ 영어를 공용어로 한다고 영어를 잘할 수 있는 게 아니다. 영어 교육을 잘 시키면 되지, 굳이 영어를 공용어로 삼을 필요는 없다.
④ 언어를 사용하는 것도 시대의 변화에 발맞춰야 한다. 더구나 영어를 공용어로 삼는다면 외국인들도 쉽게 우리 문화에 접근할 수 있을 것이다.

약점 보완 해설집 8p

공무원 시험 전문 해커스공무원

gosi.Hackers.com

01 ㉠을 어긴 사례로 추가할 문장으로 가장 적절한 것은?

> ─── 〈공공언어 바로 쓰기 원칙〉 ───
>
> ○ 수식어와 피수식어의 관계를 분명하게 표현할 것.
> ○ 대등한 것끼리 접속할 때는 구조가 같은 표현을 사용할 것.
> ○ ㉠ 주어와 서술어를 호응시킬 것.
>   예 내일 우리 지방은 눈과 바람이 매우 심하게 불겠습니다.
>   → 내일 우리 지방은 눈이 내리고 바람이 매우 심하게 불겠습니다.
> ○ 능동과 피동의 관계를 정확하게 사용할 것.

① 우리가 목표한 바는 무난하게 달성될 것으로 보여진다.
② 나의 어릴 적 꿈은 아이들을 가르치거나 배우는 것이었다.
③ 제가 희망하는 직장은 초등학교 교사입니다.
④ 아름다운 너의 친구를 나에게도 빨리 소개해 줬으면 좋겠다.

02 다음 글의 ㉠의 사례가 포함되어 있지 않은 것은?

> 직업과 관련한 ㉠ 의사소통의 문제 중에, 의사와 환자의 의사소통에 대해 조사한 것이다. 먼저 환자들은 의사의 말에 대해 대체로 두 가지 문제를 지적하고 있다. 첫째, 환자가 자신의 증상을 설명하거나 병에 대해서 물어도 의사가 반응이 없을 때, 환자는 당황스럽다. 둘째, 의사가 설명을 해 준다고 해도 전문적인 용어로 어렵게 설명하는 바람에 그 말을 듣고도 무슨 뜻인지 모르는 경우가 있다.
>
> 한편, 의사들도 환자의 말에 대해 두 가지 문제를 지적하고 있다. 첫째, 환자들이 의사보다 너무 앞질러 생각하여 말하는 경우를 지적하고 있다. 환자 자신이 진단을 내리고 마치 그것을 의사에게 확인받으러 오는 듯이 말이다. 둘째, 심지어 환자는 의사가 처방을 내려도 불신을 갖고 검사 지시나 처방을 거부하기도 한다.

① 환자: 의사 선생님. 그럼 감기가 아니고 폐렴이라는 말씀입니까?
  의사: (꾸중하듯이) 네 폐렴입니다. 제가 전에도 말씀드렸죠! 대체 이 지경이 되도록 병원을 찾지 않으면 어떻게 합니까?
② 환자: 의사 선생님. 아까 아랫배를 누르실 때 콕콕 쑤시던데 심각한 건 아닌가요?
  의사: 가만히 계세요. (짜증나는 듯이) 어디 다른 곳부터 먼저 봅시다.
③ 환자: 의사 선생님. 속이 쓰리고 신물이 넘어 어젯밤에 잠을 못 잤거든요. 분명 십이지장 궤양인데 암으로 될 수도 있나요?
  의사: 십이지장 궤양인 줄은 어떻게 아셨어요?
④ 환자: 의사 선생님. 여기 왼쪽 다리만 자꾸 쥐가 나는데요. 무슨 이유가 있나요?
  의사: 쥐가 나는 것은 근육 경련 현상인데, 그 디하이드레이션이나 유산 축적, 극소 순환장애, 또는 근섬유의 부분 파열로 일어날 수 있습니다.

03 <지침>에 따라 <개요>를 작성할 때 ㉠ ~ ㉣에 들어갈 내용으로 가장 적절한 것은?

─────── 〈지침〉 ───────

○ 청소년 재능 기부의 필요성과 활성화 방안을 알리는 취지를 고려하여 작성할 것.
○ 본론은 2개의 장으로 구성하되 각 장의 하위 항목끼리 대응되도록 작성할 것.
○ 결론은 글의 논지를 정리하여 작성할 것.

─────── 〈개요〉 ───────

○ 제목: 청소년 재능 기부 활성화 방안
 Ⅰ. 서론
　1. 청소년의 재능 기부 현황과 인식의 실태
　2. [　　　㉠　　　]
 Ⅱ. 본론
　1. 청소년 재능 기부의 장애 요인
　　가. 재능 기부에 대한 홍보 및 청소년의 참여 의식 부족
　　나. [　　　㉡　　　]
　　다. 청소년 재능 기부자와 수혜자의 연계 채널 미비
　2. 청소년 재능 기부 활성화 방안
　　가. 재능 기부에 대한 홍보 강화 및 청소년의 공감대 형성
　　나. 청소년 재능 기부 프로그램의 영역 다양화
　　다. [　　　㉢　　　]
 Ⅲ. 결론: [　　　㉣　　　]

① ㉠: 청소년 재능 계발의 방법
② ㉡: 재능 기부 프로그램에 대한 청소년의 만족도 저조
③ ㉢: 청소년 재능 기부를 위한 학교 및 지역공동체의 연결망 구축
④ ㉣: 청소년 재능 기부를 위한 사회적 인식 제고의 촉구

04 인간에 대한 ㉠의 생각을 추론한 것으로 가장 적절한 것은?

　㉠ 홉스가 내세운 이기적 개인은 이전의 어떤 권위나 질서, 외부명령에 복종하지 않고, 또는 어떤 면에서는 그와 같은 권위와 질서를 상실한 채 방황하는 근대인의 모습을 충실히 반영한다. 의존할 만한 권위와 질서가 없다는 것은 곧 당시의 도덕적 상황이 혼란스러웠음을 암시하며, 동시에 새로운 질서와 체계의 수립이 필요했음을 의미한다.

　이에 홉스는 각 개인이 자신의 권리 중 일부를 양도하여 계약을 맺음으로써 탄생하는 세속적 권력을 새로운 질서의 궁극적 근거로 삼는다. 이런 점에서 인간의 자기통제 또는 자기지배 능력이 홉스에 이르러 중요한 계기로 등장함을 알 수 있다. 그러면서 홉스는 인간의 자기통제 능력을 완전히 신뢰하지는 않는다. 그는 이기적 인간들이 자기통제보다는 이기적 욕구에 따라 행동할 가능성이 더 많다고 생각했기 때문에, 도덕적 질서를 계속 유지하기 위해서는 절대 권력에 의한 처벌과 보상이 필요하다고 주장했다.

　홉스의 이기주의 윤리학은 기존 질서가 붕괴된 혼란 상태에서 오직 자기통제 능력을 근거로 새로운 질서를 수립할 수 있다는 근대적 이념을 충실히 반영한다. 동시에 그 질서가 이기적 인간들에 의해 파괴될 수 있다는 위험성을 지적함으로써 근대 윤리학이 처한 상황과 해결해야 할 문제를 매우 잘 보여준다고 말할 수 있다.

① 인간은 사회적 공동선을 끊임없이 추구하는 존재이다.
② 인간은 외부권력이나 종교적 질서에 전적으로 의존하는 존재이다.
③ 인간은 자신의 권리를 그 어떤 상황에서도 결코 양도하지 않는 존재이다.
④ 인간은 자기통제보다는 자신의 욕구에 따라 행동할 가능성이 더 많은 존재이다.

05 다음 글의 ㉠ ~ ㉣ 중 어색한 곳을 찾아 가장 적절하게 수정한 것은?

> 일반적으로 '성인병'으로 분류되는 심장 질환, 당뇨병, 고지혈증, 고혈압 등은 주로 40세 이상 성인에게 발병하는 것으로 ㉠ 인식되어 왔다. 하지만 건강보험심사평가원의 통계 자료에 따르면, 매년 평균 47,000여 명의 청소년이 성인병 질환을 앓고 있다고 한다. ㉡ 청소년 성인병은 대개 만성 성인병이 이어지며 그 치료가 쉽지 않고 합병증 위험도 높다. 또한 치료하는 데 많은 비용이 들어 사회적 부담을 증대시킨다.
>
> 청소년에게 성인병이 발병하는 원인은 식습관과 생활 습관 측면으로 나누어 살펴볼 수 있다. 먼저 식습관의 측면에서는 고지방, 고칼로리 음식과 당류의 잦은 섭취, 채소류 섭취 부족 등을 그 원인으로 제시할 수 있다. 특히 우리나라 청소년들의 하루 평균 당류 섭취량은 69.6g에 달하는데 이는 ㉢ 세계 보건 기구의 권장 섭취량인 50g을 초과한 것이다. 생활 습관의 측면에서는 운동 부족으로 인한 신체 활동량 감소, 학업 스트레스로 인한 수면 부족, 불규칙한 생활 등을 성인병 발생 원인으로 제시할 수 있다. 신체 활동량 감소, 수면 부족과 불규칙한 생활로 신진대사의 균형이 깨져 ㉣ 성인병 발병이 증가하고 있는 것이다.

① ㉠: 인식해 왔다.
② ㉡: 청소년 성인병은 대개 만성 성인병으로 이어지며
③ ㉢: 세계 보건 기구의 권장 섭취량인 50g에 모자란 것이다.
④ ㉣: 성인병 발병이 감소하고 있는 것이다.

06 다음 빈칸에 들어갈 말로 가장 적절한 것은?

> '갑'이 일하는 마트에는 서로 다른 크기의 토끼, 곰, 기린, 돼지, 공룡 인형이 있다. 인형의 크기와 관련하여 다음과 같은 사실들이 알려졌다.
>
> ○ '갑'이 좋아하는 인형의 크기가 가장 크다.
> ○ 토끼 인형은 곰 인형보다 크다.
> ○ 공룡 인형은 기린 인형보다 작다.
> ○ 곰 인형은 기린 인형보다는 크지만 돼지 인형보다는 작다.
>
> 이를 통해 '_____'는 것을 알 수 있게 되었다.

① 곰 인형의 크기가 가장 작다.
② 기린 인형의 크기가 가장 작다.
③ 토끼 인형은 돼지 인형보다 작다.
④ '갑'이 좋아하는 인형은 알 수 없다.

07 다음 글에서 추론한 내용으로 적절하지 않은 것은?

> <한글 맞춤법>
> 제7항 수컷을 이르는 접두사는 '수-'로 통일한다.
>   다만 1. 접두사 다음에서 나는 거센소리를 인정한다. 접두사 '암-'이 결합되는 경우에도 이에 준한다.
>   다만 2. 접두사는 '숫-'으로 하는 경우도 있다.
>
> [해설]
> '다만 1'은 받침 'ㅎ'이 다음 음절 첫소리와 거센소리를 이룬 단어들로서 역사적으로 복합어가 되어 화석화한 것이라 보고 '숳'을 인정하되 표기에서는 받침 'ㅎ'을 독립시키지 않기로 한 것이다. '다만 2'는 발음상 사이시옷과 비슷한 소리가 있다고 판단하여 '숫-'의 형태를 취한 것이다.

① 강아지의 수컷을 '수캉아지'로 한 것은 접두사 다음에 나는 거센소리를 인정했기 때문이다.
② 양의 수컷을 '숫양'으로 한 것은 발음상 사이시옷과 비슷한 소리가 있다고 생각했기 때문이다.
③ 쥐의 수컷을 '숫쥐'로 한 것은 수컷을 이루는 접두사 '수-'의 과거 형태인 '숳'을 인정하지 않았기 때문이다.
④ 닭의 수컷을 '수탉'으로 한 것은 '수'의 받침 'ㅎ'이 다음 음절 첫소리인 'ㄷ'과 만나 거센소리를 이루었기 때문이다.

08 (가) ~ (라)를 맥락에 맞추어 가장 적절하게 나열한 것은?

> 범고래는 독특한 훈련법으로 새끼에게 사냥법을 전수한다.
>
> > (가) 또한 하나의 사냥 기술을 익히면 다음 단계의 사냥 기술을 교육한다.
> > (나) 그리고 어미는 새끼가 육지의 낯선 감촉에 적응하도록 새끼를 데리고 수심이 얕은 곳을 들락날락한다.
> > (다) 그런 후에 실제 시범을 보이며 새끼에게 사냥법을 가르친다.
> > (라) 훈련은 주로 어미가 담당하는데, 어미는 훈련할 때 한두 차례 예행연습을 하며 해변의 표면과 기울기를 조사한다.
>
> 실제 사냥에서 실패하지 않도록 어미가 사냥감을 잡아와 새끼가 직접 잡아볼 수 있도록 반복하여 연습시킨다. 이런 식으로 훈련을 마치면 실제 사냥에 나선다.

① (나) - (가) - (라) - (다)
② (나) - (다) - (가) - (라)
③ (라) - (나) - (가) - (다)
④ (라) - (나) - (다) - (가)

09 다음 글의 ㉠ ~ ㉢에 들어갈 말을 적절하게 나열한 것은?

> 언어에 드러난 성 구분을 통해서도 인식할 수 있는 것이 있다. 여교수, 여의사 등의 말은 있지만 남교수, 남의사 등의 말은 없다는 점, 남녀, 신사숙녀, 아들딸, 일남일녀 등의 표현에서 ㉠ 우선주의를 알 수 있다. 또 연놈, 암수, 비복 등의 표현에서 알 수 있듯이 ㉡ 표현은 여성에게 몰아주는 ㉢ 진실을 발견할 수 있다.

	㉠	㉡	㉢
①	남성	저속한	불편한
②	남성	품위 있는	편리한
③	여성	저속한	편리한
④	여성	품위 있는	불편한

10 다음 대화를 분석한 내용으로 가장 적절한 것은?

> 갑: 요즘 사람들은 마음의 여유가 없어 소통을 어려워하는 것 같아요. 바쁠수록 중심을 잡고 마음을 잘 길들여야 하는데 말이죠.
> 을: 맞아요. 마음속에 광야나 사막 그런 조용한 공간을 마련해야 해요. 언젠가 법정 스님이 하신 말씀처럼 나름의 규칙을 정해 생활을 절제해야 해요. 나무도 전지를 해줘야 잘 자라는 것처럼.
> 갑: 제가 사람들에게 꼭 하는 말이 있어요. 사람은 행복해지려고 조금만 노력하면 실제로 행복해진다는 거죠. 수동적으로 삶의 물결에 휩쓸려 의지를 잃고 남들의 요구대로 사니까 불행한 거예요. 하루에 10분이라도 시간을 내서 조용히 명상을 하거나 자신만을 위한 운동을 하면 좋아요. 그 시간만큼은 오롯이 나를 위해 쓰는 시간이고, 나 스스로가 삶의 중심이 되니까요.
> 을: 요즘 사람들은 자기 마음을 들여다보기보다 외부로 향하는 경우가 너무 많은 것 같아요. 휴대 전화만 해도 할 게 너무 많잖아요. 내가 전화기를 소유한 건지 전화기가 나를 소유한 건지. 문제는 그게 행복하면 괜찮은데 행복하지 않다는 거예요.

① '갑'은 '을'의 태도에 대해 칭찬하고 있다.
② '을'은 '갑'과 자신의 일치점을 드러내고 있다.
③ '갑'은 자신에 대한 칭찬을 최대화하여 겸양의 격률을 지키지 않았다.
④ '을'은 자신의 혜택을 최대화하며 말을 하였으므로 관용의 격률을 지키지 않았다.

[11-12] 다음 글을 읽고 물음에 답하시오.

모든 집단에는 저절로 그 구성원들이 따르는 규범이 만들어진다. 집단 규범이 사회적 가치에 위배되더라도 구성원들은 자신이 속한 집단 규범의 영향을 강하게 받는다. 이렇듯 집단 내 구성원에게 강한 영향력을 행사하는 집단 규범은, 그 집단의 전형성을 위해 그 집단 내에서의 차이를 극소화하고, 상대 집단과의 차이를 극대화하는 지점에서 생성된다. 따라서 집단의 평균적 지점이 아니라 더 극단적 지점에서 규범이 생성되는 경우가 많다. 이렇듯 생성된 극단적 집단 규범은 구성원들로 하여금 상대 집단과의 의견 차이를 더 크게 만들고, 갈등과 대립을 심화시키는 작용을 한다.

그런데 흥미로운 사실은 이와 같은 극단적 규범을 맹목적으로 따르면서 대립을 심화시키는 사람들이 그 집단의 핵심적 인물이 아니라, 주변적 구성원들이라는 점이다. 주변적 구성원들은 자신들의 존재감을 고양하고자 하는 욕구, 그 집단의 주요 인물이고 싶다는 욕구의 표현으로 상대 집단에 더 편파적이고 더 차별적인 극단적 행동을 하게 된다.

그동안 우리가 불필요한 '편 가르기'와 '양극화'를 조장해 왔던 것은 아닌가 스스로 생각해 보자. 내가 우리 사회의 진정한 핵심이라면, 아니 진정한 핵심이 되고 싶다면 과감하게 이런 행동을 떨쳐 버리자. 먼저 혼혈인, 가진 자 등의 집단 개념을 해체시켜 개인을 독립된 존재로 생각하는 습관을 가져야 한다. 이러한 습관은 '우리 편', '너희 편'이라는 이분법적 사고에서 벗어나 다양성에 대한 개방된 태도를 이끌어 줄 것이다.

㉠ 나와 다른 생각도 존재할 수 있다는 다양성을 인정하는 태도를 갖는 것이 중요하다. 다른 것이 결코 틀린 것이 아님을 인식하자. 우리 모두는 각기 다른 판단의 잣대를 가지고 있다. 내 잣대 눈금의 크기가 상대방과 다르다고 상대를 무조건 나쁜 편으로 생각하는 미성숙에서 탈피하자. 이러한 생각은 우리 사회의 대립과 갈등을 완화하고, 나아가 기대 이상의 더 큰 개혁과 발전을 가져다줄 것이다.

11 윗글에 대한 이해로 적절하지 않은 것은?

① 집단 규범은 사회적 가치와 충돌하더라도 구성원들에게 강한 영향을 미친다.

② 집단 규범은 보통 집단의 평균적인 성향에서 발생하며, 이를 통해 갈등이 완화되는 경우가 많다.

③ 이분법을 벗어나 개인을 독립된 존재로 인식하는 습관은 사회의 갈등 완화와 더 큰 발전에 기여할 수 있다.

④ 주변적 구성원들은 자신들의 존재감을 드러내기 위해 집단 내 핵심 인물보다 더 극단적이고 차별적인 태도를 보이기도 한다.

12 ㉠을 지지하는 사례로 적절한 것만을 <보기>에서 모두 고르면?

― 〈보기〉 ―

ㄱ. 우리나라 사람이 개를 먹는 건 서양 사람의 관점에서 보면 아주 미개한 행동이므로 그들을 고려하여 보신탕 문화를 개선하도록 노력한다.

ㄴ. 이성애자가 다수라고 해서 소수자인 동성애자에 대한 편견을 가지고 있는 것은 옳지 못하므로 소수인 동성애자를 보호할 수 있는 제도를 만든다.

ㄷ. 양심적으로 병역을 거부하는 특수 종교 신도를 무조건 처벌하려고 할 것이 아니라 그들을 고려하는 병역법 개정을 고려할 필요가 있다.

① ㄱ, ㄴ ② ㄱ, ㄷ

③ ㄴ, ㄷ ④ ㄱ, ㄴ, ㄷ

13 다음 글에서 추론한 내용으로 적절하지 않은 것은?

한국에 사는 외국인들이 구사하는 한국어는 대체로 한국어를 모국어로 사용하는 사람들의 한국어와 꽤 다르다. 그들의 모국어가 새로 익힌 한국어에 간섭하고 있기 때문이다. 이것은 한국인이 영어를 배울 때에도 생기는 일이다. 한국어는 음운 구조나 통사 구조가 외국어들과 다른 경우가 많아서, 외국인들이 쓰는 한국어에는 이들의 모국어가 행사하는 간섭의 흔적이 짙게 나타난다. 많은 외국어들이 조음점이 같은 자음들을 성대 진동 여부로 변별하는 것과 달리, 한국어는 /h/ 소리를 동반하는 정도에 따라 이런 자음들의 차이를 변별한다. 그래서 한국인에게는 매우 쉬운 /ㄱ, ㅋ, ㄲ/의 구별이 어떤 외국인들에게는 넘지 못할 산이 된다.

한국어에는 복잡한 음운 규칙들이 많다. 예컨대 '독립문'이나 '불난리'를 글자 그대로 [독립문], [불난리]로 읽지 않고 왜 [동님문], [불랄리]로 읽어야 하는지 한국어를 배우기 시작한 외국인들은 알 도리가 없다. 이런 복잡한 규칙이 아니더라도, 한국어의 /ㅡ/나 /ㅢ/ 같은 독특한 모음을 외국인들이 제대로 익히는 일은 쉽지 않다.

통사 수준의 어려움은 이보다 훨씬 더하다. 일본어와 같이 통사 구조가 한국어와 비슷한 언어를 사용하는 외국인들은 덜하겠지만, 그렇지 않은 외국인들은 한국어 문장 성분들을 알맞은 순서로 배열하는 데 적잖은 어려움을 느낀다. 또한 주격 조사 '이', '가'와 보조사 '은', '는'의 구별도 이들에게는 너무나 어려운 문제다. 자신의 모국어에 조사가 없는 외국인들은 "꽃이 핀다."와 "꽃은 핀다.", "아이가 운다."와 "아이는 운다."의 의미 차이를 쉽게 이해할 수 없다. 그래서 이들 중에는 아예 조사를 생략하고 "꽃 핀다.", "아이 운다."와 같이 말하는 경우가 많다. 이런 예는 한국어를 배우기로 마음먹은 외국인들이 겪어야 할 끝도 없는 고달픔의 시작일 뿐이다. 가까스로 통사 구조를 익히고 나면, 한국인들도 더러 헷갈려 할 만큼 복잡한 경어 체계가 애를 먹이는 경우가 많다.

① 모국어에 대한 지식이 때로는 외국어를 학습할 때 방해 요소가 될 수도 있다.
② 모국어에 조사가 없는 외국인들은 한국어를 말할 때 조사를 생략하는 경우가 있다.
③ 한국어에는 외국어를 모국어로 사용하는 이가 발음하기 어려운 특유의 소리가 있다.
④ 한국어를 모국어로 사용하는 이들은 성대의 진동 여부에 따라 모든 자음들을 변별한다.

14 다음 진술이 모두 참일 때 반드시 참인 것은?

○ 연차를 쓸 수 있으면 제주도 여행을 한다.
○ 회를 좋아하면 배낚시를 한다.
○ 다른 계획이 있으면 배낚시를 하지 않는다.
○ 다른 계획이 없으면 연차를 쓸 수 있다.

① 연차를 쓸 수 있으면 배낚시를 한다.
② 다른 계획이 있으면 연차를 쓸 수 없다.
③ 배낚시를 하지 않으면 제주도 여행을 하지 않는다.
④ 제주도 여행을 하지 않으면 배낚시를 하지 않는다.

15 다음 글의 밑줄 친 결론을 이끌어 내기 위해 추가해야 할 것은?

오존층이 파괴되지 않으면 프레온 가스가 나오지 않는다. 지구 온난화가 진행되지 않았다면 오존층이 파괴되지 않는다. 따라서 지구 온난화가 진행되지 않으면 에어컨을 과도하게 사용하지 않은 것이다.

① 오존층을 파괴하면 지구 온난화가 진행된다.
② 에어컨을 과도하게 쓰면 프레온 가스가 나온다.
③ 에어컨을 잘 쓰지 않으면 프레온 가스가 나오지 않는다.
④ 프레온 가스가 나온다고 해도 오존층이 파괴되지 않는다.

[16-17] 다음 글을 읽고 물음에 답하시오.

유배(流配) 시가는 유배지로 가는 여정이나 유배지에서 느끼고 경험한 바를 소재로 하여 창작된 시가들을 ㉠일컫는다. 유배 시가는 고려 시대 정서의 「정과정곡(鄭瓜亭曲)」을 시초로 하여, 조선 시대에 들어와 시조나 가사 등의 다양한 문학 양식으로 활발하게 창작되었다. 시조는 초·중·종 3장의 정형화된 형식 안에 유배객의 삶과 정서를 간결하게 응축해서 전달할 수 있었다. 한편 가사는 연속체(連續體)로, 길이의 조절이 자유로웠기에 유배지에서의 삶과 정서를 좀 더 구체적으로 담아낼 수 있었다.

16 윗글을 이해한 내용으로 적절한 것만을 <보기>에서 모두 고르면?

― <보기> ―
ㄱ. 가사는 길이의 조절이 자유로웠기 때문에 유배지에서의 삶과 정서를 구체적으로 표현할 수 있었다.
ㄴ. 유배 시가가 조선 시대에 처음 창작되어 당대에 전성기를 맞이하게 된 것은 정치적 배경과 관련이 깊다.
ㄷ. 시조는 3장의 정형화된 형식을 따랐기 때문에 유배지에서의 정서보다는 상황을 자세하게 묘사할 수 있었다.

① ㄱ
② ㄴ
③ ㄱ, ㄷ
④ ㄱ, ㄴ, ㄷ

17 윗글의 ㉠과 바꿔 쓸 수 있는 유사한 표현으로 가장 적절한 것은?

① 총칭(總稱)한다
② 함축(含蓄)한다
③ 표시(表示)한다
④ 공고(公告)한다

18 다음 글에서 추론한 내용으로 적절하지 않은 것은?

20세기 한국 사회는 내부 노동 시장에 의존한 평생직장 개념을 갖고 있었으나, 1997년 외환위기 이후 인력 관리의 유연성이 증가하면서 그것은 사라지기 시작하였다. 기업은 필요한 우수 인력을 외부 노동 시장에서 적기에 채용하고, 저숙련 인력은 주변화하여 비정규직을 계속 늘려간다는 전략을 구사하고 있다. 이러한 기업의 인력 관리 방식에 따라서 실업률은 계속 하락하는 동시에 주당 18시간 미만으로 일하는 불완전 취업자가 크게 증가하고 있다.

이러한 현상은 우리나라의 경제가 지식 기반 산업 위주로 점차 바뀌고 있음을 말해 준다. 지식 기반 산업이 주도하는 경제 체제에서는 고급 지식을 갖거나 숙련된 노동자는 더욱 높은 임금을 받게 된다. 즉 지식 기반 경제로의 이행은 지식 격차에 의한 소득 불평등의 심화를 의미한다. 우수한 기술과 능력을 가진 핵심 인력은 능력 개발 기회를 갖게 되어 '고급 기술 → 높은 임금 → 양질의 능력 개발 기회'의 선순환 구조를 갖지만, 비정규직·장기 실업자 등 주변 인력은 악순환을 겪을 수밖에 없다. 이러한 '양극화' 현상을 국가가 적절히 통제하지 못할 경우, 사회 계급 간의 간극은 더욱 확대될 것이다. 결국 고도 기술 사회가 온다고 해도 자본주의 사회 체제가 지속되는 한, 사회 불평등 현상은 여전히 계급 간 균열선을 따라 존재하게 될 것이다. 국가가 포괄적 범위에서 강력하게 사회 정책적 개입을 추진하면 계급 간 차이를 현재보다는 축소시킬 수 있겠지만 아주 없애지는 못할 것이다.

이러한 사회 불평등 현상은 나라들 사이에서도 발견된다. 각국 간 발전 격차가 지속 확대되면서 전 지구적 생산의 재배치는 이미 20세기 중엽부터 진행되어 왔다. 정보 통신 기술은 지구의 자전 주기와 공간적 거리를 '장애물'에서 '이점'으로 변모시켰다. 그 결과, 전 지구적 노동 시장이 탄생하였다. 기업을 비롯한 각 사회 조직들은 국경을 넘어 인력을 충원하고, 재화와 용역을 구입하고 있다. 개인들도 인터넷을 통해 이러한 흐름에 동참하고 있다. 생산 기능은 저개발국으로 이전되고, 연구·개발·마케팅 기능은 선진국으로 모여드는 경향은 지속·강화되어, 나라들 간 정보 격차가 확대되고 있다. 유비쿼터스 컴퓨팅 기술에 의거하여 전 지구 사회를 잇는 지역 간 분업은 앞으로 더욱 활발해질 것이다.

① 정보 통신의 기술로 사회 양극화라는 장애가 극복되었다.
② 국가의 적절한 통제는 사회 양극화의 확대를 막을 수도 있다.
③ 현재 한국 사회는 20세기와는 또 다른 경제 구조 속에 놓여 있다.
④ 한 국가의 문제였던 사회 불평등의 문제는 이제 국가 간의 문제로 확대되었다.

[19-20] 다음 글을 읽고 물음에 답하시오.

미국 프린스턴대의 진화생물학자인 존 타일러 보너 교수는 자신이 쓴 『크기의 과학』에서 "지구 역사상 유기체 크기의 상한선은 항상 열려 있고, 대부분의 생물은 몸집을 키우는 방향으로 진화해왔다."라고 말한다. 거대동물의 큰 몸집은 과학자에게 흥미로운 주제가 된다. 아직까지 확실한 이유가 밝혀지지는 않았지만, 진화의 방향성을 놓고 볼 때 몸집이 커지는 쪽이 당연하다는 것에는 대개의 관련 학자들이 동의하고 있다. 동물은 몸집이 커지면 유리한 점이 많다. 천적이 줄어들고, 다른 경쟁 상대에 비해 먹잇감을 얻기가 쉬워진다. 대형 초식동물이 늘면 포식자들도 효과적으로 사냥하기 위해 몸집을 키우는 방향으로 진화하기 마련이다.

동물의 몸집이 커지는 쪽으로 진화하는 데는 환경적인 요인도 작용한다. 예를 들어 차가운 기후에서 포유류와 같은 온혈동물의 몸집은 더 커져야 한다. 체온을 유지하기 위해서는 큰 몸뚱이가 유리하기 때문이다. 반면 양서류나 파충류와 같은 냉혈동물은 따뜻한 기후에서 몸집이 더 커진다. 몸집이 커지면 외부 열을 차단하기에 그만큼 유리하다. 대기 중 산소 농도가 크기에 영향을 줬다는 주장도 있다. 과학자들은 석탄기에 살던 바퀴벌레가 ㉠ 고양이만 했던 까닭이 대기 중 산소 농도가 지금보다 두 배 높았기 때문일 것으로 보고 있다. 거대 곤충들은 다리에 산소를 공급하는 기관과 힘줄, 신경 다발이 발달했는데, 이들 기관이 산소를 몸 곳곳에 충분히 공급하면서 몸집이 커졌다는 얘기다. 서식지 면적도 영향을 줬을 가능성이 높다. 어떤 학자들은 북극해 랭스 섬에 살던 매머드의 크기가 유라시아 대륙에 살던 매머드의 65%에 불과했던 것은 서식지의 면적과 관련이 있다고 주장한다. 덩치가 큰 동물일수록 먹잇감을 충분하게 공급하는 넓은 면적의 서식지가 필요하기 때문이라는 것이다.

19 윗글에서 추론한 내용으로 적절하지 않은 것은?

① 온대 지역의 개구리가 열대 지역의 개구리보다 몸집이 커야 생존에 유리하다.

② 대기 중 산소 농도가 지금보다 더 낮아지면 바퀴벌레의 몸집이 더 작아질 수 있다.

③ 얼룩말 대부분이 코끼리만큼 커진다면 사자도 몸집을 키우는 방향으로 진화할 것이다.

④ 같은 종의 초식동물이라면 면적이 좁은 섬보다 넓은 육지에 살면 몸집이 더 클 것이다.

20 문맥상 ㉠의 '만'과 의미가 가장 가까운 것은?

① 하루 종일 잠만 잤더니 머리가 띵했다.

② 태풍의 영향으로 집채만 한 파도가 몰려온다.

③ 할아버지는 나만 보면 못마땅한 듯 얼굴을 찌푸리셨다.

④ 열 장의 복권 중에서 단 하나만 당첨되어도 바랄 것이 없다.

약점 보완 해설집 11p

제한시간: 20분 시작   시   분~종료   시   분

01 <지침>에 따라 <보기>의 ㉠ ~ ㉣을 수정한 것으로 적절하지 않은 것은?

─── 〈지침〉 ───

○ 주어와 서술어를 호응시킬 것.
○ 불필요한 피동 표현을 쓰지 않을 것.
○ 맥락에 어울리는 접속 부사를 사용할 것.
○ 필요한 문장 성분이 생략되지 않도록 할 것.

─── 〈보기〉 ───

달력을 보면 가족의 생일, 어버이날, 스승의 날 등 우리가 기억하고 챙겨야 할 날들이 많다. ㉠ 평소에는 잊고 지내다가 이런 날이 되면 선물을 사고 편지를 쓰는 사람들이 많다. 그런 점에서 이들에게 평소에 얼마나 무심했는지를 ㉡ 깨달아지게 되는 날이기도 하다. 어떤 사람들은 이런 날들이 무슨 소용이냐고, 그날 하루만 무슨 날이라고 요란스럽게 그러지 말고 평소에 좀 잘하라고 말하기도 한다. ㉢ 그리고 이런 기념일들은 꼭 필요하다. 사실 기념일은 그날만 잘하라는 의미라기보다는, 그날 하루만이라도 그동안의 자신의 행동을 반성하고, 고마운 사람들에게 최선을 다하라는 것이다. 기념일이 너무 많아 부담스럽고 번거롭다는 ㉣ 생각이 들 수도 있다. 하지만 조금만 달리 생각해보면 평소에 무심했던 행동을 용서받을 수 있는 기회일 수도 있다.

① ㉠: 평소에는 고마움을 잊고 지내다가
② ㉡: 깨닫게 되는 날이기도 하다.
③ ㉢: 그러나
④ ㉣: 생각이 들기 때문이다.

02 다음 빈칸에 들어갈 말로 가장 적절한 것은?

(가) 음운은 음소와 운소로, 운소에는 소리의 길이가 있다. 국어에서는 단어를 길게 발음할 때와 짧게 발음할 때의 차이를 이용하여 서로 다른 어휘를 만들어 사용하기도 한다. 예를 들어 '눈'을 길게 발음하면 겨울에 내리는 눈을, '눈'을 짧게 발음하면 신체의 일부를 가리키는 말이 된다.

(나) 국어는 초성, 중성, 종성을 다른 음운으로 바꾸어 여러 단어를 만들 수가 있다. 예를 들면, '강'의 초성을 바꿔 '당'이라는 어휘를, '강'의 중성을 바꿔 '공'이라는 어휘를, '강'의 종성을 바꿔 '간'이라는 어휘를 만들 수 있다.

(가)와 (나)를 통해 '[＿＿＿＿＿＿＿]'을 알 수 있게 되었다.

① 음운은 문자를 통해서만 표기할 수 있다는 것
② 음운은 어휘의 의미를 구별해 주는 역할을 한다는 것
③ 음운 체계는 'ㄱ-ㄲ-ㅋ'처럼 삼중 체계로 되어 있다는 것
④ 음운은 의사소통 과정에서 화자의 감정을 표현해 준다는 것

03 <보기>의 전략을 모두 활용하고 있는 광고 문구는?

─── 〈보기〉 ───
○ 효과적인 광고 문구를 작성하기 위해 필요한 전략
  - 반복을 통해 주제를 강조한다.
  - 생략을 통해 여운이 느껴지게 한다.
  - 추상적인 것을 형상화하여 구체적인 느낌을 준다.

① (A지하철공사) 반으로 접는 순간 모두가 즐거워집니다.
  지하철에서 아직도 신문을 펼치고 보시나요?
  나만을 위한 생각을 반으로 접는 순간, 우리 모두가 행복해집니다.
② (B간장) 이럴 수가! 이럴 수가! 국물 맛이 이렇게 좋아지다니······.
  여러분, 알고 계세요? 간장 하나만 바꾸어도 음식의 맛이 완전히 달라진다는 것을!
  간장은 역시, 전통의 맛을 새로운 방식으로 다시 태어나게 한 B간장
③ (C아파트) 행복을 한 채 지었습니다.
  마음 하나 쌓고 정성 하나 쌓아 나눔을 위한 행복의 집을 만듭니다.
  행복은 보여주기 위한 것이 아니라 더불어 있으며 더불어 느끼는 것이기에······.
④ (D경비공사) 안전하니까 안심하십시오.
  아이의 미래를 지켜주기 위해 최선을 다하는 아빠처럼 최고의 첨단 기술, 최고의 정성으로 여러분의 가정을 지키는 바람막이가 되겠습니다.

04 빈칸에 들어갈 전제로 가장 적절한 것은?

전제 1. 봄이 오면 꽃이 핀다.
전제 2. [   ]
따라서 봄이 오면 제비가 돌아온다.

① 꽃이 피면, 봄이 오지 않는다.
② 꽃이 피면, 제비가 돌아오지 않는다.
③ 제비가 돌아오면, 꽃이 핀다.
④ 제비가 돌아오지 않으면, 꽃이 피지 않는다.

05 다음 글의 제목으로 가장 적절한 것은?

우리 몸은 일반적으로 체내의 어떤 물질이 필요 이상으로 많거나 적을 때에는 그 물질의 생산을 억제하거나 촉진한다. 이와 달리 특정 상황에서는 체내에 충분히 생산된 물질임에도 그 물질을 더 많이 만들기도 한다. 우리의 체내의 이런 현상은 어떤 과정을 거쳐 일어나게 되는 것일까?

세포 내에서 어떤 물질은 여러 단계의 화학 반응을 거쳐 다른 물질로 바뀌게 된다. 이때 촉매 구실을 하는 특정 단백질인 효소에 의해 화학 반응이 이루어지는데, 각 단계에서 화학 반응을 촉매하는 효소는 각기 다르다. 이러한 과정을 통해 세포 내에서는 산물들이 생기는데, 최종 산물은 체내에서 필요로 하는 요구량보다 많거나 적을 수 있다. 이럴 경우 피드백(feedback)을 통해 체내의 요구량만큼 최종 산물의 양을 조절하게 된다. 피드백은 화학 반응의 최종 산물이 특정 단계로 되돌아가 해당 효소의 활동을 억제하거나 활성화시켜 최종 산물의 양을 조절하는 과정이라 할 수 있다. 이러한 피드백은 체내의 일반적인 상황에서 이루어지는 음성피드백(negative feedback)과 특정 상황에서 이루어지는 양성피드백(positive feedback)이 있다.

음성피드백이란 일정한 상태로 몸을 유지하기 위해 최종 산물의 양이 많아지면 화학 반응 경로의 초기 단계에 작용하는 효소가 억제되고, 반대로 그 양이 적어지면 화학 반응 경로의 초기 단계에 작용하는 효소가 활성화되는 것을 말한다. 예를 들어, 세포는 화학 반응을 통해 당을 분해하여 에너지원인 ATP를 얻는다. 그런데 ATP가 지나치게 생산되어 축적되면 피드백을 통해 화학 반응의 초기 단계에 작용하는 효소를 억제하여 ATP의 생산 속도를 늦춰 ATP의 양을 줄이게 된다.

이와 달리, 양성피드백이란 특정 상황에서 최종 산물을 훨씬 더 많이 생산하기 위해 최종 산물이 화학 반응의 여러 단계 중, 자신의 생산에 관여하는 어느 한 단계의 효소를 더욱 활성화시키는 것을 말한다. 가령, 우리 몸에 상처가 나서 피가 날 경우, 체내에서는 피를 응고시키는 데 필요한 최종 산물인 피브린이 생산된다. 이때 양성피드백을 통해 특정 단계의 효소가 활성화되어 피브린이 더 빨리 생산, 축적되며 출혈을 멈추기에 충분한 정도가 될 때까지 최종 산물인 피브린이 생산된다.

① 피드백의 유형과 장단점
② 피드백을 통한 최종 산물의 형태 변화
③ 피드백을 통한 체내 물질의 조절 과정
④ 피드백의 원리를 이용한 에너지의 생산 과정

06 다음 글에 대한 이해로 가장 적절한 것은?

'피진'은 서로 다른 언어를 모국어로 사용하는 이들이 '교역언어', '접촉언어'로 사용한 혼성어이다. 18세기 중국 광저우에서 중국과 영국의 상인들이 자신들의 모국어 대신 변형된 영어를 교역 언어로 사용하면서 처음 형성되었는데, 피진은 영어 어휘 '비즈니스(business)'를 광둥어식으로 표현한 것이다. 피진은 원래의 모국어들보다 훨씬 간단한 문법과 제한된 어휘를 가지고 있으며, 이것을 모국어로 사용하는 이도 없는 임시변통의 언어이다. 하지만 세월이 지나 피진을 모국어로 삼는 언어공동체가 발생하면, 이 혼성어는 피진이 아니라 '크레올'이 된다. 크레올은 피진보다 상대적으로 견고한 문법 구조와 확대된 어휘를 가지고 있다.

① 피진은 소수 집단이 실용적 목적을 위해 만들어 낸 일시적인 언어이다.
② 피진은 두 언어 사이의 의사소통을 가능하게 하기 때문에 공용어로 인정된다.
③ 피진은 두 개의 언어를, 크레올은 세 개 이상의 언어를 바탕으로 한 혼성어이다.
④ 피진은 두 언어의 특성을 혼합한 것이므로 문장의 통사 구조가 다소 복잡한 편이다.

07 다음은 '제로 에너지'에 관한 발표를 들은 후 청중이 보인 반응이다. 반응을 분석한 내용으로 적절하지 않은 것은?

갑: 집에서 에어컨을 많이 틀어 전기 요금이 많이 나왔다고 어머니께 꾸중을 들은 적이 있었어. 그래서 오늘 발표 내용이 마음에 잘 와닿았어. 그런데 '태양광 에너지'는 '태양열 에너지'와 어떻게 다른지, 또 '폐열 회수'는 무슨 뜻인지 정확한 설명이 없어서 아쉬웠어.
을: 과학 선생님께서 우리 주변에서 에너지를 절약할 수 있는 방법을 조사하여 보고서를 작성해 오라고 하셨는데, 패시브 공법의 내용을 활용하면 좋겠어. 그런데 지열을 활용하여 에너지를 생산하는 주택을 지으려면 공사비가 많이 들 것 같은데, 과연 경제성이 있는 것인지 궁금하네. 그리고 발표자가 처음에는 너무 여유 있게 발표를 하다가 나중에는 시간에 쫓겨 서둘러 발표를 마무리한 게 좀 아쉬웠어.

① 발표 내용과 관련하여 갖게 된 의문을 스스로 해결한 사람이 있다.
② 자신이 겪었던 상황과 관련지어 발표 내용에 공감하는 사람이 있다.
③ 발표자가 정해진 발표 시간을 잘 활용하지 못했다고 평가한 사람이 있다.
④ 발표 내용 중 일부 내용을 자신의 과제 해결에 활용할 생각을 한 사람이 있다.

[08-09] 다음 글을 읽고 물음에 답하시오.

(가) 우리의 전통 공연 예술은 주변 여러 나라와의 교류를 통해 독자성과 우수성을 갖추어 왔다. 특히 끊임없이 외래 연희를 수용하여 다채롭고 수준 높은 공연 예술을 향유하면서, 그것을 우리의 취향에 맞게 개작하고 한국화하여 새로운 공연 예술 문화를 창출해 왔다.

(나) 예를 들어 조선 전기에는 나례, 사신 영접 행사 등에서 공연 예술이 연행되었다. 조선 전기의 나례에서는 요즘의 코미디에 해당하는 우희(優戱)가 매우 중요한 공연 종목이었다. 우희의 내용은 실제로 있었던 일을 소재로 민간의 시사 풍자, 임금에게 정치의 득실이나 풍속의 미악(美惡)을 깨우치게 하는 풍간(諷諫) 등이었다. 17세기 유몽인의 '어우야담'에도 "예부터 우희에서 하는 말은 구경하고 웃기 위함이 아니라, 세상을 교화하는 데 도움이 되고자 함이었으니……."라는 언급이 있다. 이는 우희가 관객에게 웃음을 주는 것만이 아니라 항간의 시사를 엮어 백성에게 유익함도 준다는 점을 강조하고 있는 것이다.

(다) 최근에 중국 사신 영접 행사의 공연 장면을 전해 주는, 아극돈의 '봉사도(奉使圖)'가 발견되었는데 여기에 공연 예술이 묘사되어 있다. 그림의 내용을 살펴보면 다음과 같다. 객사 바로 앞에서는 한 연희자가 대접 돌리기를 하고 있다. 마당 가운데서는 두 명의 연희자가 땅재주인 물구나무서기를 하고 있고, 이들 양옆에서 각각 두 명씩 모두 네 명의 연희자가 탈춤을 추고 있다. 마당의 왼쪽에서는 줄타기를 하고 있고 마당의 오른쪽에는 바퀴가 달린 작은 이동식 무대 구조물이 보인다.

(라) 한편 조선 후기에는 사회 전반에 ㉠ 걸쳐 새로운 변화가 일어났고, 전통 공연 예술 분야도 예외는 아니었다. 조선 후기에는 국가적 행사인 나례, 중국 사신 영접 행사, 궁정 중심의 각종 행사들이 크게 위축되거나 소멸되었다. 반면에 국가 행사와 궁정 행사에 동원되던 연희자들이 민간에 퍼져 활발하게 공연 활동을 벌였다. 이에 따라 조선 후기의 공연 문화는 새로운 국면을 맞이하게 되었다.

08 (가) ~ (라)의 구조로 가장 적절한 것은?

① (가)(나) / (다)(라)
② (가) / (나) / (다)(라)
③ (가) / (나)(다) / (라)
④ (가)(나) / (다) / (라)

09 문맥상 ㉠의 의미와 가장 가까운 것은?

① 빌딩의 그림자가 빌딩 사이에 걸쳐 있다.
② 그는 수회에 걸쳐 뇌물을 받은 혐의로 체포됐다.
③ 출출한데 우리 여기서 국밥이나 한 그릇 걸치고 갈까?
④ 그는 지금 의자 팔걸이에 한쪽 팔을 걸치고 비스듬히 앉아 있다.

10 빈칸에 들어갈 전제로 가장 적절한 것은?

> ○ 너무 많이 먹으면 살이 찐다.
> ○ [   ]
> 그러므로 너무 많이 먹으면 둔해진다.

① 살이 찌면 둔해진다.
② 둔하다면 적게 먹은 것이다.
③ 너무 많이 먹어도 살이 찌지 않는다.
④ 둔하지 않다면 너무 많이 먹지 않은 것이다.

11 다음 글의 ㉠~㉣ 중 어색한 곳을 찾아 가장 적절하게 수정한 것은?

우리나라는 동시 신호 방법을 많이 쓰는데, 이는 한 번에 한 방향씩 녹색 신호를 번갈아 가며 주는 것이다. 네 방향 중 한 개 차로는 일단 녹색 신호를 받으면 ㉠ 직진과 좌회전 및 우회전을 동시에 할 수 있기 때문에 동시 신호라 한다. 동시 신호와 대조되는 것이 비보호좌회전 방법이다. 비보호좌회전이란 문자 그대로 좌회전 차량이 신호의 보호를 받지 못하고 녹색 신호 도중에 반대 방향 직진 차량이 없는 틈을 이용하여 눈치껏 회전한다는 뜻이다. 만일 이때 잘못하여 충돌이 일어나면 ㉡ 그 책임은 눈치를 제대로 살피지 못한 좌회전 차량에 있다. 또한 좋은 기회를 놓쳐 좌회전을 못 하고 기다리면 뒤에서 역시 기회를 노리고 있던 운전자들로부터 원망을 받는다. 서투른 초보 운전자들에게는 좌회전이 큰 고역이며, 그들이 당황한 나머지 사고를 내는 일도 많다. 이처럼 비보호좌회전은 지키기도 어렵고 사고 위험도 있어서 ㉢ 우리나라에서는 교통량이 적거나 아주 작은 교차로에서나 간혹 쓴다. 이에 비해 동시 신호는 좌회전하는 운전자도 신호만 따르면 되기 때문에 안심하고 회전할 수 있다는 장점이 있다. 그러나 외국에서는 비보호좌회전을 기본으로 신호를 운영한다. 즉 ㉣ 마주 오는 차량이 없는 경우 신호에 관계없이 좌회전을 할 수 있다.

① ㉠: 직진만 할 수 있기 때문에
② ㉡: 그 책임은 반대 방향 직진 차량에 있다.
③ ㉢: 우리나라에서는 교통량이 많거나 아주 큰 대로에서 주로 쓴다.
④ ㉣: 별도의 표시가 없으면 어디서나 녹색 신호에는 눈치껏 좌회전을 할 수 있다.

12 다음 글의 ㉠~㉢에 들어갈 말을 적절하게 나열한 것은?

수백 년 전, 금화나 은화를 쓰던 금은 본위제 시절, 사람들은 금화나 은화를 비슷하게 깎아내 빼돌렸다. ㉠ 이를 막기 위해 동전 옆면에 빗금을 쳤다. ㉡ 금화나 은화는 물론 금은 본위제도가 사라진 지금은 빗금을 칠 필요가 없다. 빗금을 친 동전을 만들기 위해 비용도 더 들어간다. ㉢ 아직도 많은 나라가 옆면에 빗금을 쳐서 동전을 발행한다.

	㉠	㉡	㉢
①	따라서	게다가	그런데
②	하지만	따라서	더구나
③	마침내	그래서	그리고
④	그래서	그러나	하지만

13 다음 진술이 모두 참일 때 반드시 참인 것은?

○ 영어를 잘하는 모든 사람은 부자이다.
○ 영어를 잘하지 못하는 모든 사람은 달리기를 잘하지 못한다.
○ 갑은 달리기를 잘한다.

① 갑은 부자이다.
② 부자는 반드시 영어를 잘한다.
③ 나는 달리기를 잘하지만 영어는 못한다.
④ 영어를 잘하는 사람은 반드시 달리기를 잘한다.

[14-15] 다음 글을 읽고 물음에 답하시오.

언어는 인간만이 배울 수 있다. 비교적 지능이 발달해 있다는 침팬지 같은 짐승들을 대상으로 언어를 가르치려는 실험을 많이 하였지만, 이들이 습득하는 수준은 인간이 성취해 내는 수준과는 비교가 되지 않는다. 어린이가 언어를 습득하는 과정을 보면 정말로 이해하기 어려울 정도로 신비하다.

> (가) 이런 점에서, 인간의 두뇌 속에는 아주 어린 나이에도 언어를 습득할 수 있는 특별한 장치가 있는 것이 아닌가 하는 가설(假說)이 제기되기도 하였다.
>
> (나) 인간이라면 누구든지 만 세 살 정도밖에 안 되는 몽매(蒙昧)한 나이에 전화까지 받을 수 있을 정도로 모어(母語)에 유창해진다.
>
> (다) 나이가 든 뒤에 외국어를 배우기 위해서 쩔쩔맨 경험을 생각해 본다면, 어린이의 언어 습득 능력이 얼마나 신비한 능력인지를 알 수 있을 것이다.
>
> (라) 이는 아직 구체적으로 증명된 것은 아니지만, 그러한 장치가 없다고 한다면 그처럼 완벽하게 이루어지는 언어의 습득 과정을 합리적으로 설명하기가 매우 어렵다.

언어의 습득은 인종(人種)이나 지능(知能)과 관계없이 누구에게나 비슷한 수준으로 이루어진다. 그리고 하나의 언어를 일단 배우고 난 뒤에는 그것을 일상생활에서 자유자재로 구사할 수 있다. 마치 ⓐ ____ 과 같다.

14 (가)~(라)를 맥락에 맞추어 가장 적절하게 나열한 것은?

① (나) - (가) - (라) - (다)
② (나) - (다) - (가) - (라)
③ (라) - (나) - (가) - (다)
④ (라) - (나) - (다) - (가)

15 윗글의 ⓐ에 들어갈 말로 가장 적절한 것은?

① 배우에 한번 빠지게 되면 모든 것을 배우와 연관해 생각하게 되는 것
② 피아노를 어느 정도 익히게 되면 보다 부드러운 피아노를 찾게 되는 것
③ 자전거를 한번 배우고 나면 그 뒤에는 별다른 신경을 쓰지 않고 탈 수 있는 것
④ 칭찬을 자주 받다 보면 자신이 칭찬을 받는 것은 당연한 것이라고 여기게 되는 것

16 다음 글을 이해한 내용으로 적절하지 않은 것은?

유전자 변형 식품 논쟁은 별개의 두 현안이 결합된 것이다. 하나는 유전자 변형 식품이 우리의 건강이나 환경에 위협이 되는가라는 순수한 과학적 질문이다. 다른 하나는 공격적인 다국적 기업의 행동과 세계화가 미치는 영향에 초점이 맞추어진 정치적, 경제적 질문이다. 유전자 변형 식품 문제를 올바르게 풀기 위해서는 정치적이나 경제적인 입장에서가 아니라 과학적인 입장에 서야 할 필요가 있다.

유전자 변형 식품의 반대론자들은 그것이 자연적이지 않다고 지적한다. 하지만 현재 남아 있는 극소수의 진정한 수렵 채집인들을 제외하고 엄격한 의미에서 자연의 음식을 먹고 있는 사람은 거의 없다. 영국의 찰스 왕세자는 "유전자 변형은 인류가 신의 세계를 침범하는 것이다."라는 선언을 한 적이 있지만, 우리 조상들은 먼 옛날부터 그 세계에 있었다. 농민들은 오랜 옛날부터 서로 다른 종을 교배시켜서 자연에 없던 완전히 새로운 종을 만들어 왔다. 예를 들어 오늘날의 밀은 몇 차례에 걸쳐서 이루어진 교배의 산물이다. 아인콘 밀이라는 야생 조상과 염소 풀에 속한 한 종을 교배하자 에머 밀이 탄생했다. 오늘날의 밀은 이 에머 밀과 염소 풀에 속한 또 다른 종과 교배해 만든 것이다. 그것은 자연적으로 결코 만들어지지 않았을 특징들을 지니고 있다.

이와 같은 방식으로 식물들을 교배하면 유전적으로 완전히 새로운 특징들이 생겨난다. 교배된 식물의 모든 유전자가 그것에 영향을 받아 예기치 않은 결과들이 나타나기도 한다. 반면에 생명 공학은 한 번에 유전자 하나씩, 식물 종에 새로운 유전 물질을 훨씬 더 정확하게 집어넣을 수 있다. 유전적인 측면에서 볼 때에 기존의 농업이 커다란 쇠망치를 휘둘렀다면 생명공학은 핀셋을 들고 있다. 다국적 기업들이 인도 같은 나라의 가난한 농민들에게 끼칠 영향이 우려되기는 하지만, 뉴델리에 있는 유전자 운동 단체의 수만 사하이는 유전자 변형 식품 논쟁이 식량이 삶과 죽음의 문제가 아닌 나라들의 놀음일 뿐이라고 말한다. 그는 사람들이 말 그대로 굶어 죽고 있는 인도에서는 산악 지역에서 재배되는 과일의 60퍼센트가 시장에 도달하기도 전에 썩어버린다고 지적한다.

① 유전자 변형 식품에 대해서 부정적인 견해를 피력한 바가 있는 인물로는 찰스 왕세자가 있다.
② 오늘날의 밀은 인공적으로 교배를 했다는 점에서 자연적으로 만들어진 식물이라고 할 수가 없다.
③ 수만 사하이는 유전자 변형 식품 논란이 식량 문제가 절박하지 않은 나라에서 일어나는 것으로 보고 있다.
④ 유전자 변형 식물을 개발하는 다국적 기업들의 행동과 세계화에 초점을 맞추어 유전자 변형 식품의 논쟁을 해결해 나갈 필요가 있다.

17 다음 빈칸에 들어갈 말로 가장 적절한 것은?

> A, B, C, D 네 학생의 취미 활동과 관련하여 다음과 같은 사실들이 알려졌다.
>
> ○ 꽃꽂이, 댄스, 축구, 농구 중에 한 가지 활동을 한다.
> ○ 취미는 서로 겹치지 않으며, 모든 사람은 취미 활동을 한다.
> ○ A는 축구와 농구 중에 한 가지 활동을 한다.
> ○ B는 꽃꽂이와 축구 중에 한 가지 활동을 한다.
> ○ C의 취미는 꽃꽂이를 하는 것이다.
>
> 이를 통해 '⬚⬚⬚⬚⬚'를 알 수 있다.

① A는 농구 활동을, D는 댄스 활동을 한다.
② A는 농구 활동을 하지 않으며, D는 댄스 활동을 하지 않는다.
③ B는 축구 활동을, D는 농구 활동을 한다.
④ B는 축구 활동을 하지 않으며, D는 댄스 활동을 한다.

18 ㉠을 뒷받침할 수 있는 사례로 적절한 것만을 <보기>에서 모두 고르면?

> 근로자들이 자발적으로 열심히 일하려 하지 않는 것을 도덕적 해이의 일종으로 볼 수 있는데, 기업은 근로자들의 도덕적 해이를 막을 수 있는 방법에 대해 큰 관심을 갖고 있다. 근로자들이 자발적으로 열심히 일하도록 만들기 위해서는 적절한 유인을 제공해야 한다. 열심히 일하는 것이 근로자 자신에게도 유리한 결과를 가져온다면 누가 옆에서 지켜보지 않아도 스스로 열심히 일하려 할 것이기 때문이다.
>
> 매달 일정한 보수를 받는 근로자들이 열정적으로 일하리라고 기대하는 것은 매우 어려운 일이다. 근로자가 열심히 일할 수 있도록 만드는 유인 중의 하나는 작업 실적에 따라 보수를 달리 지급하는 것이다. 하지만 실적이 나쁘다고 해서 아무런 보수를 주지 않을 수는 없다. 따라서 현실적으로는 ㉠ 매달 임금을 지불할 때 기본급을 아주 낮게 책정하고 나머지 부분의 보수는 작업 실적에 비례하도록 만드는 방법을 많이 쓴다.
>
> 그런데 여러 사람이 팀을 이루어 공동으로 작업하는 경우에는 이와 같은 보수 지급 방법을 쓰더라도 그리 큰 효과를 거두기 힘들다. 팀이 거둔 작업 성과 중에서 자신의 노력이 어느 정도 들어가 있는지를 임금 결정자가 구별해 주기를 바라는 것은 힘든 일이다. 그러므로 공동 작업에서 이와 같은 방법이 성과를 거두기 위해서는 각 개인의 작업 성과가 비교적 명백하게 드러날 수 있도록 하는 장치가 있어야 한다.

> ─────〈보기〉─────
> ㄱ. 택시 회사에서는 기사들에게 기본급과 개인의 수입에 따른 추가 금액을 합하여 매달 임금으로 지불한다.
> ㄴ. 건축 설계 사무소에서는 매달 일정한 임금을 지불하고, 설계 하나가 완성되는 달에는 성과급을 추가로 지불한다.
> ㄷ. 구단에서는 해마다 운동선수들의 실력에 따라 임금을 새롭게 정하고, 그 금액을 경기가 진행되는 시즌 중에 지급한다.

① ㄱ
② ㄱ, ㄴ
③ ㄱ, ㄷ
④ ㄱ, ㄴ, ㄷ

(가) 경제력, 학력 등에서 ㉠ 보다 나은 위치에 있는 사람들에 의해 생산된 잉여 이익들은 사회로 환원되는 것이 바람직하다. 이런 맥락에서 기업 또한 이익의 일정 부분을 사회의 소외 계층을 위한 일에 ㉡ 씀으로써 사회적 책무를 이행해야 한다. 이런 사회가 되어야 사회적으로 불리한 위치에 놓인 사람들도 자신의 역할을 찾아보고자 노력하게 될 것이고 결국 바람직한 사회 통합을 이루어 낼 수 있을 것이다.

(나) 시장 경제 체제의 측면에서 보자면 신약 개발에 많은 투자를 한 제약 회사가 약 가격을 비싸게 책정하는 것은 당연한 일이다. 그러나 소득 수준이 낮은 사람들은 비싼 가격의 약을 구입할 수가 없으므로 신약이 개발된다 한들 그 혜택을 누릴 수 없다. 결국 최대한의 이윤을 얻고자 하는 제약 회사와 육체적 고통을 해결하기 위해 약이 필요한 저소득층 사이에는 갈등이 ㉢ 생길 수밖에 없는 상황이 된다. 질병 앞에서조차 가진 자와 못 가진 자의 차별적 구도가 선명하게 ㉣ 두드러지고 있는 셈이다.

19 (가)의 관점으로 (나)를 이해한 내용으로 적절하지 않은 것은?

① 신약 개발의 혜택이 저소득층에게 제대로 미치지 못하는 불평등 현상을 바로잡아야 한다.

② 질병을 치료하는 약과 관련한 문제는 이익만 따지지 말고 사회 복지의 시각으로 접근해야 한다.

③ 제약 회사가 기업의 수익을 최우선시하는 인식에서 벗어날 수 있어야 사회 통합에 기여할 수 있다.

④ 제약 회사의 투자 금액에 비례하여 신약 가격을 결정할 수 있도록 하면 사회적 불평등 구조와 관련한 비판에서 벗어날 수 있다.

20 ㉠ ~ ㉣과 바꿔 쓸 수 있는 유사한 표현으로 적절하지 않은 것은?

① ㉠: 넉넉한　　　　② ㉡: 사용함

③ ㉢: 발생할　　　　④ ㉣: 부각되고

01 <공공언어 바로 쓰기 원칙>에 따라 <보기>의 ㉠~㉣을 수정한 것으로 적절하지 않은 것은?

───〈공공언어 바로 쓰기 원칙〉───

ㅇ 중복되는 표현을 삼갈 것.

ㅇ 주어와 서술어를 호응시킬 것.

ㅇ 맥락에 어울리는 연결 어미를 사용할 것.

ㅇ 필요한 문장 성분이 생략되지 않도록 할 것.

───────〈보기〉───────

㉠ 잇따른 수해로 가난한 빈농이 연년 증가하고 있다.

㉡ 여름에 날것을 함부로 먹으면 매우 위험하면서 조심해야 한다.

㉢ 우리 이웃집은 우리 집에 어려움이 있을 때마다 성심성의껏 도와주는 사람이다.

㉣ 사업장이 여러 개인 개인사업자는 주된 사업장의 소재지를 적고, 사업을 하지 않는 개인은 두시면 됩니다.

① ㉠: 잇따른 수해로 가난한 빈농이 해마다 증가하고 있다.

② ㉡: 여름에 날것을 함부로 먹으면 매우 위험하므로 조심해야 한다.

③ ㉢: 우리 이웃집은 우리 집에 어려움이 있을 때마다 성심성의껏 도와준다.

④ ㉣: 사업장이 여러 개인 개인사업자는 주된 사업장의 소재지를 적고, 사업을 하지 않는 개인은 빈칸으로 두시면 됩니다.

02 (가) ~ (다)를 전제로 결론을 이끌어 낼 때, 빈칸에 들어갈 말로 적절하지 않은 것은?

(가) 딸기를 좋아하는 사람은 가지를 싫어한다.

(나) 바나나를 좋아하는 사람은 가지를 좋아한다.

(다) 가지를 싫어하는 사람은 감자를 좋아한다.

따라서 _____

① 가지를 좋아하는 사람은 딸기를 싫어한다.

② 딸기를 좋아하는 사람은 감자를 좋아한다.

③ 바나나를 좋아하는 사람은 딸기를 싫어한다.

④ 감자를 좋아하는 사람은 바나나를 싫어한다.

03 다음 글에서 추론한 내용으로 적절하지 않은 것은?

국어의 정상적인 단어 배열법을 따르는지의 여부에 따라 통사적 합성어와 비통사적 합성어로 나누기도 하고, 구성 요소 간의 의미 관계에 따라 대등 합성어와 종속 합성어로 나누기도 한다. 대등 합성어는 어근이 대등하게 본래의 뜻을 유지하는 합성어이다. 종속 합성어는 한쪽의 어근이 다른 한쪽의 어근을 수식하는 합성어이다. 융합 합성어는 어근들이 완전히 하나로 융합하여 본래의 뜻과는 다른 새로운 의미를 나타내는 합성어이다.

① '이틀 밤낮을 잠만 잤다.'에서 '밤낮'은 대등 합성어이다.

② '책가방을 들고 학교에 갔다.'에서 '책가방'은 종속 합성어이다.

③ '전쟁이 휩쓸고 간 동네는 쑥밭이 되었다.'에서 '쑥밭'은 융합 합성어이다.

④ '남의 수족 노릇을 하다.'에서 '수족'은 통사적 합성어이자 대등 합성어이다.

04 다음 글의 ㉠의 사례가 포함되어 있지 않은 것은?

귀납적 추론에서는 충분한 관찰이나 실험 등 경험적 사실을 정확히 파악하고 그것들에서 보이는 공통적 사실이나 일반적 특성을 집약하여야 한다. 그러한 면밀한 관찰이나 파악에 결함이 생길 때에는 오류가 생기기 마련이다. 따라서 ㉠ <u>귀납적 추론은 참된 지식을 주지 못한다.</u>

① 강아지는 다리가 넷이다. 철수네 집에도 강아지가 있다. 따라서 철수네 강아지는 다리가 넷이다.

② 우리 아이는 버릇이 없다. 옆집 아이도 버릇이 없다. 이로 보아 요즘 아이들은 모두 다 버릇이 없다.

③ 한국인은 축구, 야구, 농구, 배구 등 다양한 운동을 한다. 이것을 볼 때 모든 한국인은 운동을 좋아한다.

④ 새해가 되면 우리나라의 아버지들은 주로 연하장을 보내느라 바쁘다. 어머니들은 주로 덕담을 나누느라 바쁘다. 아이들도 세배하러 다니느라 바쁘다. 그래서 우리나라 사람들은 새해가 되면 모두 바쁘다.

05 빈칸에 들어갈 말로 적절하지 않은 것은?

> <주제: 사회 통합을 위한 언어 정책 마련>
>
> Ⅰ. 문제의 실태
> - 외국인 근로자, 여성 결혼 이민자, 새터민 등의 증가에 따른 언어 소통의 문제와 세대 간의 언어 차이로 인한 사회 통합이 어려워지고 있다.
> Ⅱ. 문제의 원인
> - 우리 사회의 국제화 및 다변화 추세에 따른 준비가 부족했다.
> - 젊은 층의 언어 질서 파괴에 따른 세대 간의 언어 장벽이 형성되고 있다.
> Ⅲ. 문제 해결을 위한 방향
> - 국제화 및 다변화 시대의 한국어 교육을 위한 관련 부서의 대책 마련이 필요하다.
> - 세대 간의 언어 차이를 극복할 수 있는 소통의 장을 마련하여야 한다.
> Ⅳ. 구체적 문제 해결 방안
> - _____

① 새터민은 제도적, 사회적 차이에서 오는 심리적 부적응과 생활상의 문제가 더 시급하므로 담당 사회복지사를 배정한다.

② 산업자원부와 노동부에서는 외국인 근로자를 고용하는 기업체에 직업 훈련 과정뿐 아니라 한국어 교육 과정을 의무적으로 두게 한다.

③ 국제화, 다변화에 따른 국민 의식의 전환을 유도하여야 할 것이며, 아울러 실질적인 한국어 소통 능력을 향상시킬 수 있는 프로그램을 만들어 실행한다.

④ 전문가들의 정확한 진단에 따른 분석을 바탕으로 세대 간 언어 차이의 원인과 실상을 명확히 하고, 필요한 경우 통합을 위한 언어 대책을 강구하여야 한다.

06 ㉠에 들어갈 말로 가장 적절한 것은?

> 집단 속에 있는 개인의 행동은 대개 일정하다. 학생들은 집단으로 수업을 듣고 있더라도 조용하며, 회사의 직원들도 자기 일을 묵묵히 하고 있다. 그러나 집단이 비교적 덜 조직화되어 있고 목표도 같지 않은 군중이 되면 양상은 달라진다. 사람들이 모여 군중이 되면 개인적으로 하기 힘든 일을 저지르기도 한다. 이때 사람들은 개인으로서 행동하는 것이 아니라 더 큰 무리에 속한 익명의 구성원으로 행동하게 된다. 군중 속의 개인이 되면 개체성을 상실하여 대개는 비이성적인 존재로 변하게 된다. 이것에 대한 하나의 설명은 집단 전염이다. 이런 집단 전염은 집단 성원들이 다른 사람의 행동의 의미를 알지 못하고 상황을 잘못 이해하게 되면 나타난다. 이러한 오해에 근거하여 행동하게 되면 집단 내의 다른 사람들도 상황을 잘못 해석하게 되고, 이것은 전염이 확산될 때까지 계속된다.
>
> 집단 전염은 군중 심리와 관련이 있다. 군중 심리는 자신의 정체를 상실하고 집단의 정체를 느낄 때 나타난다. 그래서 개인은 자신의 가치나 행동에 덜 주의를 기울이게 되고, 대신 집단이나 상황에 초점을 두게 된다. 이런 군중 심리의 핵심 요소는 남이 나를 모른다는 익명성이다. 익명성은 개인의 책임감을 상실하게 만든다. 익명성이 크면 클수록 그들이 느끼는 책임감은 상대적으로 줄어들고, 결과에 대해 생각을 하지 않게 된다. 책임의 상실은 보통 때 하지 않는 일도 하게 만든다. 규범이라든가 질서가 개인을 통제할 수 없게 되기 때문이다.
>
> 군중 행동이 꼭 공격적인 행동에만 한정되는 것은 아니다. 두려움도 무리 속에서 느끼면 공포가 된다. 그리고 그 공포 때문에 무리 속의 사람들은 아무도 예상할 수 없는 심각한 결과를 가져오는 방식으로 행동할 수 있다.
>
> 군중으로 꽉 찬 극장이나 나이트클럽 같은 곳에서 불이 났을 때 모든 사람을 위한 제1의 해결책은 서로서로 믿고 협력하는 것이다. 그렇게 해야 희생을 최소로 줄일 수 있다. 그러나 이런 신뢰가 부족하면 각자는 제2의 행동을 하게 된다. 그것은 문으로 남보다 먼저 뛰어가 탈출하는 것이다. 그러나 이런 생각을 모든 사람들이 동시에 하고 있는 데 문제가 있다. 그래서 결국엔 모두가 비슷한 시간에 문에 도달하게 되고, 사람들로 혼잡한 가운데 끼여 터지는 것이다. 그러므로 __㉠__ 이/가 사회 전반에 깔려 있어야 사회뿐만 아니라 개인적으로도 가장 좋은 결과를 얻을 수 있다.

① 같은 목표 아래 조직된 집단의 엄격한 통제

② 타인을 먼저 배려하고 자신을 희생하는 미덕

③ 다른 사람들과는 다른 자신만의 창의적 사고

④ 모든 사람이 바른 질서를 지킬 것이라는 믿음

07 다음 글에서 이해한 내용으로 적절한 것만을 <보기>에서 모두 고르면?

인간이 누리는 정신적인 경험의 폭과 깊이는 다른 동물에 비해 월등하다. 이는 인간의 두뇌가 다른 동물에 비해 발달해 있기에 가능하게 된 것이다. 그런데, 해면과 같은 하등 동물에서부터 인간에 이르기까지 모든 동물들의 신경계가 거의 동일한 형태의 세포들로 구성되어 있다는 것은 실로 경이로운 사실이다. 동일한 벽돌로 여러 형태의 집을 지을 수 있는 것처럼, 배열된 구조와 서로 연결된 패턴 그리고 사용된 세포의 수에 따라서 기능이 판이한 신경 체계가 만들어지는 것이다.

독립된 형태와 기능을 갖춘 신경 세포의 시초는, 원시 후생 동물이 운동을 시작해 앞으로 움직이기 시작할 때 이 동물의 표피를 구성하는 세포의 일부가 신경 세포로 변한 데서 찾을 수 있는 것으로 보인다. 동물이 앞으로 움직일 때 표피 세포는 환경상의 변화로 인해 제공되는 여러 자극에 부딪히게 되며, 일부 표피 세포는 환경 자극에 대해 보다 민감해져서 세포 내부를 흥분 상태로 변하게 하는 성질을 획득한다. 이 중 일부는 표피 내부로 들어가 세포 형태를 변화시키고 다른 세포와 연결을 형성하게 되며, 표피에 남은 신경 세포는 감각을 수용하는 역할을 한다. 내부로 들어간 신경 세포는 양쪽으로 가지를 만들어 가지의 한쪽은 표피에 남아 감각을 수용하는 세포와 연결되고, 다른 한쪽은 운동을 일으키는 반응 기관과 연결된다. 신경계와 피부가 발생학적으로 동일한 기원을 가진다는 사실은 신경 세포의 진화 과정에 대한 이러한 추측을 간접적으로 지지한다.

동물의 신경 세포에 의해 감각 기관과 반응 기관이 연결되면, 먹이에서 발산되는 화학 물질이나 빛 에너지 등 환경을 구성하는 요소들이 감각을 자극함에 따라 신경 세포는 흥분하게 되고, 이 흥분이 반응 기관에 전달된다. 감각 정보가 반응 기관으로 전달되면 동물은 반사적인 운동을 일으킬 수 있게 된다. 이처럼 환경 자극을 탐지할 수 있게 되면 먹이를 찾고 위험을 피하는 과제들을 수행하는 데 훨씬 효율적이고 경제적인 운동을 할 수 있게 된다.

─────〈보기〉─────
ㄱ. 인간과 동물의 신경계는 거의 동일한 형태의 세포로 이루어져 있다.
ㄴ. 감각 기관을 가진 동물이 빛 에너지를 접하면 신경 세포가 흥분하게 된다.
ㄷ. 원시 동물의 일부 신경 세포는 표피 안으로 들어가 새로운 기능을 수행한다.

① ㄱ, ㄴ   ② ㄱ, ㄷ
③ ㄴ, ㄷ   ④ ㄱ, ㄴ, ㄷ

08 (가) ~ (라)를 맥락에 맞게 순서대로 나열한 것은?

세상을 살아가다보면 여러 가지 사건을 경험하기도 하고, 또 기묘한 생각들이 떠오르기도 한다.

(가) 이러한 경험과 생각들은 구체적인 문장 형태를 가능하게 하는 출발점이 된다.
(나) 단, 글을 쓰기 전에 무슨 내용을 어떻게 쓸 것인가를 그려보아야 한다.
(다) 그러므로 어떤 착상(着想)이 떠오르면 우선 메모를 해 두고, 시간이 생길 때에는 원고지에 써 보는 것이 좋다.
(라) '내용'이 주제와 소재를 말한다면, '어떻게'란 그 방법으로서의 표현 기교, 즉 형식을 말한다.

① (가) - (다) - (나) - (라)
② (나) - (라) - (가) - (다)
③ (나) - (다) - (가) - (라)
④ (다) - (나) - (라) - (가)

09 다음 대화의 (가)에 들어갈 말로 적절한 것은?

갑: 워크숍 준비를 위해서 직원 A~E 5명의 참석 여부를 조사하고 있어. 참석 여부에 대해 네가 알고 있는 정보가 있니?
을: B가 참석하면 E는 참석하지 않는대.
갑: 그렇구나. 다른 사람들은?
을: A가 참석하면 B 또는 D 중 한 명이 참석한대. 그리고 C가 참석하면 D는 참석하지 않는대. 그리고 C가 참석하면 A도 참석한대.
갑: 아하, 그렇구나. 이번에 C는 참석한다고 했으니, 워크숍에 참석하는 직원은 '　(가)　'가 되겠구나.

① A, B, C
② A, C, D
③ A, C, D, E
④ A, B, C, D

10 <지침>에 따라 글을 완성할 때 ㉠에 들어갈 내용으로 가장 적절한 것은?

---〈지침〉---

○ 좋은 인간관계의 중요성과 그것을 위한 노력을 강조하며 마무리할 것.
○ 직유법을 활용해서 전달의 효과를 높일 것.

헨리 카이저는 "인간은 저마다 신의 아들이므로 모든 인간이 중요하다는 사실을 잊지 않는다면 자연스럽게 좋은 대인관계를 유지할 수 있을 것이다."라고 했다고 한다. 다른 사람을 대하는 이러한 태도를 바탕으로, 좋은 인간관계를 만드는 몇 가지 방법을 생각해 보자.

첫째, 철학자 마틴 부버는 사람들이 타인을 대할 때 '나와 그것'의 태도를 취하는 사람은 다른 사람을 물건처럼 생각하고 자신의 이익을 위해 이용하려 하고, '나와 당신'의 태도를 취하는 사람은 다른 사람을 존중한다고 했다. 이 생각처럼 내가 만나는 모든 사람은 나와 동일하게 가장 소중한 존재라는 태도로 대해야 한다. 다른 사람을 '나와 당신'의 태도가 아니라 '나와 그것'의 태도로 대해서는, 좋은 인간관계를 형성하지 못할 것이다. 둘째, 사회학자 마이컬슨에 따르면 대인 행동 성향은 크게 네 가지 유형으로 분류된다고 한다. 그 첫 번째 조건은 타인에 대한 우호적 태도를 판단하는 '좋아하기-싫어하기'이며, 두 번째 조건은 타인과의 관계가 개방적인지를 판단하는 '열기-닫기'이다. 세 번째 조건은 타인과의 관계가 협력적인지를 의미하는 '보조 맞추기-끌고 가기'이며, 네 번째 조건은 타인에 대한 배려를 의미하는 '주기-받기'이다. 이러한 조건들을 고려하여 부정적 대인 행동 성향을 줄이고 긍정적인 대인 행동 성향을 늘리기 위해 노력해야 한다. 부정적인 대인 행동 성향이 강하면 인간관계에 갈등과 장애가 빈번하게 발생하기 때문이다.

① 인간은 때론 다른 사람을 자신처럼 아낄 수는 없지만 다른 사람에 대한 태도만은 한결같이 긍정적이어야 한다.
② 좋은 인간관계 형성을 위해 노력할 필요가 있다. 인간은 다른 사람과 더불어 살아가야만 하는 존재이기 때문이다.
③ 인간관계를 형성하는 근본적인 비밀은 우리의 마음에 있다. 우리의 마음을 잘 다스려서 다른 사람을 소중하게 여기는 것이 중요하다.
④ 좋은 인간관계는 맑은 공기처럼 눈에 보이지는 않지만, 인간에게는 너무도 중요한 조건이다. 우리는 다른 사람을 존중하고 긍정적인 대인 행동 성향을 늘리기 위해 노력해야 한다.

11 <보기>의 사례로 가장 적절한 것은?

---〈보기〉---

어떤 주장 또는 행위에 대해 그 내용과 관련한 정당한 근거를 가지고 비판하는 것이 아니라 단순히 어떠한 소속에서 문제를 인지한 사람이 떠나라는 식의 주장을 하는 오류

---

① 올림픽에서 우리나라를 응원하지 않는 사람은 민족 반역자이다.
② 이 좁은 골목에서 야구를 하다니, 남의 집 유리창을 깨려고 작정을 했네.
③ 우리나라는 더 이상 살지 못할 곳이 되었어. 지나가는 사람 아무나 붙잡고 물어봐. 다 그렇다고 할 걸?
④ 갑: 이 작가는 자질이 부족한 것 같아. 쉬운 내용을 너무 어렵게 이야기하고 있어.
　 을: 그럼 읽지 마.

12 다음 글의 ㉠~㉣ 중 어색한 곳을 찾아 가장 적절하게 수정한 것은?

> 인간이 집단을 떠나서 혼자의 힘만으로는 살 수 없다는 사실은, 생존에 대한 욕구를 버리지 않는 한, ㉠ 집단생활이 불가피하다는 결론을 뒷받침한다. 그러나 개인은 기왕 속해 있는 집단을 떠나더라도 다른 집단으로 소속을 바꿈으로써 생존을 계속할 수 있으며, 또 개인에게는 자유를 갈망하는 강한 자주 의식이 있다는 사실은, 개인과 집단의 관계는 일방적 예속의 관계가 아니라 ㉡ 평등한 참여의 관계로 보기 어렵다는 결론에 이르게 된다.
> 개인은 생존을 위해서 어떤 집단에 '참여'할 필요는 있으나 아무 집단에도 '예속'할 필요는 없으며, 집단의 성원 각자는 평등한 자격으로 집단에 참여할 자유가 있으며, 또 그렇게 하는 것이 자주 의식이 강한 현대인을 위해서 바람직하다. 어떠한 개인도 정상적 심리 상태에서 집단에 예속되기를 자원하지 않을 것이며, ㉢ 타인에게 예속되기는 더욱 바라지 않을 것이다. 그리고 원하지 않는 예속을 강요할 수 있는 권리를 가진 사람은 아무도 없으며, 그러한 강요를 정당화할 만한 이유도 전혀 없다. 그러나 만족스러운 삶의 광장의 구실을 할 사회를 건설하고 유지하는 일은 ㉣ 만인을 위해서 바람직한 일이며, 모든 개인은 자기가 받아들였거나 선택한 집단의 바람직한 건설과 유지에 참여할 권리와 의무를 갖는다.

① ㉠: 집단생활을 계속하기 어렵다는 결론을 뒷받침한다.

② ㉡: 평등한 참여의 관계로 보는 것이 옳다는 결론을 정당화한다.

③ ㉢: 타인에게 예속되기는 바랄 것이다.

④ ㉣: 특정 개인을 위해서만 바람직한 일이기 때문에

13 다음 빈칸에 들어갈 말로 가장 적절한 것은?

> (교실 안, 학생들의 웅성거리는 소리)
>
> 교　사: 자, 여러분! 오늘은 환경과 관련하여, 우리가 보호해야 할 생물에 대해 발표해 보는 시간입니다. 먼저 누가 얘기해 볼까요?
>
> 학생 A: 저는 외할머니 댁에 갔다가 긴꼬리투구새우를 봤어요.
>
> 학생 B: 투구? 진짜 투구를 쓴 거야? (학생들, 한바탕 웃음)
>
> 학생 A: (가볍게 웃으며) 진짜 투구는 아니지만, 모양이 꼭 투구를 쓴 것 같이 생겼답니다. 농약이 보급된 1970년대 이후 사라진 것으로 알고 있었는데, 올해 제 외가 동네에서는, 논에 긴꼬리투구새우가 돌아왔다고 많은 분들이 기뻐하세요. 아마 이 새우가 돌아올 수 있었던 것은 그 마을의 논에 농약을 쓰지 않고 우렁이 농법과 오리 농법 등 친환경 농법을 썼기 때문인 것 같대요. 몇 년 전부터 마을 전체가 환경 농법을 보급하는 데 힘을 기울였거든요.
>
> 교　사: 네, 새우가 돌아왔다는 소식에 마음이 참 흐뭇해지네요. 자, 다음은 누가 또 발표해 볼까요?
>
> 학생 C: 저는 옆 동네 큰아버지 댁에서 본 제비를 소개할까 합니다.
>
> 학생 D: 제비? 아니, 네 얘기를 하겠다는 거니? (학생들, 한바탕 웃음)
>
> 학생 C: 저보다 훨씬 멋있는 제비예요. (학생들, 웃음) 제비는 곡식을 먹지 않고 해충만 잡아먹는 이로운 새로 알려져 있는데, 요즘은, 도시는 물론이고 웬만한 시골에서도 제비를 보기가 쉽지 않잖아요. 그런데 얼마 전에 큰아버지 댁에 놀러 갔다가 여러 마리의 제비가 둥지를 틀고 있는 모습을 봤어요. 정말 반갑더라고요. 큰아버지께 여쭤봤더니 그것도 숫자가 많이 줄어든 거래요. 남은 제비들도 언제 사라질지 모르겠다고 걱정하시더군요. 그게 다 농약을 많이 써서 그런 거래요. 큰아버지께서는 농산물 수확량을 좀 늘리려다가 더 많은 것을 잃었다고 얼마나 안타까워하시는지 모릅니다.
>
> 교　사: 네, 두 학생의 말을 들어보니 결국은 _____

① 사라졌던 생물이 돌아오는 것은 인간의 관심과 노력 덕분이다.

② 하나의 생물이 사라진다는 것은 생태계 전체가 무너짐을 뜻한다.

③ 농약 사용을 억제하는 것만이 땅을 살리고 생태계를 살리는 길이다.

④ 먹이가 충분히 공급될 수 있는 환경이 되어야 생물은 생존할 수 있다.

14 다음 진술이 모두 참일 때, 반드시 참이 아닌 것은?

> ○ 성급한 결론을 내리는 사람은 직관에 의존한다.
> ○ 직관에 의존하지 않는 사람은 가설 검증을 하지 않는다.
> ○ 합리적 근거를 중시하는 사람은 직관에만 의존하지 않는다.
> ○ 경험적 증거를 중시하는 사람은 성급한 결론을 내리지 않는다.

① 합리적 근거를 중시하는 사람은 가설 검증을 하지 않는다.

② 성급한 결론을 내리는 사람은 합리적 근거를 중시하지 않는다.

③ 가설 검증을 하지 않는 사람은 성급한 결론을 내리지 않는다.

④ 성급한 결론을 내리는 사람은 직관적이고 경험적 증거를 중시하지 않는다.

[15-16] 다음 글을 읽고 물음에 답하시오.

> 고려청자의 그 은은하고 오묘한 비색은 도대체 어떻게 나오는 걸까요? 청자의 가장 바깥 표면인 유약층은 유리질로 돼 있고, 그 안쪽의 바탕흙층은 다결정으로 이뤄져 있습니다. 또 유약층과 바탕흙층 사이에 경계면이 존재합니다. 저희는 고려청자의 물리적 특성을 연구하기 위해 청자의 조각에 측정광을 쏘여 광흡수 스펙트럼을 조사했습니다. 유약층과 바탕흙층 모두 특정한 파장에서 강력한 광흡수 반응을 보였지요. 저희는 그 원인이 되는 성분이 철이라는 사실을 알아냈습니다. 그러나 문제는 그렇게 간단하지 않았습니다. 철이 청자의 다른 구성 성분들과 결합해 2가철이온이나 3가철이온 형태 모두로 존재하는 것이 가능하기 때문입니다. 그래서 이번에는 고려청자를 굽기 전과 구운 후 바탕흙과 유약에 존재하는 철이온을 서로 비교했습니다. 그 결과 철이온 중에서도 2가철이온이 청자색 발현의 원인임을 밝혀냈습니다. 이것은 고려청자를 특별한 방식으로 굽기 때문입니다. 고려청자를 구울 때는 땔감이 완전히 다 ㉠ 타서 재가 되기 전에 또 땔감을 계속 던져 의도적으로 그을음을 발생시키면서 가마 내부에 불완전연소가 생기도록 합니다. 이런 식으로 때는 불을 환원불이라고 하는데, 이처럼 환원불을 사용하면 땔감이 불완전연소해서 일산화탄소가 발생합니다. 이 일산화탄소는 청자 표면의 산소와 결합해 이산화탄소로 방출되면서 청자 표면에는 산소가 부족해지고, 이 때문에 철이온이 3가철이온에서 2가철이온으로 환원됩니다. 요컨대 고려청자의 비색은 환원불로 구워 철이온이 환원되면서 2가철이온이 생성돼 나타나는 것입니다.

15 위 발표를 통해 추론한 내용으로 가장 적절한 것은?

① 광흡수 스펙트럼은 고려청자의 색뿐만 아니라 구조까지도 분석해 낸다.

② 고려청자의 유약층이나 경계면에는 철 성분이 거의 없지만 바탕흙층에는 많다.

③ 고려청자를 구울 때 가마 내부에 산소가 많을수록 구워진 청자의 푸른색이 짙어진다.

④ 고려청자의 비색은 굽는 과정에서 일어난 바탕흙과 유약의 철 성분 변화에서 비롯된다.

16 문맥상 ㉠의 의미와 가장 가까운 것은?

① 땡볕에 얼굴이 새까맣게 탔다.

② 긴장이 돼 입술이 바짝바짝 탄다.

③ 딴 일을 하는 사이 밥이 타 버렸다.

④ 벽난로에서 장작이 활활 타고 있었다.

17 다음 글을 이해한 내용으로 적절하지 않은 것은?

철학을 명상으로 아는 사람들이 있다. 일반적인 상식에 따르면 명상은 첫째로 우주의 원리에 대한 직접적인 인식의 방법이고, 둘째로 그러한 인식은 단순한 인간 이성의 활동만으로 얻을 수 없고, 육체적인 훈련과 더불어 마음의 수련이 요구된다는 것이다. 철학을 일종의 명상으로 생각하는 사람들은 철학이 명상과 첫 번째 측면에서 같은 것이라고 생각한다. 그러나 철학에서 세계의 원리는 어디까지나 구체적인 것에서 대화의 방법을 통해 얻게 되므로 이것은 틀린 생각이다. 오히려 두 번째 측면, 즉 몸과 마음의 수련이 필요하다는 측면에서 본다면 철학은 명상과 닮은 점이 있다. 사실 구체적인 것에서 추상적인 문제로 올라가는 것을 따지고 보면 오직 인간 이성에 의한 분석 과정에 지나지 않는 것이지만, 이러한 분석이 촉발되기 위해서는 신체적·심정적 훈련이 필요하다.

무엇 때문에 그런가? 세계의 인식은 삶의 실천적 행동을 통해서 이루어진다. 그러는 가운데 인식은 몸과 마음에 깊이 새겨진다. 한마디로 말해서 몸에 배게 된다. 원래 서양 철학에서 인식(episteme)이라는 말은 '할 수 있다', '할 줄 안다'는 말(epistamai)에서 나왔다. 우리말에서 '나는 헤엄칠 줄 안다.', '나는 자동차 운전을 할 수 있다.'는 말이 몸에 밴 인식 능력인 실천력을 가리키는 것과 같다. 또, 동양 철학에서 도(道)라고 하는 것도 우리가 몸으로 얻은 어떤 것을 말한다. 앎과 도라는 말은 모두 인식이 머릿속에서만 맴도는 것이 아니고, 우리의 몸과 마음에 새겨져 행동으로 나타날 수 있다는 것을 말해 준다.

그러니까 새롭게 세계를 인식하려면, 또 그를 통해 새로운 세계를 만들려면, 우리의 몸과 마음도 거기에 맞게 수련해야 한다. 물론 어느 것이 먼저인가 하는 어려운 문제가 여기서 등장한다. 먼저 새로운 세계 인식이 이루어지고 그것을 구체화하기 위해서 심신의 수련이 요구되는 것인가, 아니면 심신의 수련이 있어야 새로운 세계 인식이 가능한가 하는 문제다. 그러나 여기서는 그런 복잡한 문제를 다룰 필요는 없다. 다만 심신의 수련은 그런 지적 활동과 상보적 관계에 있다는 점을 기억할 필요가 있다.

몸과 마음의 수련이 필요하다는 점에서 다를 게 없지만 명상적 훈련이 주로 산중에서의 고행을 통해 이루어지는 것이라면, 철학에서 요구하는 몸과 마음의 수련은 바로 사회적 실천 속에서 이루어진다. 철학 하는 사람은 이 사회적 변화와 복잡 미묘한 인간 속에서 단련되어야 한다. 그 속에서 부딪히고 깨지고 하는 가운데 마침내 온몸에 배어 있는 과거의 때를 씻어 낼 수 있는 것이다.

① 철학에서의 인식은 단순히 이성적 활동일 뿐이며, 신체적·심정적 훈련과는 무관하다.

② '나는 수영을 할 줄 안다.'는 표현은 몸에 밴 실천적 인식 능력을 보여 주는 사례이다.

③ 철학을 명상으로 보는 사람들은 철학이 우주의 원리에 대한 직접적 인식을 가능하게 한다고 생각한다.

④ 철학에서 요구하는 몸과 마음의 수련은 사회적 실천 속에서 이루어진다는 점에서, 산중 고행을 통한 명상적 훈련과 구별된다.

18 다음 글의 ㉠ ~ ㉢에 들어갈 말을 적절하게 나열한 것은?

'한글 맞춤법'에 따르면 '-아/-어' 뒤에 연결되는 보조 용언이나 의존 명사 뒤에 '-하다', '-싶다'가 붙어서 된 보조 용언은 앞말과 띄어 씀을 원칙으로 하되, 경우에 따라 붙여 씀을 허용한다. 그러나 '깊어만 가는 밤'처럼 앞말에 조사가 붙는 경우나 '덤벼들어 보아라.'처럼 앞말이 합성 동사인 경우, '잘난 척을 한다.'처럼 중간에 조사가 들어가는 경우에는 띄어 써야 한다. 또 본용언이 합성어인 경우에는 '덤벼들어보아라, 떠내려가버렸다'처럼 본용언과 보조 용언이 결합한 형태가 너무 길어질 수 있으므로 본용언과 보조 용언을 붙여 쓰지 않는다. 본용언이 파생어인 경우도 마찬가지이다.

○ 내일은 비가 ⬚㉠⬚
○ 나는 실수로 그만 그릇을 ⬚㉡⬚
○ 할아버지는 잡은 물고기를 줄에 ⬚㉢⬚

	㉠	㉡	㉢
①	올 듯도 싶다.	깨뜨려 버렸다.	매달아 놓았다.
②	올 듯도 싶다.	깨뜨려 버렸다. 또는 깨뜨려버렸다.	매달아 놓았다. 또는 매달아놓았다.
③	올 듯도 싶다. 또는 올듯도싶다.	깨뜨려 버렸다.	매달아 놓았다. 또는 매달아놓았다.
④	올 듯도 싶다. 또는 올듯도싶다.	깨뜨려 버렸다. 또는 깨뜨려버렸다.	매달아 놓았다.

19 다음 빈칸에 들어갈 말로 가장 적절한 것은?

사람들은 자신이 거짓말을 하고 있다는 신호를 다양한 방식으로 드러낸다. 실험 결과 거짓말을 할 때는 단순한 손짓의 횟수가 감소하였고, 얼굴에 손을 대는 자기 접촉의 횟수가 증가하였다. 특히 자신의 코를 만진다든지 입을 가리는 행위가 자주 발견되었다. 그리고 거짓말을 하는 동안에 몸을 움직이는 횟수 또한 늘어났다. 하지만 거짓말을 할 때의 표정은 진실한 말을 할 때의 표정과 거의 구별할 수 없었다.

이러한 실험을 통해 알 수 있는 사실은 _____이다. 가령, 신경질이 나거나 긴장할 때, 놀랄 때라도 다른 사람 앞에서 행복한 얼굴을 할 수가 있다. 그리고 주먹을 쥔 채로 웃고 있는 사람이 있다면 자신의 감정을 숨기고 싶어 하거나, 감정을 조절하지 못하고 있다는 점을 알려주는 것이다.

따라서 정말 중요한 일 때문에 거짓말을 해야 한다면 전화로 하는 것이 좋다. 아니면 후진으로 자동차 주차하기나 바늘에 실 꿰기 등을 하는 것이 좋다. 왜냐하면 사람들은 우리 몸의 작은 동작만으로도 거짓말을 알아차릴 수 있기 때문이다. 만약 진정한 거짓말의 달인이 되기를 원한다면 목소리나 얼굴뿐만 아니라 온몸으로 거짓 동작을 반복하는 연습을 하는 것이 필요하다.

① 거짓말은 금방 들통이 나게 된다는 것
② 마음만 먹으면 상대방을 완벽히 속일 수 있다는 것
③ 어느 누구도 온몸을 사용하여 거짓말을 하기는 어렵다는 것
④ 자신이 거짓 행동을 인정한 사람은 극히 일부에 불과했다는 것

20 다음 글의 ㉠을 강화하는 것만을 <보기>에서 모두 고르면?

㉠ 합리주의적인 언어 습득 이론에서는 어린이의 언어 습득은 거의 전적으로 타고난 특수한 언어 학습 능력과 일반 언어 구조에 대한 추상적인 선험적 지식에 의해서 이루어지는 것이라고 한다. 즉 '무'로부터 경험적 사실의 축적에 의해 언어 능력이 형성되는 것이 아니라, 유전적으로 전승된 인간 고유의 언어 학습 능력에 의해 언어 습득이 이루어진다는 것이다. 사람이 태어날 때부터 지니고 있는 이러한 일반 언어 구조에 대한 선험적 지식은 마치 건축 설계의 청사진과도 같은 것이어서, 생후의 언어 경험은 다만 이러한 내재적인 능력에 발동을 걸게 하는 역할을 한다는 것이다. 좀 더 세밀히 이 이론에 따라 언어 습득 과정을 살펴본다면, 첫째로, 어린이는 자기가 경험하는 개별 언어를 통해 자기 나름대로 가설을 세운다. 이는 어린이가 자기 나름대로 어떤 표현을 시도하기도 하고, 이해하기도 함을 뜻한다. 둘째로, 그러한 가설은 경험의 증가에 따라 수정되고 폐기되고 하면서 좀 더 타당성 있는 가설 문법으로 발전한다. 셋째로, 드디어 모국어를 완전히 말하고 이해하기에 알맞은 규칙 세계를 형성하기에 이른다.

이처럼 합리주의적 견지로 인해 창조적인 언어 능력의 획득은 설명할 수 있게 되었으나 어린이의 언어 습득의 원리와 바탕이 되는 잠재적, 선천적 언어 체계는 그것이 어떤 모습의 것인지는 아직 구체적으로 밝혀지지 않고 있다. 그러나 선천적, 잠재적 언어 체계는 언어학 분야의 문제 해결을 위해서만이 아니라 인간의 정신 활동이 어떻게 작용하느냐 하는 것의 해답을 찾기 위해서도 규명되어야 하는 것이다.

〈보기〉

ㄱ. 어린이는 언어를 배우면서 사랑이나 손오공 등의 실제로는 존재하지 않는 상상이나 추상의 세계에 대해 생각할 수 있게 된다.

ㄴ. 침팬지를 한 어린이와 똑같은 환경에서 기른 결과 다른 지적 능력은 그 어린이와 어느 정도 비슷했지만, 언어 습득에는 전혀 진전이 없었다.

ㄷ. 언어는 매우 추상적이고 복잡한 것임에도 불구하고, 대다수의 어린이는 국한된 자료를 근거로 논리적, 분석적 방법의 훈련 없이도 짧은 기간 내에 습득한다.

① ㄱ, ㄴ   ② ㄱ, ㄷ
③ ㄴ, ㄷ   ④ ㄱ, ㄴ, ㄷ

약점 보완 해설집 18p

제한시간: 20분 시작 시 분~종료 시 분

01 <지침>에 따라 <보기>를 수정한 것으로 적절하지 않은 것은?

───── 〈지침〉 ─────
○ 대등한 것끼리 접속할 때는 구조가 같은 표현을 사용할 것.
○ 필요한 문장 성분이 생략되지 않도록 할 것.
○ 어법에 맞는 표기를 사용할 것.
○ 주어와 서술어를 호응시킬 것.

───── 〈보기〉 ─────
(가) 이곳에서는 흡연을 삼가 주시기 바랍니다.
(나) 전 해상에서 바람이 강하게 불고 높은 파고가 예상됩니다.
(다) 무엇보다도 중요한 것은 인간이 문명의 이기를 사용할 때, 그것을 인간 자신을 위하여 슬기롭게 사용되어야 한다.
(라) 우리가 한글과 세계의 여러 문자들을 비교해 볼 때, 매우 조직적이며 과학적이고 독창적인 문자라는 사실은 널리 알려져 있다.

① (가): 이곳에서는 흡연을 삼가해 주시기 바랍니다.
② (나): 전 해상에서 강한 바람과 높은 파고가 예상됩니다.
③ (다): 무엇보다도 중요한 것은 인간이 문명의 이기를 사용할 때, 그것을 인간 자신을 위하여 슬기롭게 사용해야 한다는 것이다.
④ (라): 우리가 한글과 세계의 여러 문자들을 비교해 볼 때, 한글이 매우 조직적이며 과학적이고 독창적인 문자라는 사실은 널리 알려져 있다.

02 다음 글의 ㉠의 사례가 포함되어 있지 않은 것은?

접사에 의한 파생어 형성에서 접두사는 대부분 어근에 의미를 첨가해 주는 구실밖에 하지 못한다. 이에 비해 접미사는 어근에 의미를 첨가해 줄 뿐만 아니라 어근의 통사론적 자질을 바꾸기도 한다. 어근의 통사론적 자질을 바꾸는 경우로는 ㉠ 접미사에 의해 어근의 품사 변화가 일어나는 예가 대표적이다.

① 하늘 높이 나는 새를 바라보았다.
② 평상에 앉아 부채질을 하고 있다.
③ 서로 다른 크기의 짐을 차에 싣다.
④ 사슴은 곧 사자의 먹이가 될 것이다.

03 빈칸에 들어갈 전제로 가장 적절한 것은?

○ 공부를 하지 않으면 시험을 못 본다.
○ _____
따라서 공부를 하지 않으면 성적이 나쁘게 나온다.

① 성적이 좋다면 공부를 한 것이다.
② 성적이 좋다면 시험을 잘 본 것이다.
③ 시험을 잘 본다면 공부를 한 것이다.
④ 시험을 잘 본다면 성적이 좋은 것이다.

04 다음 빈칸에 들어갈 말로 가장 적절한 것은?

> 국립도서관에는 서로 다른 작가들의 대표 작품들이 전시되어 있다. 작품과 관련하여 다음과 같은 사실들이 알려져 있다.
>
> ○ A작가의 소설은 100년 전에 발표되었다.
> ○ B작가의 시집은 A작가의 소설보다 나중에 발표되었다.
> ○ C작가의 희곡은 B작가의 시집보다 먼저 발표되었고, A작가의 소설보다는 나중에 발표되었다.
> ○ D작가의 평론은 30년 전에 발표되어 B작가의 시집보다 늦게 발표되었다.
> ○ E작가의 수필은 가장 최근인 10년 전에 발표되었다.
>
> 이를 통해 '☐☐☐☐☐☐☐'을 알 수 있게 되었다.

① B작가의 시집은 두 번째로 발표되었다.
② D작가의 평론은 C작가의 희곡보다 먼저 발표되었다.
③ C작가의 희곡은 A작가의 소설과 D작가의 평론보다 늦게 발표되었다.
④ 작품이 발표된 순서대로 나열하면 'A소설 → C희곡 → B시집 → D평론 → E수필'이다.

05 다음 대화를 분석한 내용으로 가장 적절한 것은?

> 갑: 반려동물 인수제는 반려동물을 키울 수 없게 된 사람이 반려동물을 정부에 위탁하는 제도입니다. 불법 유기된 반려동물이 늘어나면서 이와 관련된 여러 가지 사회적 문제가 발생하고 있습니다. 유기 동물 보호에 소요되는 사회적 비용이 점차 증가하고 있으며, 야생화된 유기 동물이 시민들의 안전을 위협하는 문제가 발생하고 있습니다. 이런 문제를 해결하기 위해 반려동물 인수제를 도입할 필요가 있습니다. 반려동물을 키울 수 없게 된 사람이 양육 포기 신청을 한 후 일정한 비용을 내고 동물 보호소에 맡기면, 정부가 나머지 비용을 보조해 반려동물을 관리하면서 새로운 주인과 연결해 줍니다. 보호소에 위탁된 동물을 입양하는 사람에게 정부가 양육 비용 등을 지원하여 입양을 활성화한다면, 반려동물 인수제가 효과를 거둘 수 있을 것입니다. 실제로 이 제도가 시행되고 있는 미국과 영국 등에서도 이 같은 정부의 노력으로 동물 입양이 활발하게 이루어지고 있습니다.
>
> 을: 물론 저도 반려동물 입양이 활성화되면 반려동물 인수제를 통해 불법 유기 동물 문제가 개선될 수 있을 것이라 생각합니다. 그런데 우리나라에서는 동물 보호소에 있는 동물이 입양되는 비율이 채 30%가 되지 않습니다. 이는 동물을 쉽게 살 수 있는 우리나라에서, 버려졌던 동물을 입양하는 것을 사람들이 꺼려하기 때문입니다. 따라서 반려동물 인수제가 도입되더라도 단순히 정부의 양육 비용 지원만으로는 입양률이 크게 달라지지 않으리라 생각합니다. 이런 상황에서 반려동물 인수제는 시기상조이며, 오히려 합법적으로 동물 보호소에 유기되는 동물들이 늘어날 수 있습니다. 불법 유기된 반려동물이 늘어나는 문제의 근본적인 원인부터 생각해 보아야 합니다. 저는 반려동물을 쉽게 사고 버릴 수 있는 소유물로 생각하는 것이 원인이라고 생각합니다. 이제는 반려동물을 하나의 생명체로 존중하고 양육에 책임을 지는 사회적 분위기를 형성하기 위해 노력할 때입니다. 이와 함께 반려동물을 키우기 위한 사전 교육을 의무화하고 반려동물을 불법적으로 유기했을 때 법적 처벌을 강화하는 등의 제도적 장치를 마련하는 것도 필요할 것입니다.

① 두 사람 모두 반려동물 인수제가 시행되더라도 반려동물의 불법 유기를 줄일 수 없다고 생각한다.
② 두 사람 모두 반려동물 입양이 활성화되면 반려동물 인수제가 효과를 거둘 수 있을 것이라고 생각한다.
③ 두 사람 모두 반려동물 인수제가 도입되면 불법 유기된 동물의 입양률이 크게 증가할 것이라고 생각한다.
④ 두 사람 모두 반려동물 인수제가 정착되려면 반려동물의 양육 포기를 위한 절차가 강화되어야 한다고 생각한다.

[06-07] 다음 글을 읽고 물음에 답하시오.

(가) 민주정치는 개인의 존재를 소중히 여기기 때문에 각 개인에게는 자유가 보장되며 자신의 신념에 따라 발표의 자유도 보장된다. 그런 까닭에 민주사회의 각 개인은 나름대로의 입장과 의견을 가지고 있어, 때로는 개인들 간의 대립과 충돌이 일어날 수 있다. 이때에 각 개인의 개성과 의견을 살리면서 문제해결의 합의점에 도달할 수 있게 하는 민주정치의 원리 중 하나가 다수결 제도이다.

(나) 물론, 다수결에 비해 만장일치라는 의사결정 방식은 참여 구성원의 요구를 완전하게 충족시켜 준다는 점에서 가장 이상적이다. 그러나 만장일치라는 의사결정 방식은 이상일 뿐 민주사회에서는 모든 이의 의사가 하나로 일치되기보다는 오히려 ㉠ 서로 어긋나는 때가 더 많으므로 거의 실현이 불가능하다. 그러므로 각 개인의 의견의 차이를 전제로 하는 다수결주의는 최선은 아니라고 하더라도 만장일치주의의 약점을 보완할 수 있는 차선책으로서보다 효율적이고 실제적이며 경험적 방법인 것이다.

(다) 하지만 다수결에 의한 결정 방식은 어리석은 다수가 ㉡ 뛰어난 소수를 지배할 수 있는 모순도 기능케 할 수도 있다. 즉 '다수의 횡포'나 '우민 정치' 또는 '수의 냉혹성' 등의 문제가 나타날 수 있는 것이다. 그리고 다수결의 원리는 모든 사안이나 어떠한 경우에도 ㉢ 두루 쓰이는 만능적인 수단은 아니다. 특히 갈수록 다원화·전문화 되는 현대 사회에서 다수결의 원칙이 적용되는 범위에 관한 문제가 나타나기도 한다.

(라) 그러므로 먼저 다수의 횡포를 막기 위하여 이성과 합리성을 지닌 개인들의 자유로운 토론이 보장되어야 한다. 아무리 다수결 원리에 입각한 결정이라고 할지라도 그러한 결정 과정에 참여한 사람들이 비이성적이고 불합리한 사고를 지니고 있다면 결코 올바른 결정을 기대할 수 없게 되기 때문이다. 또한 의사결정 과정에서 자유로운 토론은 자기 의견을 발표하고 다른 사람의 의견을 ㉣ 귀 기울여 들음으로써 소수파의 의사를 최대한 반영하는 과정이 될 수 있으므로 그 결과만큼이나 중요하게 보장되어야 한다.

06 (가) ~ (라)의 중심 내용으로 적절하지 않은 것은?

① (가): 다수결의 기원
② (나): 다수결의 효용성
③ (다): 다수결의 단점
④ (라): 다수결의 전제조건

07 ㉠ ~ ㉣과 바꿔 쓸 수 있는 유사한 표현으로 적절하지 않은 것은?

① ㉠: 상충(相衝)되는
② ㉡: 탁월(卓越)한
③ ㉢: 통용(通用)되는
④ ㉣: 탐문(探聞)함으로써

08 (가) ~ (라)를 맥락에 맞추어 가장 적절하게 나열한 것은?

'테레사 효과'라는 말은 들어 보신 적 있나요?

(가) 명칭에서 보듯이 이 효과는 평생 봉사와 사랑을 베푼 테레사 수녀의 이름에서 붙여졌습니다.
(나) 즉 성인(聖人)의 봉사 활동과 선행을 목격하는 것만으로도 기본적인 인체 면역 체계가 개선된다는 것입니다.
(다) 아직 의학적인 인과 관계가 분명히 밝혀지지 않았지만 다른 사람에게 선행을 베풂으로써 면역 체계의 강화를 가져온다는 것이 이 효과의 내용입니다.
(라) 실제로 한 실험에서 테레사 수녀의 일대기를 보여 준 영상물을 보는 것만으로도 침과 땀에서 항체 물질 수치가 일제히 증가함을 보여 주기도 했다고 합니다.

① (나) - (가) - (다) - (라)
② (나) - (가) - (라) - (다)
③ (다) - (가) - (라) - (나)
④ (다) - (나) - (라) - (가)

09 다음 글의 논지에 대한 평가로 적절한 것만을 모두 고르면?

팝아트는 대중문화를 찬양한다. 팝아트는 모든 사람이 늘 알고 있는 것을 예술로 변용시킨다. 나아가 팝아트는 순수 미술의 종언을 선언한다. 이것은 전통적 철학의 종언을 선언하는 분석철학과 유사하다. 분석철학이 플라톤에서부터 시작해 하이데거에 이르는 철학 전체와 맞섰다면, 팝아트는 일상생활의 편에서 지금까지의 미술 전체에 맞선다.

그런데 순수 미술의 종언 이후에 예술은 어떠한 양상으로 전개되는가? 더 이상 미술이나 예술은 없는 것인가? 아니다. 어떤 목표를 추구했던 순수 미술의 역사가 종언을 고한 이후에 더 이상 일상에서 분리된 순수함이 강요될 필요는 없다. 이제 모든 것이 가능하며, 그 어떠한 것이라도 예술이 될 수 있다. 따라서 이러한 종언 이후의 예술 작품은 더 이상 어떤 예술적 본질을 구현하는 것이 아니다. 가령 무엇을 모방 혹은 표현하는 본질적 기능을 수행하거나 미적 형식을 구현하기 때문에 어떤 것이 예술 작품이 되는 것은 아니다. 더 이상 모든 예술 작품에 공통적인 단 하나의 순수한 본질, 즉 가시적(可視的)인 어떤 본질은 요구되지 않는다.

그렇다면 예술 작품에 고유한 미적 가치가 사라진 오늘날 예술 작품의 기준이 무엇인가? 평범한 소변기를 「샘」이라는 제목으로 전시한 뒤샹의 예술 작품은 외관상 실재 소변기와 식별 불가능하다. 그럼에도 뒤샹의 소변기는 예술 작품이 된다. 분명히 뒤샹의 작품은 소변기가 갖고 있는 성질과 다른 무엇을 갖고 있어야 한다. 그것은 순수 미술이 추구했던 미적인 본질이 아니다. 그것은 오히려 뒤샹이 소변기에 부여하는 어떤 의미이다. 뒤샹의 소변기는 더 이상 소변기가 아니라 대담함, 뻔뻔함, 불경스러움, 재치 등을 담고 있는 의미 대상이다. 뒤샹의 소변기는 비가시적(非可視的) 의미 대상이기 때문에 한갓 일상적 대상이 아니라 예술 작품이 되는 것이다. 따라서 미적 본질이 없기 때문에 그 어떤 일상 사물도 예술 작품이 될 수 있고, 그럼에도 예술 작품과 일상 사물이 구분된다는 것은 부정되지 않는다.

─────〈보기〉─────

ㄱ. 소변기가 고유한 미적 가치를 갖고 있다는 것은 글의 논지를 강화시킨다.
ㄴ. 순수 미술 대상과 일상적 대상이 명백하게 다르다는 것은 글의 논지를 약화시킨다.
ㄷ. 분석철학과 팝아트가 서로 다른 영역이라는 것은 글의 논지를 강화시키지도 약화시키지도 않는다.

① ㄷ   ② ㄱ, ㄴ
③ ㄱ, ㄷ   ④ ㄴ, ㄷ

10 다음 글의 빈칸에 들어갈 말로 가장 적절한 것은?

글은 약속된 기호로서 읽지만 마음은 약속된 게 없다. 그래서 마음을 읽기 위해선 소통을 통해 숨겨진 설득 지점, 즉 킬링 포인트를 찾아야 한다. 소통은 곧 발신과 수신의 교환이다. 보통의 많은 사람들은 상대방을 설득하기 위해선 내가 하고자 하는 말, 즉 '발신'을 잘하면 된다는 생각을 먼저 하게 된다. 물론 내 의견을 얼마나 조리 있게 잘 전달하는가도 중요하지만, 그보다 더 중요한 것은 상대방의 의견을 잘 수신하는 것이다. 그러지 못하면 설득은 고사하고 오해만 일으킬 수도 있기 때문이다.

[   ] 사람들은 일방적으로 얘기를 들을 때 집중할 수 있는 시간이 3분을 넘기지 못한다고 한다. 집중을 하지 못하면 얘기가 귀에 들어오지 않는, '깜빡 놓치는 상태'가 반복된다. 그리고 그것은 말하는 이에게 공허한 마음이 들게 한다. 그러나 스스로 '먼저 들어 주는 사람'이 된다면 상황은 달라진다. 상대방의 말을 귀담아듣고 있다가 적절한 곳에서 맞장구를 쳐 주고 그 화제가 무르익을 수 있도록 에스컬레이터식 질문을 하는 것이다. "대단하시군요. 어떻게 그런 생각을 하게 되셨나요?" 하는 식이다. 앞의 예시처럼 내 말을 잘 들어 준 사람, 내가 후련하게 말을 할 수 있게 해 준 사람에게는 무의식적인 호감이 생긴다. 대화 과정에서 카타르시스를 느끼기 때문이다. 이후에는 기꺼이 그의 얘기를 들으려 하고 그의 얘기에 설득될 가능성도 높아진다.

① 그러면 상대의 수신 상태는 어떻게 알 수 있을까?
② 어떻게 하면 상대방의 태도를 읽어 낼 수 있을까?
③ 어떻게 하면 상대방의 의견을 잘 수신할 수 있을까?
④ 그렇다면 발신을 잘하기 위한 선결 과제는 무엇일까?

11 다음 글에 나타난 글쓴이의 생각으로 가장 적절한 것은?

> 《표준국어대사전》에서는 접두사 '개-'의 쓰임을 아래 세 가지로 설명한다.
>
> > 1. '야생 상태의' 또는 '질이 떨어지는', '흡사하지만 다른'의 뜻을 더하는 접두사
> > 2. '헛된', '쓸데없는'의 뜻을 더하는 접두사
> > 3. '정도가 심한'의 뜻을 더하는 접두사
>
> 사람들은 흔히 우리말에 붙는 접두사 '개-'를 '개[犬, dog]'로 착각하고 있다. 어떤 사람은 위의 세 가지 뜻이 모두 개[犬]에서 나왔을 것이라고 주장하기도 한다. 그렇지만 전통적으로 개가 비하되거나 부정적 의미를 떠안을 만한 타당한 근거는 없다. 오히려 개는 사람과 가장 친근한 동물로 대접받지 않았던가. 따라서 접두사 '개-'는 독립적으로 분화한 말로 보아야 의미상 혼란을 막을 수 있다.
>
> 여기서 잠시 우리가 흔히 듣는 우리말 욕설의 의미를 생각해 보자. '새끼'라는 말은 《표준국어대사전》에서 '어떤 사람을 욕하여 일컫는 말'이라고 설명되어 있다. 그렇다면 우리가 욕으로 내뱉는 '개새끼'는 무슨 의미일까? 소의 새끼나 닭의 새끼와 같이 다른 가축의 '새끼'를 욕설로 사용하는 예가 없다는 점에서 '개새끼'가 개의 새끼를 의미한다고는 보기 어렵다. 개의 새끼, 즉 강아지를 뜻하지는 않을 것이다. 반면 접두사 '개-'의 세 번째 뜻을 고려할 때, 개새끼의 '개-'에는 '정도가 심한'이라는 뜻이 있다. 따라서 '새끼'라는 욕 자체에 접두사 '개-'의 '정도가 심한'이라는 의미가 더해져서 정말 심한 욕으로 쓰일 만한 자격을 갖추게 되는 것이다. 다시 말해 '개새끼'는 '정말 나쁜 새끼'라는 뜻이다. 이렇듯 접두사 '개-'는 일부 명사 앞에 붙어서 부정의 의미를 더하는 역할을 한다. 동물인 개와 크게 상관이 없는 말인 것이다.

① '개[犬]'는 억울하다.
② '개[犬]'는 욕설이나 비속어에 사용된다.
③ 우리말에서 '개[犬]'는 긍정적 의미를 지닌다.
④ 점잖지 못한 말에 붙는 '개-'는 동물 '개[犬]'와 관련이 있다.

12 다음 글의 ⊙~⊜ 중 어색한 곳을 찾아 수정한 것으로 적절하지 않은 것은?

> 물은 인간의 생명 유지에 필수적이기 때문에, 사람의 욕망을 채울 수 있는 재화나 용역의 유용성 측면을 고려하는 사용 가치로 볼 때 ⊙ 물의 가치는 매우 높다고 할 수 있다. 그런데 물 같은 재화는 양이 풍부하기 때문에 ⊙ 물의 가격은 비싼 편이다. 물을 다른 재화와 교환하고자 할 때도 물의 가치는 상대적으로 낮게 책정된다. 즉 일정량의 물품이 다른 종류의 물품과 어떤 비율로 교환될 수 있는가 하는 상대적 가치인 교환 가치로 볼 때, 물의 교환가치는 낮다. ⊙ 사용 가치는 낮지만 교환 가치는 높은 이런 현상을 어떻게 설명해야 할까?
>
> 모든 재화는 사용 가치와 교환 가치를 갖는다. 아담 스미스는 일찍부터 어떤 가치를 도입하여 재화의 가격을 설명할 것인지에 관심을 가졌다. ⊜ 사용 가치와 교환 가치가 서로 동일하기 때문에 가치의 이율배반적 현상이 발생하는데, 이를 '가치의 역설' 또는 '스미스의 역설'이라고 한다. 그러나 스미스는 재화의 가치에 있어서 이런 이율배반적 현상이 나타난다는 것은 확인했지만, 그런 현상이 일어나는 이유에 대해서는 제대로 설명을 하지 못했다.

① ⊙: 물의 가치는 매우 낮다고 할 수 있다.
② ⊙: 물의 가격은 저렴한 편이다.
③ ⊙: 사용 가치는 높지만 교환 가치는 낮은 이런 현상
④ ⊜: 사용 가치와 교환 가치가 서로 다르기 때문에

13 빈칸에 들어갈 결론으로 가장 적절한 것은?

> 갑과 을 앞에 감자칩, 쿠키, 비스킷이 놓여 있다. 세 가지의 과자 중에는 각자 좋아하는 과자가 반드시 있는데, 갑은 감자칩과 쿠키를 좋아하지 않는다. 한편, 을이 좋아하는 과자는 갑이 좋아하지 않는 과자이다. 따라서 _____

① 갑은 비스킷을 좋아하지 않는다.
② 갑은 좋아하는 과자가 없다.
③ 을은 비스킷을 좋아하지 않는다.
④ 갑과 을이 같이 좋아하지 않는 과자가 있다.

14 다음 <건의문>을 분석한 내용으로 적절하지 않은 것은?

─────〈건의문〉─────

안녕하세요? 저는 ○○구에 사는 김△△입니다. 저는 며칠 전, 아파트 출입구에서 곤혹스러운 표정을 짓고 계시는 할머니 한 분을 보았습니다. 할머니께 다가가 그 이유를 여쭈니, 할머니께서는 단지 내의 아파트 모습이 다 비슷비슷해서 집을 찾기가 어렵다고 하셨습니다. 또한 주변의 다른 분들도 보행로와 차도가 뚜렷하게 구분되지 않아 사고를 당할 뻔한 적이 있어 외출을 꺼리신다고 하셨습니다.

저는 노인들이 겪고 있는 이 같은 문제를 해결할 수 있는 방법을 고민하던 중 인지건강디자인에 대해 알게 되었습니다. 인지건강디자인이란 기존의 주거 환경 디자인을 새롭게 바꾸어 사람들이 기억을 잘할 수 있도록 돕고 사람들의 눈에 잘 띄게 함으로써 안전사고를 예방할 수 있게 하는 디자인을 말합니다. 예를 들어 아파트 단지 내 주차장이나 건물의 출입구에 기억하기 쉬운 이름을 붙이거나 건물 안팎의 숫자나 글자, 방향 표시 등을 눈에 띄는 색으로 크게 표시하는 것 등이 여기에 해당합니다. 이렇게 하면 노인들은 물론 인지 능력이 저하된 다른 사람들도 길을 잘 찾을 수 있을 것입니다.

우리 마을의 건물과 마을 주변에 있는 공원, 쉼터 등에 이러한 인지건강디자인을 적용한다면 노인들이 길을 찾기 어려워하는 상황도 줄어들 것이고, 그만큼 노인들이 안심하고 외출을 할 수 있게 될 것입니다. 또한 안전사고를 줄이기 위한 인지건강디자인의 적용 방안도 마련할 필요가 있습니다.

우리 마을은 다른 지역과 비교했을 때 상대적으로 노인 인구가 많습니다. 그렇기 때문에 노인을 배려한 주거 환경을 조성하는 것은 더욱 큰 의미가 있다고 생각합니다. 그러므로 저의 제안을 긍정적으로 검토해 주시기를 부탁드립니다.

① 인지건강디자인에 주목해야 할 지역의 특징에 대해 언급한다.

② 인지건강디자인이라는 용어의 개념과 이에 대한 사례를 제시한다.

③ 인지건강디자인의 도입을 건의하게 된 계기로 자신의 경험담을 언급한다.

④ 인지건강디자인을 도입하기 위한 정책적 조건과 정책 도입의 효과를 제시한다.

15 (가)를 이해한 내용으로 적절한 것만을 <보기>에서 모두 고르면?

서양 철학은 (가) 존재에 대한 물음에서 시작되었다. 고대 그리스 철학자 파르메니데스는 있는 것은 있고 없는 것은 없다고 말했다. 그는 어떤 존재가 있다가 없어지고 없다가 있게 되는 일은 불가능하다며 존재의 생성과 변화, 소멸을 부정했다. 그에게 존재는 영원하며 절대적이고 불변성을 가지는 것이었다. 이에 반해 헤라클레이토스는 존재의 생성과 변화를 긍정했다. 그는 존재하는 모든 것이 변화의 과정 중에 있으며 끊임없이 생성과 소멸을 반복하는 것이라고 생각했다. 존재에 대한 두 철학자의 견해는 플라톤의 이데아론에 영향을 주었다. 플라톤은 존재를 끊임없이 변하는 존재와 영원히 변하지 않는 존재로 나누었다. 그는 우리가 경험하는 현실 세계의 존재는 변한다고 생각했다. 그리고 현실 세계에 존재하는 모든 것의 근원을 이데아로 상정하고 이데아를 영원하고 불변하는 존재, 그 자체로 완전한 진리로 여겼다. 반면에 현실 세계의 존재는 이데아를 모방한 것일 뿐 이데아와 달리 불완전하다고 보았다. 또한 감각을 통해 인식할 수 있는 현실 세계의 존재와 달리 이데아는 오직 이성에 의해서만 인식할 수 있다는 이성 중심의 사유를 전개했다. 플라톤의 이러한 철학적 견해는 이후 서양 철학의 주류가 되었다.

그러나 플라톤의 견해를 바탕으로 한 서양 철학의 주류적 입장은 근대에 이르러 니체에 의해 강한 비판을 받았다. 헤라클레이토스의 견해를 받아들인 니체는 영원히 변하지 않는 존재, 절대적이고 영원한 진리는 없다고 주장했다. 또한 우리가 살고 있는 현실 세계가 유일한 세계라면서 '신은 죽었다'라고 선언하며 형이상학적 이원론이 말하는 진리, 신 중심의 초월적 세계, 합리적 이성 체계 모두를 부정했다. 니체는 형이상학적 이원론이 진리를 영원 불변한 것으로 고정하고, 현실 너머의 이상 세계와 초월적 대상을 생명의 근원으로 설정함으로써 인간이 현실의 삶을 부정하도록 만들었다고 보았다. 그래서 생명의 근원과 삶의 의미를 상실한 인간은 허무에 직면하게 되었다는 것이다.

─────〈보기〉─────

ㄱ. 헤라클레이토스와 니체는 (가)가 변화한다고 생각했다.

ㄴ. 파르메니데스와 플라톤은 (가)가 불완전하다고 여겼다.

ㄷ. 플라톤은 (가)의 근원을 감각을 통해 인식할 수 있다고 보았다.

① ㄱ   ② ㄱ, ㄴ

③ ㄴ, ㄷ   ④ ㄱ, ㄴ, ㄷ

[16-17] 다음 글을 읽고 물음에 답하시오.

뇌파를 보다 정밀하게 분석하게 되면 인간의 상태를 더욱 세밀하게 알 수 있게 되는데, 뇌-기계 인터페이스는 인간의 뇌를 기계와 연결하여 뇌에서 나오는 신호를 실시간 해석하여 활용하는 기술이다. 뇌-기계 인터페이스 기술의 구현은 뇌파의 자극을 인식하는 장치를 통해 인간의 뇌에서 발생한 신호를 받아들인 후 신호의 특징을 추출하여 의미 있는 정보를 분류하고 이를 바탕으로 출력 장치에 명령을 ㉠내리게 된다.

과거부터 진행된 뇌-기계 인터페이스는 최근 뇌파 측정 기술의 발전을 통해 급속도로 성장하고 있다. 뇌-기계 인터페이스는 명령어에서-키보드 환경에서 아이콘-마우스 환경으로 변화되었고 그 후 문자인식, 음성 인식 등을 통해 인간 친화적인 인터페이스를 제공하고 있다. 근래에는 얼굴 표정, 신체 동작, 눈의 움직임 등을 통해 인터페이스를 구축하는 연구가 진행되고 있을 뿐만 아니라 기타 신체를 이용하지 않고도 명령을 내릴 수 있는 것도 연구 중이다. 어떤 말을 하려고 하면 성대와 그 주변에 이어진 신경으로 신호를 보내기 전에 그 말에 해당되는 특정한 패턴의 뇌파가 생성된다는 점을 이용하여, 뇌파를 문자로 변환하는 기술을 개발하고 있는 것이다.

뇌파를 측정할 때는 측정이나 분석 면에서 어려움이 있지만, 측정 비용이 저렴하고 실시간 정보 제공이 가능하며, 신체의 동작이 전혀 필요하지 않는다는 점에서 뇌-기계 인터페이스는 가장 직관적인 인터페이스라고 할 수 있다.

이 기술은 두 가지 방식이 있다. 먼저 침습적 방식은 전극을 뇌 표면 위에 부착하거나 바늘 형태의 전극을 두피에 시술해 신경 세포로부터 전기 신호를 측정하는 방식으로 외과적 시술이 필요하다. 반면 비침습적 방식은 헬멧이나 헤드셋 등을 이용해 두피 밖에서 전기 신호를 측정하는 방식이다. 그러나 비침습적 방식은 뇌파 측정 시 잡파의 혼입이 불가피하고, 전달 과정에서 정보의 손실이 많으며 분석의 어려움이 존재한다.

16 윗글을 이해한 내용으로 적절하지 않은 것은?

① 침습적 방식은 비침습적 방식과 달리 정보의 손실이 많다.
② 비침습적 방식은 외과적 시술을 하지 않고 실시하는 방식이다.
③ 최근 뇌-기계 인터페이스는 인간 친화적인 인터페이스를 제공한다.
④ 뇌-기계 인터페이스는 뇌에서 나오는 신호를 측정하고 분석하는 것이다.

17 문맥상 ㉠의 의미와 가장 가까운 것은?

① 전국에 폭풍 주의보를 내리기로 했다.
② 차내의 공기가 탁해서 유리문을 내렸다.
③ 게시판에서 욕설이 들어 있는 글을 내렸다.
④ 일반적으로 가격이 내리면 공급량은 감소한다.

18 (가)의 입장에서 (나)를 반박한 내용으로 가장 적절한 것은?

(가) 건축 문화재를 복원하는 것은 역사 교육에서 가치 있는 일이다. 우리 지역의 탑을 복원하면 사람들은 원형에 가깝게 완성된 탑의 모습을 보면서, 형태가 훼손된 탑에서는 느낄 수 없었던 과거의 문화적 양식이나 아름다움 등을 직접 체험할 수 있게 된다. 따라서 탑을 복원하는 것은 사람들이 당대의 역사를 내면화할 수 있는 기회를 제공하기 때문에 역사 교육의 측면에서 바람직하다.

(나) 탑을 보존하면 탑에 담긴 역사적 의미를 온전하게 전달할 수 있어 진정한 역사 교육이 가능하다. 우리 지역의 탑은 백성들의 평화로운 삶을 기원하기 위해 만들어졌고, 이후 역사의 흐름 속에서 전란을 겪으며 훼손된 흔적들이 더해져 지금 모습으로 남아 있다. 그런데 탑을 복원하면 이런 역사적 의미들이 사라져 그 의미를 온전하게 전달할 수 없다.

① 복원된 문화재를 직접 체험할 수 있는 기회를 제공하는 것은 역사적 의미를 왜곡하게 만든다.
② 문화재를 보존해서 실제 경험하도록 해야 문화재에 담긴 아름다움이 사라지는 것을 막을 수 있다.
③ 복원을 통해 역사적 의미를 내면화하려면 지속적으로 문화재를 보존해 온 해외 사례에서 대안을 찾아야 한다.
④ 문화재의 보존만이 역사 교육에 효과적이라고 보는 것은 복원을 통해 완성된 형태가 주는 교육적 의미를 간과한 것이다.

[19-20] 다음 글을 읽고 물음에 답하시오.

현대 예술 이전에는 뛰어난 미술가가 사후에 혹은 뒤늦게 세상으로부터 인정받는 일이 그리 흔하지 않았다. 루벤스와 같은 고전의 대가는 ⊙ 일찍이 재능을 인정받았고 그에 합당한 영예를 누리며 살았다. 그러나 현대 예술의 주도자들은 사후 혹은 ⓒ 늙으막의 영광을 위해 길고 어두운 무명과 배척의 터널을 지나야 했다. 근대가 선물한, 보다 진전된 개인의 자유로 인하여 미술가들이 자신의 관심사와 내면을 그 어느 때보다 자유롭게 표출할 수 있게 되었지만 후원자의 주문이나 요구에 따라 작품을 제작하는 것이 아니라 자신의 내적 필요와 욕구에 따라 주체적이고 세련된 조형과 미학을 추구하게 된 것이다.

이처럼 미술가들이 취미, 판단과 창의의 영역에서 커다란 자유를 누리게 되었다는 것은 모네에서 피카소에 이르기까지 이들 전위 미술가들의 작품에 이전 선배들의 것과는 다른 특질이 주어지게 되었음을 의미한다. 후기 인상주의 화가인 고갱과 세잔의 그림에는 바로 그 새 질서의 구축에 대한 전환기적 열망이 ⓒ 또렷이 담겨 있다. 고갱은 열대의 원색을 바탕으로 육안이 아니라 심안으로 본 세계의 색채를 구사했고, 세잔은 대상의 형태를 단순화한 뒤 공간의 구조마저 의도적으로 ⓔ 어그러뜨렸다. 마티스는 고삐 풀린 색채가 그림의 형식과 주제를 통괄하는 야수파의 길을 열었고, 피카소는 대상과 공간을 극단적으로 분해한 뒤 내키는 대로 재조립하는 입체파의 길을 열었다. 잭슨 플록이 말한 것처럼, 이제는 "회화는 회화 나름의 삶이 있다."고 하는 사실을 인정하지 않을 수 없는 시대로 접어든 것이다.

19 윗글에서 추론한 내용으로 적절한 것만을 <보기>에서 모두 고르면?

───────〈보기〉───────

ㄱ. 고전 미술의 대가는 대개 당대에 인정을 못 받았으나 후대에 영예를 누렸다.
ㄴ. 전위 미술가 이전의 고전적 작가들은 내적 욕구에 따라 주체적이고 세련된 조형과 미학을 추구하였다.
ㄷ. 현대 예술의 선구자들은 이전 시대에 비해 당대의 후원자나 대중의 취향이나 감성으로부터 많이 떨어져 있었다.

① ㄱ   ② ㄷ
③ ㄴ, ㄷ   ④ ㄱ, ㄴ, ㄷ

20 ⊙ ~ ⓔ 중 맞춤법에 어긋나는 표기는?

① ⊙   ② ⓒ
③ ⓒ   ④ ⓔ

약점 보완 해설집 21p

01 <공공언어 바로 쓰기 원칙>에 따라 수정한 것으로 적절하지 않은 것은?

> ──────── 〈공공언어 바로 쓰기 원칙〉 ────────
> (가) 생소한 외래어나 외국어는 우리말로 다듬을 것.
> (나) 중복되는 표현을 삼갈 것.
> (다) 필요한 문장 성분이 생략되지 않도록 할 것.
> (라) 잘못된 이중 피동 표현은 피할 것.

① "요즘 커피 전문점 창업은 이미 레드오션이 되었다."는 (가)에 따라 "요즘 커피 전문점 창업은 이미 대안 시장이 되었다."로 수정한다.

② "친구 사이의 우정을 두터이 하다."는 (나)에 따라 "우정을 두터이 하다."로 수정한다.

③ "내가 학교에 도착했을 때, 이미 다 끝났다."는 (다)에 따라 "내가 학교에 도착했을 때, 이미 졸업식이 다 끝났다."로 수정한다.

④ "밧줄이 느슨하게 묶여졌는지 매듭이 풀리고 말았다."는 (라)에 따라 "밧줄이 느슨하게 묶였는지 매듭이 풀리고 말았다."로 수정한다.

02 다음 글의 ㉠의 사례가 포함되어 있지 않은 것은?

> 기계는 하나의 에너지를 인간에게 유용한 또 다른 형태의 에너지로 변환해 주는 장치이다. 예컨대 선풍기는 전기에너지를 풍력에너지로 전환하고, 자동차는 화석에너지를 열에너지를 거쳐 운동에너지로 전환한다. 하지만 에너지의 전부를 인간에게 유용한 에너지로 전환하는 것은 거의 불가능하며, 이로 인해 에너지의 일부는 원하든 원하지 않든 버려지게 된다.
>
> 예를 들어 선풍기를 떠올려 보자. 선풍기를 작동시키면 선풍기의 날개가 회전하기 시작한다. 이때 날개를 돌리는 모터에서는 불필요한 열이 만들어진다. 또한 날개가 회전하면서 소음과 진동도 함께 발생한다. 이렇게 선풍기에 입력된 전기에너지는 주목적인 풍력에너지로 쓰이기도 하지만, 열, 소음, 진동 등과 같은 형태로 버려지기도 한다.
>
> 이처럼 대부분의 기계 장치들에서는 원래의 의도와는 관계없이 버려지는 에너지들이 나타나게 된다. 또한 자연 상태에서도 수많은 에너지들이 버려진다. 이와 같은 에너지들을 인간에게 유용한 에너지로 변환하는 기술이야말로 ㉠ 에너지 수확 기술의 핵심이다.

① 미국의 한 비영리기구에서 개발한 소켓이라는 축구공은 사람이 공을 차서 굴러 가면 전기가 발생한다.

② 스위스의 한 회사에서는 걸을 때 팔을 흔드는 것에 착안해, 외부 배터리가 필요 없는 손목시계를 개발하였다.

③ 프랑스의 한 연구팀이 개발한 특수 필름은 표면에 빗방울이 떨어질 때 발생한 압력으로부터 전기에너지를 얻는다.

④ 영국의 한 회사가 개발한 날개 없는 선풍기는 스탠드에 내장되어 있는 팬과 전기 모터를 작동하여 바람을 발생시킨다.

03 다음 진술의 내용을 고려할 때, 평가가 적절한 것을 <보기>에서 모두 고르면?

> 갑은 후배 12명에게 아래와 같이 장미꽃 한 송이씩을 전달하였다. 이와 관련하여 다음과 같은 사실들이 알려져 있다.
>
> ○ 꽃은 붉은색, 노란색, 하얀색, 하늘색 4종류가 각각 한 송이 이상 있으며, 모두 12송이이다.
> ○ 하얀 장미를 받은 사람은 노란 장미를 받은 사람보다 적다.
> ○ 붉은 장미를 받은 사람은 하얀 장미를 받은 사람보다 적다.
> ○ 하늘색 장미는 붉은 장미보다 많고, 하얀 장미보다는 적다.

<보기>

ㄱ. 노란 장미를 받은 사람은 5명 이상이다.
ㄴ. 붉은 장미를 받은 사람이 1명이면, 하얀 장미를 받은 사람은 4명이다.
ㄷ. 노란 장미를 받은 사람이 6명이라면, 하늘색 장미를 받은 사람은 2명이다.

① ㄱ, ㄴ   ② ㄱ, ㄷ
③ ㄴ, ㄷ   ④ ㄱ, ㄴ, ㄷ

---

04 다음 글을 추론한 내용으로 적절한 것만을 <보기>에서 모두 고르면?

> 공동 소유란 하나의 물건을 2명 이상이 공동으로 소유하는 것을 말한다. 공동 소유 관계에서 각 소유자가 가지는 몫을 '지분(持分)'이라고 하는데, 우리나라 민법에서는 공동 소유자들의 결합 관계와 지분의 행사 및 처분·변경 방법 등에 따라 공동 소유의 종류를 공유(共有), 합유(合有), 총유(總有)로 구분하고 있으며, 등기부 등본을 통해 공동 소유 관계를 명시하도록 하고 있다.
>
> 공유는 부부가 공동 명의로 자동차나 집을 구입하는 것처럼 하나의 물건을 두 명 이상이 일정한 비율의 지분으로 나누어 가지는 것을 말한다. 이때 물건을 공유하는 사람인 공유자들 사이에는 특별한 인적 관계가 없어도 공유 관계가 성립한다. 물건이 동산일 경우 공유자는 공유의 등기만 하면 되지만, 물건이 부동산일 경우에는 공유의 등기와 지분의 등기를 함께 해야 한다. 지분의 등기를 하지 않았을 때에는 공유물에 대해 공유자들이 균등 지분을 가지고 있는 것으로 추정한다. 공유자는 자기의 지분을 다른 공유자의 동의 없이 마음대로 처분할 수 있고, 공유물을 분할하자고 요구해서 공유 관계를 끝낼 수도 있다. 그러나 공유물을 처분하거나 변경할 때에는 공유자 전체의 동의를 얻어야 한다.
>
> 합유는 법률의 규정 또는 계약에 의해 두 명 이상이 조합이나 동업의 형태로 물건을 소유하는 것을 말하는데, 협동조합이나 여러 사람이 동업하여 하나의 사업체를 운영하는 형태가 합유의 대표적인 예이다. 합유 재산을 합유자 한 명이 단독 명의로 소유에 대한 등기를 했다면 그 등기는 무효이며, 그 명의자로부터 등기 명의를 취득한 것도 무효가 된다. 합유자는 지분을 갖기는 하지만, 자기의 지분이라 하더라도 마음대로 처분하지 못하고 다른 합유자 전원의 동의를 얻어야만 처분할 수 있다. 또한 합유자는 합유 관계가 유지되는 한은 합유물 분할을 청구할 수 없다. 합유 지분의 상속은 합유 관계가 성립할 때 이에 대한 별도의 약정을 정하지 않았다면 인정되지 않으며, 만약 합유자 중 한 사람이 사망하거나 지분을 포기하면 남은 합유자의 수대로 지분이 분할되어 다른 합유자에게 그 지분이 귀속된다.

<보기>

ㄱ. 부동산의 합유 관계는 등기부 등본에서 확인할 수 있다.
ㄴ. 합유자가 사망했을 경우 그 지분은 다른 합유자들 모두의 동의를 얻어야 상속이 가능하다.
ㄷ. 공유 재산에 대해 지분의 등기를 하지 않으면 공동 소유한 사람의 수로 지분이 균등히 나눠진 것으로 간주한다.

① ㄱ   ② ㄴ
③ ㄱ, ㄷ   ④ ㄴ, ㄷ

05 <지침>에 따라 문구를 완성할 때 가장 적절한 것은?

〈지침〉

ㅇ 물 부족에 대한 경각심을 고취할 것.
ㅇ 대구 표현을 사용할 것.
ㅇ 완곡하게 표현할 것.

① 좋은 물 좋은 건강. 나쁜 물 나쁜 건강.
② 새는 물, 새는 살림. 알뜰 살림하듯 물을 절약합시다.
③ 돈을 물처럼 쓰시나요? 만약 당신이 그런 사람이라면 당신의 경제는 파탄 납니다.
④ 오늘 풍부하다고 내일도 풍부할까요? 물 걱정 없는 미래, 당신 손에 달려 있습니다.

06 (가) ~ (라)를 맥락에 맞추어 가장 적절하게 나열한 것은?

(가) 즉 서로 다른 두 브랜드가 만나 각자의 브랜드가 가지고 있는 경쟁력을 유기적으로 결합해 시너지 효과를 내는 것을 의미한다.
(나) 콜라보레이션(Collaboration)은 '모두 일하는' 혹은 '협력하는 것'이라는 말로 공동 출연, 경연, 합작, 공동 작업을 뜻한다.
(다) 결국 두 개 이상의 브랜드 가치를 물리적으로 결합하는 '1+1=2'가 아닌 진정한 브랜드 진화의 과정이라는 의미이다.
(라) 성공적인 콜라보레이션은 브랜드 간 경쟁에 초점을 맞추는 것이 아닌 이질적인 브랜드 간의 '전략적 협업'으로 브랜드 가치를 상호 혁신시킬 수 있어야 한다.

① (나) - (가) - (라) - (다)
② (나) - (다) - (가) - (라)
③ (라) - (나) - (가) - (다)
④ (라) - (나) - (다) - (가)

07 다음 글을 강화하는 것만을 <보기>에서 모두 고르면?

언어가 되는 소리는 자음과 모음으로 분석할 수 있다. '가을'이라는 소리덩어리는 두 개의 자음과 두 개의 모음으로 분석할 수 있다는 점을 들어 언어 기호의 분절적 성격을 설명할 수 있다. 이 경우 '을'의 'ㅇ'은 아무런 소릿값도 없는 단순한 글자에 지나지 않는다. 즉 의미를 가진 언어형식들은 모두 소리와 의미의 이원적 구조로 이루어져 있고, 그 소리(형식)와 의미(내용)의 관계는 필연적인 것이 아니다. 이런 언어 기호의 성격을 자의성이라고 한다.

〈보기〉

ㄱ. '호랑이'를 '범'이라고도 하듯이 동의어가 존재한다.
ㄴ. 외래어 '컴퓨터'나 '버스'를 다른 말로 바꿀 수 없다.
ㄷ. '어리다'의 의미가 '어리석다(愚)'에서 '어리다(幼)'로 바뀌었다.

① ㄱ, ㄴ   ② ㄱ, ㄷ
③ ㄴ, ㄷ   ④ ㄱ, ㄴ, ㄷ

08 다음 글의 논지를 강화하는 것으로 가장 적절한 것은?

그동안 지역문화 정책과 사업이 새로운 콘텐츠를 발굴·제작하는 데만 주력해 온 탓에 향유의 지속성 측면을 고려하지 못했다. 이로 인해, 관련 사업은 일부 향유자만을 대상으로 하거나 단발적인 제작 지원에 그쳐 지역민의 문화자원 향유가 지속되는 데 어려움이 있었다. 향유자에 초점을 둔 실효성 있는 정책을 실현하려면, 향유의 지속성까지 염두에 두어야 한다. 콘텐츠와 향유자를 잇고, 향유자의 향유 경험을 지속시킬 때 콘텐츠는 영속할 수 있다. 향유자에 의한 콘텐츠의 공유와 확산이 활발하게 이루어지는 향유, 아울러 향유자가 콘텐츠의 소비·매개·재생산의 주체가 되는 향유를 위한 방안이 개발되어야 한다. 이러한 방안을 통해 이미 만들어진 우수한 지역문화 콘텐츠의 생명력을 연장하고 콘텐츠 향유의 활성화를 꾀할 수 있다.

① 문화 정책은 새로운 콘텐츠의 발굴과 제작에만 집중해야 한다.
② 지역 주민의 향유가 일시적으로 증가하더라도 정책적 성과로 인정해야 한다.
③ 콘텐츠의 향유보다는 제작자가 창작 활동에만 몰두할 수 있는 환경을 조성해야 한다.
④ 콘텐츠를 향유한 경험이 다음 세대에도 이어지도록 교육 프로그램을 마련할 필요가 있다.

09 다음 글을 바탕으로 <보기>를 이해한 내용으로 적절하지 않은 것은?

일반적으로 기억은 부호화, 저장, 인출의 세 단계를 거친다고 본다. 망각은 기억의 세 단계 모두에서 일어나고 각 단계에서 비롯되는 망각은 서로 다르다. 기억은 크게 음운 부호와 의미 부호로 정보를 저장한다. 이 두 부호 중에서 어느 부호로 기억되느냐에 따라 각 단계의 망각 양상은 달라진다. 부호화 단계에서 음운 부호는 발음 감각 그대로, 의미 부호는 기존 지식과 관련하여 정보를 부호화한다. 이때 의미 부호가 기존 지식의 맥락에 맞지 않는다면 쉽게 망각된다. 저장 단계에서 음운 부호는 발음 감각이 단기적으로만 보존되어 정보는 쉽게 잊게 된다. 하지만 의미 부호는 기존 지식에 체계화되어 쉽게 망각되지는 않는다. 즉 저장 단계에서 음운 부호는 빨리 망각되고 의미 부호는 장기적으로 지속된다. 인출 단계에서 음운 부호는 발음 감각 그대로 쉽게 인출된다. 하지만 의미 부호는 의미의 맥락을 찾아야 하므로 단서가 없으면 쉽게 망각된다. 이렇게 의미 부호는 음운 부호보다 부호화 단계와 인출 단계에서 망각에 더 약하다. 기억의 단계와 관련하여 망각을 고려하면 기억을 훨씬 높일 수 있다.

〈보기〉

단어를 암기하는 실험을 통해 확인해 보면 먼저 학습한 단어와 마지막에 학습한 단어의 기억 정도가 높았고 중간에 학습한 단어의 기억 정도가 낮았다. 이것은 중간에 학습한 단어보다 처음 학습한 단어를 더 망각할 것이라는 일반적인 예상과는 다른 결과였다.

① 학습한 단어의 기억 정도에는 음운 부호와 의미 부호의 차이도 영향을 준다.
② 중간에 학습한 단어의 인출을 높이려면 그 단어와 관련된 맥락을 잡을 수 있는 단서가 있어야 한다.
③ 시간적 경과가 있었음에도 처음에 학습한 단어가 더 많이 기억되는 것은 기존 지식에 체계화되었기 때문이다.
④ 음운 부호보다 의미 부호가 저장 단계에서 망각이 잘 이루어져서 중간에 학습한 단어의 기억이 낮은 것으로 볼 수 있다.

10 <개요>를 작성할 때 ㉠~㉣에 들어갈 내용으로 적절하지 않은 것은?

〈개요〉

ㅇ 주제문: ㉠

Ⅰ. 서론: 태풍 피해의 실태와 배경
Ⅱ. 본론
　1. ㉡
　　가. 강풍 및 해일로 인한 인명 및 재산의 피해
　　나. 집중 호우로 인한 홍수 및 산사태
　　다. 특정 지역에서의 상습적인 피해
　2. 태풍 피해의 주요 원인
　　가. 태풍 예보 시스템 및 태풍 대비 대국민 홍보 시스템 미비
　　나. 상습 피해 지역에 대한 허술한 관리
　　다. 일시적 피해 복구에 급급한 재해 관련 행정
　3. 태풍 피해를 줄이기 위한 대책
　　가. ㉢
　　나. 상습 피해 지역에 대한 철저한 관리
　　다. 예방에 초점을 둔 재해 관련 행정 체계 수립
Ⅲ. 결론: ㉣

① ㉠: 태풍으로 인한 피해를 줄이기 위해 체계적인 방재 관리가 필요하다.
② ㉡: 태풍으로 인한 피해의 양상
③ ㉢: 태풍 전담 예보 시스템 구축을 위한 재원 마련
④ ㉣: 태풍에 대한 체계적인 방재 관리 촉구

[11-12] 다음 글을 읽고 물음에 답하시오.

우리는 언제나 일정한 상황에서 말을 주고받는다. 이때의 상황이란 화자와 청자, 그리고 그들이 처한 시간적·공간적 상황, 즉 장면(場面)을 포함한다. 이러한 일정한 상황 속에서 문장 단위로 실현된 말을 발화(發話)라고 하고, 발화들이 모여서 이루어진 구조체를 담화(談話)라고 한다.

적절하고 자연스러운 담화가 되기 위해서는 담화 내의 발화들이 하나의 주제 아래 유기적으로 모여 있어야 한다. 즉 화자와 청자가 하나의 주제를 공유하고 그 주제에 대해서만 발화를 해야 하는 것이다. 이처럼 담화 내의 발화들이 주제를 향해 긴밀하게 연결되어 있는 성질을 담화의 (가) 통일성이라고 한다. 통일성은 담화가 갖추어야 할 가장 기본적인 요건이다.

담화의 응집성이란 발화들이 서로 긴밀하게 묶여 하나의 담화를 구성하도록 해 주는 형식적 요건이다. 담화의 응집성은 주로 지시 표현, 대용 표현, 접속 표현 등에 의해 실현된다. 이러한 표현들은 앞에 나온 어휘, 문장, 상황 전체를 대신하거나 상황들 사이의 시간적 순서 또는 논리적 흐름 등을 드러내어 발화들의 응집성을 높인다. 그밖에 '먼저, 다음으로'와 같이 순서나 과정을 드러내는 어휘를 쓰거나 동일한 표현을 반복하는 방법으로 응집성을 표현할 수도 있다.

11 윗글에 대한 이해로 적절하지 않은 것은?

① 발화들이 모여서 담화를 이루기 위해서는 일정한 조건이 갖추어져야 한다.

② '먼저, 다음으로'와 같은 표현은 발화들 간의 응집성을 높여 주는 기능을 한다.

③ 화자와 청자가 하나의 주제를 공유하고 그 주제에 대해서만 발화를 해야 자연스러운 담화가 이루어진다.

④ 담화의 통일성을 표현하기 위해서 순서나 과정을 드러내는 어휘를 쓰거나 동일한 표현을 반복하는 방법이 있다.

12 윗글의 (가)를 고려할 때, <보기>의 ㉠ ~ ㉣ 중 삭제해야 할 문장은?

〈보기〉

군청에서는 관 위주 행정의 관행을 없애고 군민들이 불편하지 않도록 '감동 행정'을 펼치기 위한 사전 작업이 이뤄지고 있다. ㉠ 특히 군정에 변화의 새바람을 일으키기 위해 군민과 공직자를 상대로 군민 행복을 위한 참신한 의견을 수렴하고 '공직자 변화 노력 선포식'을 열기로 하는 등 변화의 바람이 감지되고 있다. ㉡ 김 군수는 "공무원들의 변화만이 군민들에게 희망을 줄 수 있다."면서, '공무원들의 낡은 사고, 관 위주 행정의 낡은 관행을 우선 변화시켜야 할 대상으로 규정하고 전체 공직자가 자기 계발과 의식 전환을 위해 노력하도록 할 방침'이라고 밝혔다. ㉢ 다음 달 정례 조회 때 있을 공직자 변화 노력 선포식에서는 전체 공직자가 결의문을 채택해 자기 개혁에 적극 나서도록 분위기를 조성한다는 방침이다. ㉣ 특히 음주 운전자 차량에 동승하여 음주 운전을 적극 만류하지 못해 음주 운전에 이르게 한 공무원도 사안에 따라 문책할 방침이다.

① ㉠   ② ㉡

③ ㉢   ④ ㉣

13 ㉠의 전제로 가장 적절한 것은?

태도를 읽는 것은 마음 읽기의 중요한 단계이다. 즉 언어가 아닌 비언어적 메시지를 읽는 것이다. '대화 중 상대를 판단하는 근거가 무엇이었느냐'라는 질문으로 조사를 한 적이 있었는데, 결과는 언어적 표현(7%)보다 비언어적 표현(93%)이 압도적으로 높았다. 무의식중에 상대방의 말을 들으면서, 그의 제스처나 표정 등 비언어적인 것을 혼합해 총체적인 해석을 한다는 것이다. 이를 잘 활용한 것이 정치인들의 손동작이다. ㉠ 케네디의 자신감 넘치는 손동작은 클린턴에서 오바마로 벤치마킹되었다.

그렇다면 태도를 읽는 눈은 어떻게 개발할 것인가? 먼저 로맨틱 코미디처럼 비언어적 표현이 다양한 DVD를 골라 자막을 없애고 볼륨을 끈 채 처음부터 끝까지 감상해 본다. 소리와 함께 볼 때는 보지 못했던 많은 단서들이 눈에 들어올 것이다. 스토리 전개상 중요한 장면은 몇 번이고 반복해 보아도 좋다. 배우들의 표정과 몸짓만으로도 얼마나 세세한 내용까지 파악이 가능한지 스스로 놀라게 될 것이다. 이것을 반복 훈련하면 태도를 읽는 눈이 밝아지게 된다.

① 케네디는 다른 사람의 태도를 읽는 안목이 남달리 뛰어났다.
② 케네디의 손동작은 그의 정치적 입지 구축에 큰 보탬이 되었다.
③ 오바마는 정치인으로서의 케네디의 역사적 위상을 부러워하였다.
④ 오바마는 케네디의 손동작을 모방해 케네디만큼의 인기를 누렸다.

14 다음 글의 ㉠ ~ ㉣ 중 어색한 곳을 찾아 가장 적절하게 수정한 것은?

드라마에서의 기억 상실증 남용

드라마에 기억 상실증이 자주 등장하는 이유는 기억 상실증이 극 전개상 긴장감을 높이고 이를 통해 사건의 전개 방향을 바꾸는 등 ㉠ 극적 매력이 크기 때문이다.

대부분의 드라마에서는 주요 인물이 사고를 당해 기억을 잃게 된 후 일정한 기간 동안 다른 인물로 살다가 어떤 계기로 기억을 회복하게 된다. 하지만 일반적으로 기억 상실이 일어날 정도의 외상을 입으면 뇌가 손상되어 회복이 불가능하기 때문에 사고 전후 상태의 자아가 서로를 인식하지 못하게 된다. 따라서 드라마에서 기억을 잊어버린 인물이 갑자기 기억을 온전히 회복한다는 설정은 ㉡ 비현실적이라고 할 수 있다.

드라마에서처럼 본래의 자아를 잃어버리고 일정 기간 다른 사람으로 살다가 기억을 회복하는 증상을 해리성 둔주라고 한다. 그런데 해리성 둔주는 기억을 잊어버리고 다른 사람으로 살아가다가 갑자기 그 상태에서 깨어나 본래의 자아 상태로 돌아가면서, 자신이 그 이전에 다른 사람으로 살았던 시기의 기억은 한순간에 잊어버리는 증상이다. 따라서 드라마에서처럼 회복 전의 기억을 온전히 회복하는 것은 ㉢ 해리성 둔주로 보기 어렵다.

더구나 발생 빈도가 지극히 낮은 기억 상실증을 드라마 속에서 ㉣ 칼로 물 베듯 사용하면 드라마의 참신성을 떨어뜨릴 수 있다.

① ㉠: 극적 매력이 크지 않기 때문이다.
② ㉡: 현실적이라고 할 수 있다.
③ ㉢: 해리성 둔주로 볼 수 있다.
④ ㉣: 전가(傳家)의 보도(寶刀)를 휘두르듯

15 다음 글에 대한 이해로 적절하지 않은 것은?

> 최근 들어 구독경제가 빠르게 확산되고 있는데, 그 이유는 무엇일까? 경제학자들은 구독경제의 확산 현상을 '합리적 선택 이론'으로 설명한다. 경제 활동을 하는 소비자가 주어진 제약 속에서 자신의 효용을 최대화하려는 것을 합리적 선택이라고 하는데, 이때 효용이란 소비자가 상품을 소비함으로써 얻는 만족감을 의미한다. 소비자들이 한정된 비용으로 최대한의 만족을 얻기 위해 노력한 결과가 구독경제의 확산으로 이어졌다는 것이다. 이것은 최근의 소비자들이 상품을 소유함으로써 얻는 만족감보다는 상품을 사용함으로써 얻는 만족감을 더 중요시한다는 것을 보여 준다고 할 수 있다.
>
> 구독경제는 소비자의 입장에서 소유하기 이전에는 사용해 보지 못하는 상품을 사용해 볼 수 있다는 장점이 있다. 구독경제를 이용하면 값비싼 상품을 사용하는 데 큰 비용을 들이지 않아도 되고, 상품 구매 행위에 들이는 시간과 구매 과정에 따르는 불편함 등의 문제를 해결할 수 있다. 생산자의 입장에서는 상품을 사용하는 고객들의 정보를 수집하고, 이를 통해 개별화된 서비스를 제공하여 고객과의 관계를 지속적으로 유지할 수 있다. 또한 매월 안정적으로 매출을 올릴 수 있다는 장점도 있다.

① 생산자는 구독경제를 통해 이용 고객들에게 개별화된 서비스를 제공할 수 있다.
② 소비자는 구독경제를 이용함으로써 상품 구매 행위에 드는 시간을 줄일 수 있게 되었다.
③ 한정된 비용으로 최대 만족을 얻으려는 생산자의 심리가 구독경제 확산에 영향을 미치게 되었다.
④ 생산자는 구독경제를 통해 고객과의 관계를 지속적으로 유지할 경우 안정적으로 매출을 올릴 수 있다.

16 다음 진술이 모두 참일 때, 참이 아닌 것은?

> ○ 운동을 좋아하는 사람은 담배를 좋아하지 않는다.
> ○ 커피를 좋아하는 사람은 담배를 좋아한다.
> ○ 커피를 좋아하지 않는 사람은 주스를 좋아한다.
> ○ 과일을 좋아하는 사람은 커피를 좋아하지 않는다.

① 과일을 좋아하는 사람은 담배를 좋아한다.
② 운동을 좋아하는 사람은 주스를 좋아한다.
③ 주스를 좋아하지 않는 사람은 담배를 좋아한다.
④ 운동을 좋아하는 사람은 커피를 좋아하지 않는다.

[17-18] 다음 글을 읽고 물음에 답하시오.

> 역사(歷史)란 무엇인가 하는 대단히 어려운 물음에 아주 쉽게 답한다면, 그것은 인간 사회의 지난날에 일어난 사실(事實)들 자체를 가리키기도 하고, 또 그 사실들에 관해 적어 놓은 기록들을 가리키기도 한다고 흔히 말할 수 있다. 그러나 지난날의 인간 사회에서 일어난 사실이 모두 역사가 되는 것은 아니다. 쉬운 예를 들면, 김 총각과 박 처녀가 결혼한 사실은 역사가 될 수 없고, 한글이 만들어진 사실, 임진왜란이 일어난 사실 등은 역사가 되는 것이다. 이렇게 보면 사소한 일, 일상적으로 반복되는 일은 역사가 될 수 없고, 거대한 사실, 한 번만 일어나는 사실만이 역사가 될 것 같지만, 반드시 그런 것도 아니다.
>
> '무엇이 역사가 되는가?' 하고 다시 생각해 보면, 아주 쉽게 말해서 후세(後世) 사람들에게 어떤 참고가 될 만한 일이라고 일단 말할 수 있다. 다시 말하면, 오늘날의 역사책에 남아 있는 사실들은 우리 모두가 살아 나가는 데 참고가 될 만한 일들이라 말할 수 있는 것이다. 아울러 일식·월식과 같이 사람의 지혜나 생각이 아직 얕았을 때만 참고가 되는 것이 아니라, 언제나 참고가 될 만한 사실이 역사가 되며, 한글 창제와 같이 그 의미가 시대의 변화에 따라 점점 더 높아질 수 있는 사실들이 계속 역사로서 남아 있는 것이라 할 수 있다. 지난날의 인간 사회에서 일어난 사실들 가운데 지금까지도 역사로 남아 있을 수 있는 것은 사람의 지혜가 발달해도 언제나 중요하고 참고될 만한 사실, 시대의 변화에 따라 그 뜻이 ㉠줄어드는 것이 아니라 더 높아지고 확대되는 사실들이라 일단 생각할 수 있다.

17 윗글의 내용을 볼 때, '역사'가 될 수 있는 조건을 모두 고른 것은?

> ─────〈보기〉─────
> ㄱ. 과거에 존재했던 일
> ㄴ. 인간의 삶과 관련되는 일
> ㄷ. 당시의 역사책에 기록되어 있는 일
> ㄹ. 시대적인 의미나 가치가 인식되는 일

① ㄱ, ㄴ
② ㄱ, ㄷ
③ ㄱ, ㄴ, ㄹ
④ ㄴ, ㄷ, ㄹ

18 ㉠과 바꿔 쓸 수 있는 유사한 표현으로 가장 적절한 것은?

① 위축(萎縮)되는
② 약화(弱化)되는
③ 경감(輕減)되는
④ 단축(短縮)되는

　　일반적으로 건축은 비어 있는 공간에 구조물을 만들어 인간이 사용할 수 있는 특정 용도의 공간을 만들어내는 것으로 여겨지곤 한다. 이러한 관점에서는 건물을 세울 수 있는 장소는 아무것도 없는 텅 비어 있는 곳이 된다. 이런 관점으로 건물을 짓다 보면 비어 있는 곳을 측량하고 이를 목적에 맞게 효과적으로 활용하기 위해서 공간에 대한 수리적·형상적 연구가 발전하게 된다. 하지만 이런 공간관은 공간을 건물이나 그 공간의 용도에 종속시키는 결과를 낳게 된다.

　　그런데 우리 조상들은 공간을 비어 있음 즉 '없음'의 상태로 보지 않았다. 이들에게 공간은 빈 곳이 아니라 천지(天地)의 기운, 즉 자연과 인간의 본질이 되는 힘이 존재하는 곳이었다. 이런 관점에서는 공간이 매우 중요한 가치를 가진 대상이 된다. 천지의 기운이 사라지거나 소통하지 못하여 그 흐름이 막히게 되면 천지 속에 존재하는 인간의 삶 역시 생동감을 잃게 되기 때문이다.

　　이러한 공간관은 조상들의 건축에 나타나 있다. 조상들은 건물의 입지(立地)를 중시하여 다른 곳보다 천지의 기운이 충만하고 잘 ⊙ 흐르는 공간을 찾아 이곳에 건물을 지으려 했다. 담장을 높이 치지 않고, 완전한 폐쇄 구조로 만들지 않은 것에도, 마당을 하늘과 땅의 기운이 집 안으로 흐르는 곳으로 보았던 조상들의 관점이 반영되어 있다. 집의 내부 공간인 대청마루가 건물 내부의 공간임에도 불구하고 문을 달지 않은 채로, 마당을 향한 구조로 만들어진 것에서도 마당의 기운을 실내 공간으로 유입하기 위한 의도를 엿볼 수 있다. 만약 [　　　　　　　]에 목적을 두었다면 이러한 구조로 집을 만드는 것은 잘못되었다고 평가받았겠지만 오랫동안 우리 옛집의 구조는 변함없이 지속되었다.

19 빈칸에 들어갈 말로 가장 적절한 것은?

① 효율적인 난방과 같은 기능성을 고려하여 공간을 만드는 일
② 자연과 인간이 서로 조화를 이루어 살도록 구조물을 세우는 일
③ 건물 그 자체보다는 공간의 의미를 더 중시하면서 집을 짓는 일
④ 하늘과 땅의 기운을 얻어 거주자에게 활력을 주고자 집을 짓는 일

20 밑줄 친 표현이 문맥상 ⊙의 의미와 가장 가까운 것은?

① 옷차림에 촌티가 흐르다.
② 얼굴에 기름기가 흐른다.
③ 카페에는 조용한 음악이 흘렀다.
④ 이 전신주에는 고압 전류가 흘러 위험하다.

약점 보완 해설집 24p

01 <지침>에 따라 수정한 것으로 적절하지 않은 것은?

─── 〈지침〉 ───
㉠ 서술어가 필요로 하는 자릿수를 채울 것.
㉡ 불필요하게 피동 표현을 중복하지 말 것.
㉢ 문장 성분 사이의 호응을 제대로 이룰 것.
㉣ 필요한 문장 성분이 생략되지 않도록 할 것.

① "사람들은 나에게 닮았다는 이야기를 많이 한다."는 ㉠에 따라 "사람들은 나에게 아버지와 닮았다는 이야기를 많이 한다."로 수정한다.

② "이 모임에 가입하려면 결코 성실한 자세를 갖추어야 한다."는 ㉡에 따라 "이 모임에 가입하려면 반드시 성실한 자세를 갖추어야 한다."로 수정한다.

③ "이 집의 가장 큰 장점은 여름에 시원하고 겨울에 따뜻하다."는 ㉢에 따라 "이 집의 가장 큰 장점은 여름에 시원하고 겨울에 따뜻하다는 것이다."로 수정한다.

④ "사람이 살다 보면 남을 도와주기도 하고 도움을 받기도 한다."는 ㉣에 따라 "사람이 살다 보면 남을 도와주기도 하고 남에게 도움을 받기도 한다."로 수정한다.

02 다음 빈칸에 들어갈 말로 가장 적절한 것은?

오늘날 사용되는 지식인이라는 집단적 계층 형성에 직접적이고 지배적인 역할을 한 것은 프랑스다. 지식인이라는 용어는 '드레퓌스 사건'으로 불리는 인종 차별적 진실 은폐를 둘러싼 공방에서 출현한다. 이 사건은 1894년 프랑스에서 발생한 간첩 조작 사건이다. 유태계의 드레퓌스 대위가 독일을 위해 간첩 행위를 했다는 이유로 군사재판에서 종신형을 선고받음으로써 촉발된 이 사건은 드레퓌스의 무죄를 주장하는 증거를 제시하고 직접 보고한 지휘관이 좌천되면서 사회적으로 부각되었다. 당시 재심 요구서와 함께 졸라의 유명한 <나는 고발한다.>라는 공개서한이 발표된다. 그러자 사회 지도자들─문학가, 예술가, 교수, 변호사─은 자신들의 활동 영역과는 상관없이 스스로를 지식인이라 칭하면서 드레퓌스의 재심과 석방을 위한 성명에 참여한다. 이것이 프랑스에서 '지식인 선언'으로 나타난다. 당시 지식인은 [   ]을 가리켰고, 이 사건 이후 자신들의 전문 활동 영역을 넘어 보편적인 가치, 즉 실체적 진실이나 인간으로서의 권리와 관련된 사회 운동이나 활동에 적극 참여해 자신의 의사를 표현하고 잘못을 바로잡으려는 사람들을 일컫는 용어로 정착되었다.

① 교양인 또는 교육받은 사람들
② 왜곡에 눈감고 분노를 억제하는 사람들
③ 드레퓌스의 무죄와 석방을 주장하는 사람들
④ 개인적인 신념과 계산에 따라 활동하는 사람들

03 다음 글에서 추론한 내용으로 가장 적절한 것은?

'합리적 인간'은 자기의 이익에 철저한 이기적인 인간이다. 그는 오직 두 개의 가치에만 관심을 기울이는데, 하나는 쾌락이요 다른 하나는 고통이다. '합리적 인간'은 언제나 자기의 쾌락을 추구하고 자기의 고통을 회피하려 한다. 무엇이 쾌락이고 무엇이 고통인지는 오로지 그 자신만 안다. 또 '합리적 인간'은 효율성을 추구한다. 여기서 효율성이란 최소의 비용으로 최대의 성과를 얻는 것을 의미한다. 이때, '합리적 인간'의 태도는 윤리·도덕과는 아무 상관이 없다. 오로지 자기 자신의 행복에만 관심이 있고, 주어진 조건 아래서 언제나 최소의 비용으로 최대의 성과를 얻으려고 노력하는 사람, 이것이 바로 '합리적 경제인'이다. 그러므로 그의 이기적인 선택 또한 언제나 '합리적'이다.

① 이익을 위해서는 철저히 이기적인 인간이 되어야 한다.
② 나 자신의 이익을 남에게 공개하는 것은 바람직하지 않다.
③ 사람마다 이익을 추구하기 위한 합리적 선택 기준이 다르다.
④ 물건을 구입하는 것보다는 자신에게 투자하는 것이 효율적이다.

04 <개요>를 작성할 때, ㉠~㉣에 들어갈 내용으로 적절하지 않은 것은?

〈개요〉

○ 제목: 성공적인 귀농을 위하여
I. 서론
    1. 귀농 인구의 증가
    2. 귀농 실패 사례
II. 귀농의 실패 요인
    1. [㉠]
    2. 귀농 교육 시설의 부족
    3. 이론 중심의 귀농 교육 프로그램
    4. 귀농에 필요한 자금 조달의 어려움
III. [㉡]
    1. 귀농을 위한 철저한 사전 준비
    2. 귀농자를 위한 교육 시설 확대
    3. [㉢]
    4. 귀농을 위한 금융 지원 확대
IV 결론: [㉣]

① ㉠: 귀농에 대한 준비 부족
② ㉡: 귀농의 성공 전략
③ ㉢: 현장 체험 중심의 귀농 교육 강화
④ ㉣: 귀농에 대한 청년층의 관심 확대 촉구

05 ㉠~㉣을 수정한 것으로 적절하지 않은 것은?

현대 사회에 들어서면서 종교와 문학은 ㉠ 하나의 길을 걷기 시작했고 이로 인해 문화는 또 한 번의 위기를 맞게 되었다. 종교는 종교대로, 문학은 문학대로 자신들만의 세계에 빠져들어 감으로 다음과 같은 폐단이 생기게 되었다. ㉡ 종교는 민중을 구제하는 본래의 기능을 상실한 채 부정과 부패의 온상이 되어 버렸다. 한편 문학 역시 사상적 뒷받침이었던 종교를 외면함으로 상업성과 독단이라는 ㉢ 수렁에 빠져 버리고 말았다.

먼 옛날부터 그래왔듯이 미래에도 종교와 문학은 인간 문화의 큰 축을 이룰 것이다. 종교는 문학을 사상적으로 뒷받침하면서 본성을 잃지 말아야 하고, 문학은 밑바탕에 종교 사상을 깔고 본래의 순수성을 ㉣ 유지하는 것이다. 이렇게 문학과 종교의 관계가 회복된다면 진정한 문화의 발전이 이루어질 수 있을 것이다.

① 문맥을 고려할 때, ㉠은 '서로 독자적인 길을 걷기 시작했고'로 수정한다.
② 글의 통일성을 고려할 때, ㉡은 삭제한다.
③ 단어의 의미를 고려할 때, ㉢은 '도탄'으로 고친다.
④ 문장의 구조를 고려할 때, ㉣은 '유지해야 한다.'로 바꾼다.

06 다음 글에서 추론한 내용으로 적절한 것만을 <보기>에서 모두 고르면?

생명체의 환경은 대부분 다른 생명체들로 구성되어 있다. 따라서 함께 살아가는 모든 것은 그 어떤 식으로든 서로 조화를 이루도록 조율되어 있다. 이 스펙트럼의 한쪽 끝에는 공생 형태, 즉 양자의 이익을 위한 긴밀한 형태가 있다. 그리고 다른 한쪽 끝에는 약육강식이라는 덜 유쾌한 관계가 있는데, 이것은 생존을 위한 투쟁이라는 형태를 취한다.

자연은 협조뿐만 아니라 경쟁을 통해서도 고루 관계를 맺으며 짜여 있다. 그래서 진화는 '공동 진화'이기도 하다. 한 종이 어떤 속성의 변화를 일으키면 그 변화는 다른 종에게도 영향을 미친다. 영양이 달리기를 잘하게 되면, 사자도 더 빨라져야 하거나 새로 사냥할 먹잇감을 다른 환경에서 찾아야 하는 식이다. 바로 이것이 자연의 '군비 경쟁'이다. 이것은 예삿일 같지만 많은 사람들은 이로 인해 창조주에 대한 신앙심을 순식간에 갖게 되기도 한다. 관계되는 모든 생명체가 지극히 경이로운 방식으로 서로 조화를 이루며 기적 같은 앙상블을 자주 드러내기 때문이다.

─── 〈보기〉 ───

ㄱ. 자연의 생물들이 이룬 조화가 경이로워서 많은 사람들은 자연을 창조주의 산물로 의심하기도 한다.
ㄴ. 지렁이가 땅속으로 깊이 들어가서 살수록, 지렁이를 잡아먹는 두더지의 땅 파는 실력도 늘어날 것이다.
ㄷ. 모든 생물은 서로 조화를 이루고 있기에 생물 다양성의 파괴는 예상치 못한 곳에서 문제를 일으킬 수 있다.

① ㄱ   ② ㄴ
③ ㄱ, ㄷ   ④ ㄱ, ㄴ, ㄷ

[07-08] 다음 글을 읽고 물음에 답하시오.

온실 효과로 인해 지구의 기온이 상승할 때, 가장 심각한 영향은 해수면의 상승이다. 해수면의 상승은 남극과 북극의 빙하가 녹게 되어 생기는 현상이다. 이러한 현상은 바다와 육지의 비율을 변화시켜 엄청난 기후 변화를 초래하며, 게다가 섬나라나 저지대는 온통 물에 ㉠ 잠기게 된다. 일단 물이 차오르면 해안의 자연 생태계가 파괴되어 어패류 양식 등 수산 양식업에 뜻밖의 큰 해를 가져올 수 있음은 물론이다.

07 윗글의 주된 전개 방식이 쓰인 것은?

① 우리 축구팀이 우승한 것은 혹독한 체력 훈련을 이겨 낸 것뿐만 아니라 뛰어난 감독으로부터 지도를 받아 과학적인 전술을 익힌 결과라고 생각한다.
② 민속학은 선조들의 행위와 습관, 예의, 신앙 등을 그대로 존속시킬 목적으로 그것들의 발생 배경, 전승 과정, 특징, 의의 등을 탐구하는 학문이다.
③ 길 오른편은 가파르게 경사진 땅이요, 왼편은 소나무 숲이었다. 이 사이로 오솔길이 나 있었다. 여름이면 쑥과 뱀딸기 덩굴로 해서 거의 덮이다시피 되는 길이었다.
④ 비행기의 날개와 몸통을 연결하는 나사못이 하나씩 빠지다 보면 결국 비행기의 날개와 몸통이 분해될 수밖에 없듯이, 생태계의 고리를 연결하고 있는 생물종들이 하나씩 멸종해 가다 보면 결국에는 생태계 전체가 무너질 수밖에 없다.

08 윗글의 문맥상 ㉠의 의미와 가장 가까운 것은?

① 잠긴 단추가 좀처럼 풀리지 않는다.
② 가스 밸브가 잘 잠겼는지 늘 확인하라.
③ 그는 생각에 잠겨서 잠시 말을 잃고 있었다.
④ 지난번 홍수에 고향 땅이 완전히 잠겨 버렸다.

09 (가)와 (나)를 전제로 결론을 이끌어 낼 때, 빈칸에 들어갈 말로 가장 적절한 것은?

> (가) 어떤 사람은 신의 존재와 운명론을 믿는다.
> (나) 모든 무신론자가 운명론을 거부하는 것은 아니다.
> 따라서 ⬚

① 모든 사람은 신의 존재와 운명론을 믿는다.
② 무신론자 중에는 운명론을 믿는 사람이 있다.
③ 어떤 무신론자는 신의 존재와 운명론을 믿는다.
④ 모든 무신론자가 신의 존재를 거부하는 것은 아니다.

10 (가)~(라)를 맥락에 맞추어 가장 적절하게 나열한 것은?

> (가) 그러나 순자는 하늘이란 비가 오고 바람이 부는 자연현상에 지나지 않을 뿐이라고 보고, 인간의 화와 복은 오직 인간 자신의 노력에 달려 있다고 했다.
> (나) 동양 철학에서 순자(荀子) 이전의 사상가들은 대부분 만물 생성과 인간 도덕의 근원을 하늘에서 찾았다.
> (다) 이때, 하늘과의 관계를 끊어 버린 순자의 눈에 보인 인간의 참모습은 자신의 욕심을 위해 끊임없이 싸우는 존재였을 뿐이다.
> (라) 이것이 순자의 성악설이다.

① (나) - (가) - (다) - (라)
② (나) - (라) - (가) - (다)
③ (다) - (가) - (라) - (나)
④ (다) - (나) - (라) - (가)

11 다음 대화를 분석한 내용으로 가장 적절한 것은?

> 갑: 오늘은 봄 체험 학습을 어떻게 할지 결정하려고 합니다. 의견이 있으신 분은 말씀해 주십시오.
> 을: 저는 한국미술관을 추천합니다. 이번에 <조선 시대 회화 특별전>을 한대요. 교과서에서 보았던 겸재 정선이나 단원 김홍도의 그림을 직접 볼 수 있어요.
> 갑: 다른 의견은 없습니까?
> 병: 미술관이 뭐예요? 새 학년이 되어서 서로 서먹한데 우리 공이라도 한번 차러 가죠. 몸으로 부대끼면서 서로 친해질 수 있잖아요. 다들 내 의견에 동의하시죠?
> 정: 다른 사람 말도 들어 봐야죠.
> 무: 그러지 말고, '을'의 의견을 받아들여서 오전엔 미술관 가고, 그 옆에 체육공원이 있으니까 오후엔 '병'의 말대로 체육공원에 가서 축구를 하면 좋을 것 같아요.

① '갑'은 의사소통 과정을 일방적으로 이끌어 간다.
② '을'은 의사소통 과정에 소극적으로 참여한다.
③ '병'과 '정'은 다른 의견에 수용적인 태도를 보인다.
④ '무'는 합리적인 사고로 대안 도출에 기여한다.

12 다음 빈칸에 들어갈 말로 가장 적절한 것은?

> 갑, 을, 병, 정 네 학생의 사회 탐구 보고서 준비와 관련하여 다음과 같은 사실들이 알려졌다.
>
> ○ 갑과 을 중 적어도 한 명은 <주제 분석팀>에 참여한다.
> ○ 을이 <주제 분석팀>에 참여하면 병은 <통계 조사팀>과 <자료 정리팀>에 참여한다.
> ○ 병이 <통계 조사팀>과 <자료 정리팀>에 참여하면 정은 <보고서 최종 정리팀>에 참여한다.
> ○ 정은 <보고서 최종 정리팀>에 참여하지 않는다.
>
> 이를 통해 갑이 ⬚에 참여한다는 것을 알 수 있게 되었다.

① <주제 분석팀>
② <통계 조사팀>
③ <자료 정리팀>
④ <보고서 최종 정리팀>

[13-14] 다음 글을 읽고 물음에 답하시오.

우리는 '산'의 첫소리를 '싼'의 첫소리와 다른 소리라 인식하지만, '쉰'의 첫소리와는 같은 소리라 인식한다. 그렇다면 우리가 '산'과 '싼'의 첫소리를 다른 소리로 인식하는 이유는 무엇일까? 그 이유는 우리의 머릿속에 있다. 우리 두뇌는 다양한 음성을 '음소(音素)'라고 부르는 심리적이고 추상적인 소리 단위로 구분하여 받아들인다. 이 음소는 음성의 의미를 변별하여 주는 소리의 최소 단위로서 음소가 바뀌면 사람들은 서로 다른 소리로 인식하게 된다.

이처럼 서로 다른 두 소리가 어떤 특정한 언어에서 언중들에게 다른 소리로 인식되고 또 의미를 변별하는 기능을 가지면 그 두 음은 대립관계에 있다고 한다. 또 어떤 한 가지 소리의 차이만으로 의미가 달라지는 소리의 짝을 '최소대립쌍'이라 한다. 예를 들어 '산'과 '싼'은 중간소리, 끝소리는 모두 같은데 단지 첫소리에 /ㅅ/과 /ㅆ/ 중에서 어느 것이 들어가느냐에 따라 그 의미가 달라진다. 여기에서 /ㅅ/과 /ㅆ/은 서로 대립관계에 있으며, /ㅅ/과 /ㅆ/은 최소대립쌍이다. 두 소리가 서로 다른 음소인지 아닌지를 판별하려면 최소대립쌍이 있는지를 찾아보면 된다.

한 음소 내에서도 여러 다른 소리들이 있다. '물'의 /ㄹ/과 '바람'의 /ㄹ/은 서로 다른 소리로 실현되는데도 언중들은 이 두 소리를 같은 음소라고 인식한다. '물'의 /ㄹ/은 혀가 윗잇몸 쪽에 닿아 혀의 양옆으로 공기가 흘러가면서 만들어지는 소리 [l]이고, '바람'의 /ㄹ/은 혀끝이 윗잇몸에 가볍게 닿았다가 떨어지면서 나는 소리 [r]이다. 이렇게 하나의 음소도 발음 환경에 따라 서로 다른 소리로 실현되는데, 이 소리들을 그 음소의 '변이음'이라고 한다.

한 음소에 속하는 변이음이 나타나는 환경은 서로 ㉠ 뒤바뀌지 않는 성질을 가진다. '물'의 경우처럼 음절 끝, 즉 자음 앞이나 휴지(休止) 앞에서 /ㄹ/이 [r]로 실현되거나, '바람'의 경우처럼 모음 사이에서 /ㄹ/이 [l]로 실현되는 일은 없다. 이럴 때 [l]과 [r]은 상보적 분포를 가진다고 말한다.

13 윗글에서 추론한 내용으로 적절하지 않은 것은?

① '발'의 /ㄹ/과 '보리'의 /ㄹ/은 변이음이다.
② '불'과 '발'의 /ㅜ/와 /ㅏ/는 대립 관계에 있다.
③ '불'과 '밥'의 종성 /ㄹ/과 /ㅂ/은 최소대립쌍이다.
④ '불', '뿔', '풀'에서 /ㅂ/, /ㅃ/, /ㅍ/은 의미를 분화하고 있다.

14 문맥상 ㉠의 '뒤-'와 의미가 가장 가까운 것은?

① 뒤엎다
② 뒤덮다
③ 뒤엉키다
④ 뒤흔들다

15 다음 진술을 고려할 때, <보기>에 대한 판단으로 가장 적절한 것은?

○ 세 개의 상자 안에 사탕이 총 20개 들어 있다.
○ 상자 안에 들어 있는 사탕의 수는 서로 다르다.
○ 사탕이 가장 많이 들어 있는 상자에는 가장 적게 들어 있는 상자의 4배가 들어 있다.

───── <보기> ─────
갑: 사탕이 두 번째로 많이 들어 있는 상자에는 사탕이 5개 들어 있다.
을: 사탕이 가장 많이 들어 있는 상자와 가장 적게 들어 있는 상자의 사탕 차이는 9개이다.

① '갑'의 진술만 옳다.
② '을'의 진술만 옳다.
③ '갑'과 '을'의 진술 모두 옳다.
④ '갑'과 '을'의 진술 모두 틀리다.

근대 의학에서는 심장에서 나온 혈액이 동맥, 모세 혈관, 정맥을 거쳐 다시 심장으로 돌아오는 과정을 혈액 순환이라고 한다. 혈액의 순환 경로는 우심실에서 나온 혈액이 폐동맥을 통해 폐를 거쳐 폐정맥을 통해 좌심방으로 순환하는 폐순환과 좌심실에서 나온 혈액이 대동맥을 통해 온몸을 지난 후 대정맥을 거쳐 우심방으로 들어가는 체순환으로 나뉜다. 혈액은 폐순환과 체순환을 교대로 ⊙ 거듭하며 순환한다. 폐순환의 과정에서 혈액은 폐의 모세 혈관을 통해 이산화탄소를 내보내고 산소를 받으며, 체순환의 과정에서 혈액은 온몸의 조직 세포에 산소와 영양소를 주고 이산화탄소와 노폐물을 받게 된다.

하지만 이런 혈액의 순환 이론이 처음부터 정립된 것은 아니다. 고대 의학자인 갈레노스는 우리가 섭취한 영양물을 장에서 간으로 옮겨져 그곳에서 '자연의 정기'에 의해 혈액으로 ⓛ 만들어진다고 보았다. 이 혈액의 한 부분은 정맥을 통해 온몸으로 흘러가 쓰이고 나머지는 우심실로 간다. 그곳에서 일부는 폐로 가며, 나머지 혈액은 심실중격에 있는 작은 구멍을 통해 좌심실로 넘어가서 '생명의 정기'를 공급받아 동맥을 따라 온몸에서 쓰인다. 또한 '생명의 정기'가 담긴 혈액 가운데 일부는 뇌에 도달하여 '동물의 정기'를 공급받아 신경을 통해 신체 곳곳으로 내려가 신체 운동을 조절하게 된다. 이 과정에서 인체의 각 기관에서 쓰인 피는 모두 ⓒ 사라진다. 신이 만든 각 기관의 기능은 특정한 목적을 위해서 정해진 것이라는 갈레노스의 관점은 기독교의 교리에 잘 ⓔ 들어맞는 것이어서 갈레노스 이론은 오랜 시간 동안 의학계를 지배한다.

16 윗글을 추론한 내용으로 적절한 것만을 <보기>에서 모두 고르면?

〈보기〉
ㄱ. 종교적 세계관이 과학적 이론의 변화를 이끌어 내기도 한다.
ㄴ. 혈액은 체순환을 통해 인체에 산소를 제공하고 이산화탄소를 수거한다.
ㄷ. 갈레노스에 따르면 뇌의 혈액과 심장의 혈액은 다른 기운을 공급받게 된다.

① ㄱ   ② ㄴ
③ ㄱ, ㄷ   ④ ㄴ, ㄷ

17 ⊙ ~ ⓔ과 바꿔 쓸 수 있는 유사한 표현으로 적절하지 않은 것은?

① ⊙: 반복하며   ② ⓛ: 생성된다고
③ ⓒ: 소멸된다   ④ ⓔ: 규합하는

18 다음 논증을 평가한 내용으로 적절한 것만을 <보기>에서 모두 고르면?

눈이나 귀에는 각각 고유의 기능이 있다. 그 기능을 잘 수행하는 상태가 훌륭한 상태이고, 그 기능을 잘 수행하지 못하는 상태가 나쁜 상태이다. 혼이나 정신은 다스리는 기능을 한다. 혼이나 정신도 눈이나 귀와 마찬가지로 훌륭한 상태에서 고유의 기능을 가장 잘 수행한다. 따라서 훌륭한 상태의 혼은 잘 다스리지만 나쁜 상태에 있는 혼은 잘못 다스린다.

올바름 혹은 도덕적임은 혼이나 정신의 훌륭한 상태이지만, 올바르지 못함은 혼이나 정신의 나쁜 상태이다. 올바른 혼과 정신을 가진 사람은 훌륭하게 살지만, 그렇지 못한 사람은 잘못 산다. 또한 훌륭하게 사는 사람, 즉 도덕적인 사람은 행복할 것이며, 행복한 것은 그에게 이익을 준다. 따라서 도덕적인 것은 이익이 되는 것이다.

〈보기〉
ㄱ. 도덕적으로 살고 있음에도 불행한 사람이 존재한다는 것은 이 논증을 강화한다.
ㄴ. 도덕적으로 살지 않는 것은 이익이 되지 않는다는 주장이 이 논증으로부터 추론된다.
ㄷ. 눈이나 귀가 고유의 기능을 잘 수행하더라도 눈이나 귀를 도덕적이라고 하지 않는 것은 이 논증을 약화한다.

① ㄱ   ② ㄷ
③ ㄴ, ㄷ   ④ ㄱ, ㄴ, ㄷ

19 ㉠과 가장 관련이 있는 것은?

> 언어는 인간 본능의 산물이다. 문화적 발명품들은 사회마다 그 정교함이 다르겠지만 한 사회 안에서 이루어지는 발명품들은 그 정교함의 수준이 대체로 비슷하다. 원시 사회에서는 뼈에 금을 그어서 계산을 하기도 하고 통나무에 마른 나무 조각을 비벼서 만든 불로 요리를 하지만 문명사회에서는 컴퓨터로 계산하고 마이크로웨이브로 요리를 한다. 그러나 언어에서는 양상이 다르다. 석기 시대 사회가 존재하지만 석기 시대 언어라는 것은 없다. 에드워드 사피어는 다음과 같이 말했다. "언어의 형식에 관해서라면 플라톤이 마케도니아의 돼지치기와 나란히 걷고 공자가 사람을 사냥하는 아삼주의 야만인들과 나란히 걷는다." 인디언 부족의 하나인 체로키족의 대명사 체계와 현대 영어의 그것을 비교해 보자. ㉠ 체로키어에서는 '당신과 나', '제삼자와 나', '다른 사람들과 나', '당신 그리고 한 사람 이상의 다른 사람들과 나' 등이 구별된다. 그러나 영어에서는 이것들을 '우리(we)'로 대략 뭉뚱그려 버린다.

① 한국어로 쓴 현대시를 영어로 번역할 때에 대응되는 단어를 선택하기가 어렵다.

② 프랑스어는 목적어 앞에 동사가 오지만 우리말은 그 반대이기 때문에 한국인이 프랑스어로 생각하고 문장을 만드는 데에 어려움을 겪는다.

③ 원시 사회의 언어일수록 사물을 가리키는 명사들이 구체적이지만 문명이 발달한 지역에서는 추상적 사고가 발달해 있으므로 그 사회의 언어 체계도 원시 사회의 그것보다는 훨씬 발달하였다.

④ 보편 문법은 인간의 보편적인 경험과 정보 처리에 대한 보편적인 제약만을 반영하고 있다. 누구나 물과 다리를 언급해야 할 필요가 있기 때문에 모든 언어에는 '물'과 '다리'를 뜻하는 단어가 있다. 100만 개의 음절을 가진 단어는 없는데 그것은 어떤 사람도 발음할 수 있을 만큼의 시간이 없기 때문이다.

20 ㉠의 입장을 강화하는 주장으로 적절한 것만을 <보기>에서 모두 고르면?

> ㉠ 사회 경제 사학은 사회사적 측면에서는 양반 중심의 역사관을 비판하고, 경제사적인 측면에서는 농업사에 관심을 기울였다. 이 양자를 종합적으로 체계화한 것이 백남운이다. 그는 일원론적인 역사 법칙에 의해서 한국사의 발전을 이해하려고 하였다. 그는 모든 나라의 역사는 일원적 역사 법칙에 의하여 지배된다는 생각에서 한국사의 발전을 체계화하려고 하였다. 그는 역사의 발전을 제약하는 몇 가지 조건들이 있기는 하지만, 그것들은 역사 법칙으로 볼 수가 없는 것으로 생각하였다. 그리고 그가 일원적 역사 법칙이라고 생각한 것은 유물 사관의 공식이었다. 그는 이 공식을 한국사에 그대로 적용하여, 이를 통해 세계사적인 발전 과정에 비추어 한국사를 체계화하려고 하였다.
>
> 유물 사관은 물질적인 생산력의 발전에 근거를 둔 사회적인 면에서 한국사를 이해하였다. 사회적인 면에서도 특히 계급의 존재를 중요시해서, 그들이 설정한 각 사회 발전 단계는 각기 독특한 계급의 대립 관계를 지니고 있는 것으로 파악하였다. 그리고 세계사적 보편성을 강조하고 있는 것도 유물 사관의 특징의 하나이다. 그런데 그들이 세계사적 보편성이라고 생각한 것은 실은 유럽사를 기준으로 하고 얻은 결론에 불과한 것이다.

> ───────〈보기〉───────
>
> ㄱ. 세계는 그 본질에 있어 물질적이며, 그것은 의식과는 독립하여 존재한다. 의식과 사유는 본질을 충실히 모사하는 작용에 불과하다. 따라서 과학과 실천에 의하여 객관적인 세계와 그 법칙성을 얼마든지 인식할 수 있다.
>
> ㄴ. 역사상 각 시기에 지배적 관념은 항상 지배 계급의 관념이었다. 관념이 사회를 혁명적으로 변화시킨다는 말은, 구(舊)체제 내부에서 새로운 사회의 요소들이 만들어지고 낡은 관념의 해체가 낡은 존재 조건의 해체와 보조를 맞춰 진행된다는 점을 표현할 뿐이다.
>
> ㄷ. 성장하는 문명에 있어서 가장 중대한 도전은 그 문명 자체가 만들어내는 문제, 즉 내적 도전이다. 그 문제는 경제적인 것일 수도 있고 정치적인 것일 수도 있고 도덕적인 것일 수도 있으나, 한 문명이 성장하면 할수록 도전의 성질이 물질적인 데서 도덕적, 정신적인 데로 그 차원이 높아진다.

① ㄱ   ② ㄱ, ㄴ

③ ㄴ, ㄷ   ④ ㄱ, ㄴ, ㄷ

약점 보완 해설집 27p

01 <보기>에 따라 수정한 것은?

> ───〈보기〉───
>
> 국어는 앞뒤 문맥을 통하여 성분의 호응에 어려움을 주지 않는 한 성분 생략이 자유롭다. 문제는 이러한 성분 생략이 문맥 호응상 아무 문제 없이 이루어지면 다행인데, 이따금 성분 생략이 아닌 성분 실종으로 변질되어 비문을 초래하게 되는 것이다. 그런 점에서 국어 구조상 의미 소통에 지장이 없는 한, 성분 생략은 국어 문장 구조의 간결성, 함축성, 경제성에 기여하는 긍정적 효과가 있지만 이것이 성분 간에 호응을 어긋나게 하면 성분 실종이 되므로 성분 생략과 성분 실종은 구별해야 한다.

① <보기>에 따라 "학문은 따지고 의심스럽게 보고 다시 검토하는 데에서 출발해야 한다."는 "학문은 무엇을 따지고 의심스럽게 보고 다시 검토하는 데에서 출발해야 한다."로 수정한다.

② <보기>에 따라 "검찰이 성역 없는 수사를 한다고 해서 수사 결과를 두고 볼 일이다."는 "검찰이 성역 없는 수사를 한다고 하니 수사 결과는 두고 볼 일이다."로 수정한다.

③ <보기>에 따라 "토익 시험에 응시하실 분들은 학교에 원서를 접수하십시오."는 "토익 시험에 응시하실 분들은 학교에 원서를 제출하십시오."로 수정한다.

④ <보기>에 따라 "재원이와 철현이는 지난달에 여행을 다녀왔다."를 "재원이와 철현이는 지난달에 여행을 함께 다녀왔다."로 수정한다.

02 다음 글에서 추론한 내용으로 적절하지 않은 것은?

> 합성동사와 합성형용사는 합성명사에 비하면 수가 적고 구성 방식이 단조로운 편이지만, 여러 가지 방식으로 이루어진다. '명사+용언 어간'의 방식으로 이루어지거나, '용언 어간+용언 어간'으로 구성된다. 또한 '용언의 활용형+용언 어간'이나, '부사+용언 어간'으로 이루어지기도 한다. 간혹 동일한 형용사 어간 사이에 '디'를 개입시켜 일종의 반복합성어를 만들기도 한다.

① '검푸르다'는 '용언 어간+용언 어간'의 구성이다.

② '겉늙다'는 '명사+용언 어간'의 방식으로 이루어진 것이다.

③ '앞세우다'와 '쉬이보다'는 '부사+용언 어간'으로 이루어진 것이다.

④ '높디높다'는 동일한 형용사 어간 사이에 '디'를 개입시킨 반복합성어이다.

03 <지침>에 따라 문구를 작성할 때, 가장 적절한 것은?

> ───〈지침〉───
>
> ○ 전기 낭비에 대한 경각심을 유발한다는 의도를 담을 것.
> ○ 전기용품을 화자로 설정할 것.
> ○ 실천의 내용을 간접적으로 촉구할 것.

① 빈방마다 전등이 다 켜 있군요. 아무도 없는 방에 전등이 필요할까요?

② 온종일 찬바람 쏟기에 제가 지쳐가도 당신은 껴입을 옷만 더 찾으시는군요.

③ 빈방에서 나 혼자 빙글빙글 돌고 있다. 전기를 아낄 수 있도록 스위치를 꺼 줄래?

④ 제 몸을 뜨겁게 하여 옷의 주름을 펴듯이 당신의 뜨거운 열정이 세상의 주름을 폅니다.

04 다음 글의 ㉠의 사례가 포함되어 있지 않은 것은?

> 단어를 이루는 형태소 중에서 실질적인 의미를 나타내는 부분을 어근이라고 하고, 단독으로 쓰이지 아니하고 항상 다른 어근이나 단어에 붙어 새로운 단어를 구성하는 부분을 파생 접사라고 한다. ㉠ 파생어는 어근에 파생 접사가 결합하여 만들어진다. 어근 '정'에 파생 접사 '-답다'가 결합해 파생어 '정답다'가 만들어진다. 또 어근 '공부'에 파생 접사 '-하다'가 결합해 파생어 '공부하다'가 만들어진다. 그리고 '막다'의 어근 '막-'에 파생 접사 '-히-'가 결합해 파생어 '막히다'가 만들어진다.

① 빗방울이 유리창을 <u>때렸다</u>.
② 그 선배는 모든 면에서 <u>존경스럽다</u>.
③ 작고 귀여운 아기가 엄마의 품에 <u>안겼다</u>.
④ 그는 환자들을 위해 그 병의 치료법을 <u>연구했다</u>.

05 (가)~(다)를 맥락에 맞게 순서대로 나열한 것은?

> <최척전>은 임진왜란과 병자호란을 배경으로 애정 문제, 가족의 이별과 재회를 그려 내고 있다.
>
> > (가) 전쟁을 배경으로 한 대부분의 작품들이 이민족에 대한 적개심을 북돋우면서 민족적 영웅의 활약상을 통하여 민족의 자존심을 높이고자 창작된 것과는 달리 이 작품에는 민족적 영웅도, 무용담(武勇談)도 없다.
> > (나) 이 작품은 '기우록(奇遇錄)'이라고도 불린다.
> > (다) 이는 '기이한 만남의 기록'이라는 뜻이다.
>
> 자신의 의지와 상관없이 전란의 소용돌이 속에 내던져진 평범한 백성들의 고난과 역경, 그리고 극복 과정이 사실적으로 펼쳐지고 있을 뿐이다.

① (가) - (다) - (나)
② (나) - (가) - (다)
③ (나) - (다) - (가)
④ (다) - (나) - (가)

06 다음 글에서 추론한 내용으로 적절하지 않은 것은?

> 형광등은 방전등의 일종으로, 거리의 네온사인이나 수은등과 같은 종류이다. 이들 전등은 특수한 가스를 유리관에 넣은 후, 유리관 양 끝 전극에 높은 전압을 가하여 방전(放電)·발광(發光)시키는 유형이다. 같은 전기 소비량으로 비교했을 때 형광등이 빛을 얻는 효율은 열방사를 이용한 백열전구의 거의 세 배로, 예를 들어 20와트 형광등은 60와트의 백열전구와 같은 밝기가 된다.
>
> 형광등의 형광관은 원통형 유리관으로, 양쪽 끝에 전극이 붙어 있다. 전극은 텅스텐 필라멘트로, 이미터라는 전자 방사 물질이 칠해져 있다. 유리관 속에는 아르곤 등 희소 가스와 미량의 수은이 들어 있다. 희소 가스는 형광등의 점등을 용이하게 해주어 필라멘트의 약화를 막아 주며, 수은은 형광관 속에서 형광등의 빛의 근원이 되는 아크 방전을 일으키는 역할을 한다. 유리관 내벽에는 형광 물질이 칠해져 있는데 그 종류에 따라 빛의 색깔이 달라진다. 글로 램프는 형광관의 초기 방전을 일으키기 위해 필요하며, 안정기는 형광관의 방전을 안정되게 해주는 역할을 한다.
>
> 형광등의 스위치를 켜면 글로 램프의 한쪽 전극에서 다른 한쪽 전극으로 전자가 날아간다. 글로 램프의 빛이 푸른색을 띠는 것은 이 방전에 의한 것이며, 이를 글로 방전이라고 한다. 글로 방전이 일어나면 글로 램프 내부에 열이 발생하여 두 개의 전극이 접촉한다. 전극이 접촉하면 글로 방전은 멈추고 글로 램프가 꺼진다. 글로 램프가 꺼지면 열이 식어 두 개의 전극은 다시 원래대로 떨어진다. 이 순간 형광관의 양쪽 끝 필라멘트에 고전압이 걸려 전극에서 열전자가 튀어나온다. 전극에서 튀어나온 열전자가 수은 원자와 충돌하면 아크 방전이 일어나 자외선이 발생한다. 이 자외선이 형광관 안쪽 형광 물질에 닿으면 가시광선으로 바뀌어 형광관 밖으로 나오게 된다. 그 결과 형광등에 빛이 들어오는 것이다.

① 형광등이 깨지면 수은에 인체가 노출될 수 있다.
② 에너지 절약을 위해 백열등을 형광등으로 바꾸는 것이 좋다.
③ 어떤 불빛의 형광등을 선택하느냐에 따라 실내 분위기가 달라진다.
④ 같은 시간 불을 켜 놓았을 때 형광등이 백열등보다 더 뜨거울 것이다.

07 다음 대화를 분석한 내용으로 적절하지 않은 것은?

> 갑: 어제 수업 시간에 필기한 공책 좀 빌려줄래?
> 을: 그래, 여기 있어.
> 갑: 고마워, 네 필기는 정리도 잘 되어 있고 글씨도 예뻐서 좋더라.
> 을: 당연하지. 그런데 넌 어째 매일 아프냐?
> 갑: 나 혼자만 매일 아프다고? 너도 며칠 전에 보건실에 가서 한 시간 쉬었잖아.
> 을: 그건 어쩌다 그런 거지. 넌 매일 그러잖아.
> 갑: 내가 언제? 공책 한 번 빌려주고 굉장히 생색낸다, 너.
> 을: 생색? 빌려 달라면서 큰소리는. 공책 줘.

① 자신에게 부담이 되는 표현을 하며 상대를 비방하는 사람이 있다.
② 자신에 대한 칭찬을 함으로 겸양의 격률을 어기고 있는 사람이 있다.
③ 상대방을 칭찬함으로써 우호적인 관계를 유지하려고 하는 사람이 있다.
④ 상대방을 비방함으로써 상대방의 비난에서 벗어나고자 하는 사람이 있다.

08 다음 진술이 참일 때, 반드시 참이 될 수 없는 것은?

> ○ 인상파 그림을 좋아하면 현대 미술을 좋아한다.
> ○ 추상화를 좋아하지 않으면 인상파 그림을 좋아하지 않는다.
> ○ 조각 작품을 좋아하면 사진 예술을 좋아하지 않는다.
> ○ 현대 미술을 좋아하면 조각 작품을 좋아한다.

① 인상파 그림을 좋아하면 조각 작품을 좋아한다.
② 사진 예술을 좋아하면 현대 미술을 좋아하지 않는다.
③ 추상화를 좋아하지 않으면 사진 예술을 좋아하지 않는다.
④ 현대 미술을 좋아하지 않으면 인상파 그림을 좋아하지 않는다.

09 다음 진술이 모두 참일 때 반드시 참인 것은?

> ○ 창조적인 기업은 융통성이 있다.
> ○ 오래 가는 기업은 건실하다.
> ○ 오래 가는 기업이라고 해서 모두가 융통성이 있는 것은 아니다.

① 창조적인 기업은 오래 간다.
② 어떤 창조적인 기업은 건실하다.
③ 융통성이 있는 기업은 오래 간다.
④ 창조적인 기업이 오래 갈지 아닐지 알 수 없다.

10 <일기문>의 ㉠ ~ ㉣을 수정한 것으로 적절하지 않은 것은?

> ─────── 〈일기문〉 ───────
>
> 2025년 1월 10일
>   요새 할머니는 자주 ㉠ 자신다. 텔레비전을 보시다가도 금세 코를 골며 주무시고, 어떤 때는 친구 분과 이야기를 하시다가 주무시기도 하신다. 엄마는 ㉡ 나이가 드셔서 그렇다고 하신다. 할머니의 건강이 걱정된다.
>
> 2025년 7월 25일
>   오늘 길을 가다가 만 원을 주워 웬 떡이냐 싶어서 친구와 햄버거도 사 먹고 탁구장에도 갔다. 돈을 다 쓰고 나서야 비로소 어젯밤에 아빠한테 받은 용돈 만 원을 ㉢ 넣어 두었다는 것이 생각났다. 내가 떨어뜨린 걸 주워서 공짜가 생겼다고 좋아했다니. ㉣ 왠지 부끄러운 생각이 들었다.

① ㉠은 문맥상 '조신다'로 바꾼다.
② ㉡은 높임말인 '연세'로 고친다.
③ ㉢은 적절한 목적어 '주머니에'를 추가한다.
④ ㉣은 '웬지'로 수정한다.

언어는 경제적, 문화적, 정치적 이유로 ㉠ 명멸(明滅)한다. 물론 소수 민족의 언어만이 사라지는 것은 아니다. 유럽의 다수 언어들은 대부분 동쪽으로부터 비롯된 다양한 양상의 침입에 의해 소수 언어였던 인도유럽어로 언어 교체가 일어나기도 하였다. 끔찍한 재해로 인해 언어가 소멸되는 경우는 생각보다도 드물다. 아득한 옛날에는 살인·질병·파문 등이 언어 상실의 주된 요인이었겠지만 세월이 흘러갈수록 그것은 자발적일 때가 많은데 500여 년에 걸친 식민지 상태를 겪은 라틴 아메리카 사람들은 대부분 스페인어를 구사한다. 우월한 외부 세력과 접촉이 되면 세계 어디에서나 대부분의 부모들은 자식들의 ㉡ 안위(安危) 때문에, 또한 출세를 바라는 마음에서 그런 상황에 적응시키려고 노력하는 경향이 있다. 흔히 2개 국어를 쓰도록 독려하거나 ㉢ 용인(容認)하는 사람들이 그런 부류이다.

그런데 아이들은 나중에 새로 선택한 언어만 쓰게 되는 경우가 흔하다. 언어 교체가 가져오는 직접적인 소득에도 불구하고 자발적으로 원래의 언어를 포기하는 사람들은 예외 없이 민족적 정체성을 상실한 느낌, 중심부나 자국의 중앙 권력에 의한 패배감, 조상을 배신했다는 자책감을 느끼게 마련인데 이것은 전통·관습·행동 양식뿐 아니라 구술 역사·합창곡·신화·종교·전문 용어 등을 잃어버리는 결과를 낳기도 한다. 역사가 오래된 사회는 붕괴될 수밖에 없고 그 이후의 새로운 언어가 그 공백을 메우지 못할 때가 많다. 이에 따라 잃어버린 세대들은 새로운 정체성, 즉 가치 있는 무언가를 찾아 헤매게 된다.

언어 교체의 대안은 영구적인 2개 국어의 사용이다. 사람들은 모든 외부인과 의사소통하기 위해 영어나 스페인어 같은 국제적 언어를 적극적으로 쓰는 한편, 자기들끼리는 토착어를 꾸준히 사용하는 것이 바람직하다. 이것도 인구가 많을 때에는 효과적이지만 인구가 적을 때는 주류 언어로 대체되기 십상이다. 진정한 소수 언어, 예를 들어 약 2만 명 이하의 사람들이 쓰는 언어는 완전히 격리된 상태가 아닌 다음에야 그것을 보존하기가 어렵다. 어떤 사람들은 동식물종의 다양성을 유지하는 것과 마찬가지로 문화적 다양성이 ㉣ 고갈(枯渴)되어 버린 세상을 맞이하지 않기 위해서 인류는 언어 다양성을 반드시 간직해야 한다고 주장하기도 한다.

11 윗글을 추론한 내용으로 적절하지 않은 것은?

① 소수의 언어와 다수의 언어가 충돌할 때에 다수의 언어만이 경쟁에서 승리하는 것은 아니다.

② 소수 언어를 보존하기 위해서는 때에 따라서 그 언어를 주류 언어와 분리시키는 방법이 효과적이다.

③ 후세대들의 안정적인 미래를 위해서 기성세대들이 자발적으로 토착어를 버리고 주류 언어만을 사용하는 경우가 일반적이다.

④ 자발적으로 토착어를 버린 세대들은 민족적 정체성에 대한 상실감이나 조상에 대해서 배신을 했다는 자책의 감정에 사로잡히는 경우가 많다.

12 ㉠ ~ ㉣의 사전적 의미로 적절하지 않은 것은?

① ㉠: (불빛 따위가) 켜졌다 꺼졌다 함.

② ㉡: 위로하여 마음을 편안하게 함.

③ ㉢: 너그럽게 받아들여 인정함.

④ ㉣: 물이 말라서 없어짐.

(가) 자연은 인간 사이의 갈등을 이용하여 인간의 모든 소질을 계발하도록 한다. 사회의 질서는 이 갈등을 통해 이루어진다. 이 갈등은 인간의 반사회적 사회성 때문에 초래된다. 반사회적 사회성이란 한편으로는 사회를 분열시키려고 끊임없이 위협하고 반항하면서도, 다른 한편으로는 사회를 이루어 살려는 인간의 성향을 말한다. 이러한 성향은 분명 인간의 본성 가운데에 있다.

(나) 인간은 사회 속에서만 자신을 더 나은 존재로 느낄 수 있기 때문에 자신을 사회화하고자 한다. 인간은 사회 속에서만 자신의 자연적 소질을 실현할 수 있는 것이다. 그러나 인간은 자신을 개별화하거나 고립시키려는 강한 성향도 있다. 이는 자신의 의도에 따라서만 행위하려는 반사회적인 특성을 의미한다. 그리고 저항하려는 성향이 자신뿐만 아니라 다른 사람에게도 있다는 사실을 알기 때문에, 그 자신도 곳곳에서 저항에 부딪히게 되리라 예상한다.

(다) 이러한 저항을 통하여 인간은 모든 능력을 일깨우고, 나태해지려는 성향을 극복하며, 명예욕이나 지배욕, 소유욕 등에 따라 행동하게 된다. 그리하여 동시대인들 가운데에서 자신의 위치를 확보하게 된다. 이렇게 하여 인간은 야만의 상태에서 벗어나 문화를 이룩하기 위한 진정한 진보의 첫걸음을 내딛게 된다. 이때부터 모든 능력이 점차 계발되고 아름다움을 판정하는 능력도 형성된다. 나아가 자연적 소질에 의해 도덕성을 어렴풋하게 느끼기만 하던 상태에서 벗어나, 지속적인 계몽을 통하여 구체적인 실천 원리를 명료하게 인식할 수 있는 성숙한 단계로 접어든다. 그 결과 자연적인 감정을 기반으로 결합된 사회를 도덕적인 전체로 바꿀 수 있는 사유 방식이 확립된다.

(라) ㉠ 인간에게 이러한 반사회성이 없다면, 인간의 모든 재능은 꽃피지 못하고 만족감과 사랑으로 가득 찬 목가적인 삶 속에서 영원히 묻혀 버리고 말 것이다. 그리고 양처럼 선량한 기질의 사람들은 가축 이상의 가치를 자신의 삶에 부여하기 힘들 것이다. 자연 상태에 머물지 않고 스스로의 목적을 성취하기 위해 자연적 소질을 계발하여 창조의 공백을 메울 때, 인간의 가치는 상승되기 때문이다.

13 윗글의 (가) ~ (라)에 대한 설명으로 적절하지 않은 것은?

① (가): 논지와 주요 개념을 제시한다.
② (나): 새로운 문제를 제기하고 있다.
③ (다): 논지를 확대하고 심화한다.
④ (라): 다른 각도에서 논지를 강화한다.

14 ㉠의 반론으로 적절한 것만을 <보기>에서 모두 고르면?

〈보기〉
ㄱ. 동물도 사회성을 키울 수 있다.
ㄴ. 사회성만으로도 재능이 계발될 수 있다.
ㄷ. 목가적인 삶 속에서도 반사회성이 생겨날 수 있다.

① ㄱ   ② ㄴ
③ ㄱ, ㄷ   ④ ㄴ, ㄷ

15 다음 빈칸에 들어갈 말로 가장 적절한 것은?

백화점 명품관에서 도난 사건이 발생했다. CCTV 확인을 통해 그 시각 백화점 명품관에 있던 용의자 6명 A~F가 검거됐다. 이들 중 범인인 2명이 거짓말을 하고 있다.

○ A: F가 성급한 모습으로 나가는 것을 봤어요.
○ B: C가 가방 속에 무언가 넣는 모습을 봤어요.
○ C: 나는 범인이 아닙니다.
○ D: B 혹은 A가 훔치는 것을 봤어요.
○ E: F가 범인인 게 확실해요. CCTV를 자꾸 신경 쓰고 있었거든요.
○ F: 얼핏 봤는데, 제가 본 도둑은 C 아니면 E예요.

이를 통해 거짓말을 한 사람은 [   ]임을 알 수 있게 되었다.

① A, C   ② B, C
③ B, F   ④ C, F

[16-17] 다음 글을 읽고 물음에 답하시오.

(가) 근대 국어는 보통 임진왜란 직후인 17세기 초부터 19세기 말까지의 국어를 이른다. 어휘 부문에서는 한자어가 확대되어 고유어(固有語)들이 소멸되기도 한다. 그 대신 한자어는 더욱 증가했는데, 당시의 한자어에는 현대 국어의 그것과 의미가 다른 것도 적지 않았다. 또한 서양의 문물이 중국을 통해 들어왔기 때문에 이들도 새로운 한자어를 추가시켰는데, 대개 천문·지리·종교 등에 관한 어휘들이었다. 그리고 정치적·문화적 교류에 의한 차용어(借用語)가 중국어·몽고어·만주어에 걸쳐 많이 유입된 것도 근대 국어 어휘의 특징으로 지적할 수 있다.

(나) 근대 국어 시기는 근본적으로 인지의 발달과 계급 사회의 동요로 어휘량이 늘어나 '고유어-한자어-외래어' 부문에서 모두 양적 확장을 보여 준다. 고유어에서는 논리, 개념어 부문이 한자어에 의해 점령당한 것을 ㉠ 빼면 형용사, 부사와 같은 감정어류에서의 다양한 생성과 소멸을 현전하는 소설, 판소리, 시조, 가사, 잡가 등의 문학 작품류에서 보여 준다. 아울러 더욱 난해한 한자어류가 도입되었다.

16 윗글의 (가)를 뒷받침하는 것만을 <보기>에서 모두 고르면?

〈보기〉

ㄱ. '뫼'가 '산(山)'으로, 'ᄀᆞ름'이 '강(江)'이라는 한자어로 대치되었다.

ㄴ. '망건(網巾)', '무명(木棉)'과 같은 중국어 차용어가 많이 유입되었다.

ㄷ. '즁ᄉᆡᆼ(衆生)'은 '유정물' 전체의 의미에서 인간을 제외한 '짐승'을 이르는 말로 쓰였다.

① ㄱ, ㄴ
② ㄱ, ㄷ
③ ㄴ, ㄷ
④ ㄱ, ㄴ, ㄷ

17 밑줄 친 표현이 문맥상 ㉠의 의미와 가장 가까운 것은?

① 나는 필요할 때마다 통장에서 돈을 <u>빼</u> 쓴다.
② 그는 목청을 길게 <u>빼면서</u> 구성진 노래를 했다.
③ 그는 정신 나간 사람처럼 혼을 <u>빼고</u> 앉아 있었다.
④ 그는 밥 먹는 시간을 <u>빼고는</u> 종일토록 책만 보았다.

18 다음 글의 ㉠의 사례가 포함된 것은?

긍정과 부정에 대한 언중들의 인식을 보면, 긍정을 선호하려는 경향이 강하여 긍정과 부정에 관한 합성이 이루어질 때 그 어순도 '긍정+부정'이 주류를 이룬다. 부정적인 경우를 앞세우는 경우도 있는데 그 예로는 '난이(難易)', '고락(苦樂)' 등이 있다. 긍정적 의미(A)와 부정적 의미(B)로 결합된 대등 합성어의 경우 어순은 대체로 'A+B형'이나 'B+A형'으로 고정되어 있다. 그러나 ㉠ 일부 어휘의 경우에는 어순이 상호 교체되어 쓰이기도 한다.

① 손익(損益)
② 빈부(貧富)
③ 사생(死生)
④ 곡직(曲直)

19 다음 중 ㉠에 들어갈 이유로 가장 적절한 것은?

> 우리가 흔히 보는 세계 지도는 대개 메르카토르 도법으로 그려진 것이다. 메르카토르 도법의 지도는 원래 항해용 지도다. 사실 지도는 어떻게 그리든 세계의 모습이 뒤틀어지게 그려질 수밖에 없다. 지구는 동그랗지만 지도는 평평하다. 동그란 공 껍데기를 네모난 종이에 고스란히 옮겨 놓을 방법은 없다. 둥근 부분을 펴다 보면 껍데기의 모양은 늘어나고 틀어진다.
>
> 메르카토르 도법은 막막한 바다 위에서 위치를 쉽게 찾기 위해 만들어졌다. 그래서 땅 모양이 어긋나는 데는 크게 신경을 쓰지 않았다. 지도의 가로선(위선)과 세로선(경선)이 만나는 지점들을 보라. 항상 직각으로 만난다. 배를 모는 항해사들이 각도를 정확하게 잡기 위해서이다.
>
> 이번에는 지구의와 세계 지도를 같이 놓고 견주어 보자. 아프리카와 북아메리카 가운데 어디가 더 클까? 지구의는 지구와 같은 공 모양이다. 여기서는 아프리카가 북아메리카보다 크다. 하지만 메르카토르 세계 지도에서는 북아메리카가 더 크다. 항해사들을 위한 가로선과 세로선을 살리려다 보니, 모양과 크기는 놓치고 말았던 것이다.
>
> 이 점을 놓치고 지도를 보면 세계를 잘못 이해하기 쉽다. 러시아는 실제보다 커 보이고 유럽은 남아메리카 대륙만큼 크고 세세하게 그려져 있는 까닭이다. 어디 그뿐인가? 우리나라에서 나온 세계 지도에는 우리나라가 가운데에 있다. 유럽에서 나온 지도에는 대서양이 가운데 놓인다. 오스트레일리아에서 나온 지도는 어떨까? 지도가 거꾸로 선 모습이다. 그리고 오스트레일리아의 면적이 우리나라에서 보통 사용하는 지도의 오스트레일리아 면적보다 더 크다.
>
> 이런 현상이 왜 생기는 것일까? [㉠] 그리고 둥근 지구를 평평한 종이 위에 펴서 옮기다 보면, 늘어나고 줄어드는 부분이 생긴다. 어느 부분은 늘리고 다른 쪽은 줄여야 한다면, 어디를 줄이겠는가? 당연히 자기 입장에서 볼 때 중요하지 않은 쪽을 줄이기 마련이다. 남아메리카나 아프리카가 작게 그려지는 이유다.

① 지도를 만드는 사람들이 서로 자기에게 유리하도록 속이고 짜깁기해서이다.

② 지도를 만드는 사람들이 상상이나 과장된 내용을 담지 않고 과학적인 방법으로 지도를 제작하기 때문이다.

③ 지도는 세상의 실제 모습을 정확하게 담지는 못하며 작은 종이 위에 세상을 그리려면 어차피 중요한 것들만 추려 내어야 한다.

④ 현대 지도는 매우 정확하고 정교하여 공 모양의 지구를 네모난 종이에 정확히 옮겨 놓는 과정에서 발생하는 어쩔 수 없는 현상이다.

20 ㉠을 추론한 내용으로 적절한 것만을 <보기>에서 모두 고르면?

> 기하학적 공간을 시각적으로 재구성하는 원근법은 공간에 대한 근대적 인식을 보여준다. 근대적 공간론의 가장 큰 문제점은 세상에 존재하는 모든 공간을 보편적인 공간으로 상정함으로써 사실상 장소로서의 공간이 갖는 주관적이고 체험적인 의미를 완전히 박탈한다는 것이다. 이러한 근대적 공간론은 르코르뷔지에로 대표되는 모더니즘 건축에서 절정을 이룬다. 그는 인체나 그리스 신전의 비례에서 유래한 기하학적인 공간의 구성이 가장 기능적인 것이라 보았다. 이러한 건축의 이상은 근대적인 도시 계획으로, 또한 직육면체 형태의 국제적 양식으로 실현되었다.
>
> 장 누벨은 장식을 철저히 배제하고 기능만 강조한 ㉠ 모더니즘 건축으로 인해 사람들이 자신들이 원하지 않는 수많은 건축물에 둘러싸이게 되는 비극을 겪게 되었다고 말한다. 그리하여 근대적 기능주의의 결과물들은 '미학적 의지도 없는 미학'을 지니고 있는 것이라고 비판한다. 장 누벨이 말하는 미학은 단순히 미와 추를 구분하는 근대적 의미에서의 미학이 아니다. 그가 추구하는 것은 전통적인 의미에서의 아름다움이 아닌 특이성의 미학이다. 이때 특이성은 다른 어떤 것과도 동질화되지 않는 차이를 의미한다. 이러한 특이성은 단순히 아름다움만을 추구하는 데서 비롯되는 것이 아니라, 개별 건축물이 주변 환경과 어울리면서 빚어내는 독특한 특징을 찾아 이를 구현하는 데서 발현된다. 이는 독특한 놀이를 통해 즐거움을 찾는 것과 유사하다. 이 놀이의 즐거움은 모든 건축물들을 획일적으로 얽어매는 규범이나 경제적 구속으로부터 벗어날 때 발생한다. 그는 건축이 기능성과 물질적 요소에 제약될 경우 모더니즘 양식이 보여주듯이 획일화된다고 보았다. 따라서 건축의 특이성을 가로막는 이러한 기능성과 물질적 제약으로부터 벗어나기 위해 비물질성을 건축의 테마로 삼았다. 그가 이러한 비물질성을 추구하는 이유는 어떤 이미지가 재현적 특성을 갖는 것으로부터 벗어나기 위한 것이다.

─────── 〈보기〉 ───────

ㄱ. 공간을 사물들에 대해 독립적이며 불변적인 것으로 볼 것이다.

ㄴ. 공간을 인체의 수학적 비례에서 유래한 기하학적 구성으로 볼 것이다.

ㄷ. 전 세계 도시는 국제적 양식 건물로 인해 저마다의 특성을 상실하게 될 것이다.

① ㄱ   ② ㄱ, ㄴ

③ ㄴ, ㄷ   ④ ㄱ, ㄴ, ㄷ

약점 보완 해설집 30p

해커스공무원 헤럴드어 신유형 난이도별 모의고사 답안지

컴퓨터용 흑색사인펜만 사용

성명	
자필성명	본인 성명 기재
응시직렬	
응시지역	
시험장소	

[필적감정용 기재]
*아래 예시문을 옮겨 적으시오

본인은 OOO(응시자성명)임을 확인함

기재란

형	
책	

응시번호

①	①	①	①	①	①	①
②	②	②	②	②	②	②
③	③	③	③	③	③	③
④	④	④	④	④	④	④
⑤	⑤	⑤	⑤	⑤	⑤	⑤
⑥	⑥	⑥	⑥	⑥	⑥	⑥
⑦	⑦	⑦	⑦	⑦	⑦	⑦
⑧	⑧	⑧	⑧	⑧	⑧	⑧
⑨	⑨	⑨	⑨	⑨	⑨	⑨

생년월일

⑩	⑩	⑩	⑩	⑩	⑩
①	①	①	①	①	
②	②	②		②	
③	③	③		③	
④	④	④		④	
⑤	⑤	⑤		⑤	⑤
⑥	⑥	⑥		⑥	⑥
⑦	⑦	⑦		⑦	⑦
⑧	⑧	⑧		⑧	⑧
⑨	⑨	⑨		⑨	⑨

※ 시험감독관 서명
(성명을 정자로 기재할 것)

책임감독관 확인

문번				
01	①	②	③	④
02	①	②	③	④
03	①	②	③	④
04	①	②	③	④
05	①	②	③	④
06	①	②	③	④
07	①	②	③	④
08	①	②	③	④
09	①	②	③	④
10	①	②	③	④
11	①	②	③	④
12	①	②	③	④
13	①	②	③	④
14	①	②	③	④
15	①	②	③	④
16	①	②	③	④
17	①	②	③	④
18	①	②	③	④
19	①	②	③	④
20	①	②	③	④

회

문번				
01	①	②	③	④
02	①	②	③	④
03	①	②	③	④
04	①	②	③	④
05	①	②	③	④
06	①	②	③	④
07	①	②	③	④
08	①	②	③	④
09	①	②	③	④
10	①	②	③	④
11	①	②	③	④
12	①	②	③	④
13	①	②	③	④
14	①	②	③	④
15	①	②	③	④
16	①	②	③	④
17	①	②	③	④
18	①	②	③	④
19	①	②	③	④
20	①	②	③	④

회

문번				
01	①	②	③	④
02	①	②	③	④
03	①	②	③	④
04	①	②	③	④
05	①	②	③	④
06	①	②	③	④
07	①	②	③	④
08	①	②	③	④
09	①	②	③	④
10	①	②	③	④
11	①	②	③	④
12	①	②	③	④
13	①	②	③	④
14	①	②	③	④
15	①	②	③	④
16	①	②	③	④
17	①	②	③	④
18	①	②	③	④
19	①	②	③	④
20	①	②	③	④

회

문번				
01	①	②	③	④
02	①	②	③	④
03	①	②	③	④
04	①	②	③	④
05	①	②	③	④
06	①	②	③	④
07	①	②	③	④
08	①	②	③	④
09	①	②	③	④
10	①	②	③	④
11	①	②	③	④
12	①	②	③	④
13	①	②	③	④
14	①	②	③	④
15	①	②	③	④
16	①	②	③	④
17	①	②	③	④
18	①	②	③	④
19	①	②	③	④
20	①	②	③	④

회

문번				
01	①	②	③	④
02	①	②	③	④
03	①	②	③	④
04	①	②	③	④
05	①	②	③	④
06	①	②	③	④
07	①	②	③	④
08	①	②	③	④
09	①	②	③	④
10	①	②	③	④
11	①	②	③	④
12	①	②	③	④
13	①	②	③	④
14	①	②	③	④
15	①	②	③	④
16	①	②	③	④
17	①	②	③	④
18	①	②	③	④
19	①	②	③	④
20	①	②	③	④

회

해커스공무원 헤원국어 신유형 난이도별 모의고사 답안지

성명	
자필성명	본인 성명 기재
응시직렬	
응시지역	
시험장소	

※ 시험감독관 서명
(성명을 정자로 기재할 것)

책임 감독관 사용

생년월일

응시번호

[필적감정용 기재]
*아래 예시문을 옮겨 적으시오
본인은 OOO(응시자성명)임을 확인함

기재란

성
명

문번				회
01	①	②	③	④
02	①	②	③	④
03	①	②	③	④
04	①	②	③	④
05	①	②	③	④
06	①	②	③	④
07	①	②	③	④
08	①	②	③	④
09	①	②	③	④
10	①	②	③	④
11	①	②	③	④
12	①	②	③	④
13	①	②	③	④
14	①	②	③	④
15	①	②	③	④
16	①	②	③	④
17	①	②	③	④
18	①	②	③	④
19	①	②	③	④
20	①	②	③	④

문번				회
01	①	②	③	④
02	①	②	③	④
03	①	②	③	④
04	①	②	③	④
05	①	②	③	④
06	①	②	③	④
07	①	②	③	④
08	①	②	③	④
09	①	②	③	④
10	①	②	③	④
11	①	②	③	④
12	①	②	③	④
13	①	②	③	④
14	①	②	③	④
15	①	②	③	④
16	①	②	③	④
17	①	②	③	④
18	①	②	③	④
19	①	②	③	④
20	①	②	③	④

문번				회
01	①	②	③	④
02	①	②	③	④
03	①	②	③	④
04	①	②	③	④
05	①	②	③	④
06	①	②	③	④
07	①	②	③	④
08	①	②	③	④
09	①	②	③	④
10	①	②	③	④
11	①	②	③	④
12	①	②	③	④
13	①	②	③	④
14	①	②	③	④
15	①	②	③	④
16	①	②	③	④
17	①	②	③	④
18	①	②	③	④
19	①	②	③	④
20	①	②	③	④

문번				회
01	①	②	③	④
02	①	②	③	④
03	①	②	③	④
04	①	②	③	④
05	①	②	③	④
06	①	②	③	④
07	①	②	③	④
08	①	②	③	④
09	①	②	③	④
10	①	②	③	④
11	①	②	③	④
12	①	②	③	④
13	①	②	③	④
14	①	②	③	④
15	①	②	③	④
16	①	②	③	④
17	①	②	③	④
18	①	②	③	④
19	①	②	③	④
20	①	②	③	④

2026 대비 최신개정판

해커스공무원

혜원국어 신유형 난이도별 모의고사

개정 3판 1쇄 발행 2025년 11월 7일

지은이	고혜원
펴낸곳	해커스패스
펴낸이	해커스공무원 출판팀

주소	서울특별시 강남구 강남대로 428 해커스공무원
고객센터	1588-4055
교재 관련 문의	gosi@hackerspass.com
	해커스공무원 사이트(gosi.Hackers.com) 교재 Q&A 게시판
	카카오톡 채널 [해커스공무원 노량진캠퍼스]
학원 강의 및 동영상강의	gosi.Hackers.com

ISBN	979-11-7404-080-0 (13710)
Serial Number	03-01-01

공무원 교육 1위,
해커스공무원 gosi.Hackers.com

해커스공무원

· **해커스공무원 학원 및 인강**(교재 내 인강 할인쿠폰 수록)
· 정확한 성적 분석으로 약점 극복이 가능한 **합격예측 온라인 모의고사**(교재 내 응시권 및 해설강의 수강권 수록)
· 해커스 스타강사의 **공무원 국어 무료 특강**
· 필수어휘와 사자성어를 편리하게 학습할 수 있는 **해커스 매일국어 어플**

5천 개가 넘는
해커스토익 무료 자료!

대한민국에서 공짜로 토익 공부하고 싶으면

해커스토익 Hackers.co.kr ▼ | 검색

RC 정수진 | RC 이상길

토익 강의 [무료]

베스트셀러 1위 토익 강의 150강 무료 서비스,
누적 시청 1,900만 돌파!

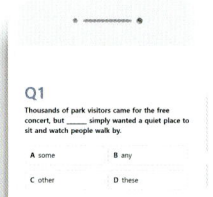

Q1
Thousands of park visitors came for the free concert, but _____ simply wanted a quiet place to sit and watch people walk by.
A some   B any
C other   D these

토익 실전 문제 [무료]

토익 RC/LC 풀기, 모의토익 등
실전토익 대비 문제 제공!

LC 한승태 | RC 김동영

최신 특강 [무료]

2,400만뷰 스타강사의
압도적 적중예상특강 매달 업데이트!

고득점 달성 비법 [무료]

토익 고득점 달성팁, 파트별 비법,
점수대별 공부법 무료 확인

전원
무료
*미션 달성 시

가장 빠른 정답까지!

615만이 선택한 해커스 토익 정답!
시험 직후 가장 빠른 정답 확인

[5천여 개] 해커스토익(Hackers.co.kr) 제공 총 무료 콘텐츠 수(~2017.08.30)
[베스트셀러 1위] 교보문고 종합 베스트셀러 토익/토플 분야 토익 RC 기준 1위(2005~2023년 연간 베스트셀러)
[1,900만] 해커스토익 리딩 무료강의 및 해커스토익 스타트 리딩 무료강의 누적 조회수(중복 포함, 2008.01.01~2018.03.09 기준)
[2,400만] 해커스토익 최신경향 토익적중예상특강 누적 조회수(2013-2021, 중복 포함)
[615만] 해커스영어 해커스토익 정답 실시간 확인서비스 PC/MO 방문자 수 총합/누적, 중복 포함(2016.05.01~2023.02.22)

더 많은
토익 무료자료 보기 ▶

2026 대비 최신개정판

해커스공무원

혜원국어 신유형
난이도별 모의고사

약점 보완 해설집

해커스공무원

해커스공무원

혜원국어 신유형
난이도별 모의고사

약점 보완 해설집

해커스

14p

01	02	03	04	05
②	②	④	②	④
06	**07**	**08**	**09**	**10**
②	④	④	①	④
11	**12**	**13**	**14**	**15**
④	①	①	③	②
16	**17**	**18**	**19**	**20**
④	③	①	③	③

01 공공언어 바로 쓰기   정답 ②

정답 풀이

(나)에서 '맞추다'의 쓰임은 적절하다. 단어의 쓰임이 적절하지 않은 것은 '눈맵시'이다. '눈맵시'는 '눈의 생긴 모양새', 즉 '눈매'를 뜻하는 말이다. 문장의 내용으로 볼 때, '한두 번 보고도 곧 그것을 해낼 수 있는 재치'라는 의미를 지닌 '눈썰미'라는 단어를 사용하는 것이 자연스러울 것이다.

오답 풀이

① '-고', '와/과' 등으로 접속될 때에는 대등한 관계를 사용해야 한다. 따라서 '자신의 인격을 도야하는'에 맞춰, '진리를 탐구하는'으로 수정한 것은 적절하다.

③ '-고', '와/과' 등으로 접속될 때에는 대등한 관계를 사용해야 한다. 따라서 문장 끝부분의 '설계했다'는, 그 앞부분의 '사색에 잠기기도 하고'의 형식과 통일을 이룰 수 있도록 '설계하기도 했다'의 형태로 수정한 것은 적절하다.

④ 문장 전체의 주어가 '내가 강조하는 것은'이므로, 서술어는 '(민족 사회의) 보물이라는 것이다'의 형태가 되어야 한다.

02 사례 추론   정답 ②

정답 풀이

'걱정'과 '근심'은 그 의미가 비슷하기 때문에 '유의 관계'의 사례이다. 그런데 '학생'은 '남학생'을 포함하고 있는 것이기 때문에, '학생'과 '남학생'은 '반의 관계'가 아니라 '상하 관계'의 사례이다.

03 내용 추론   정답 ④

정답 풀이

3문단의 내용을 통해 지역의 발음 차이 때문에 '살쾡이'의 방언이 다양하게 나타난다는 것을 추론할 수 있다.

오답 풀이

① 3문단의 "반면에 북한의 사전에서는 '살쾡이'를 찾을 수 없고 '살괭이'만 찾을 수 있다." 부분을 볼 때, 적절하지 않다.

② 2문단의 "'호랑이'는 '호'(虎, 범)와 '랑'(狼, 이리)으로 구성되어 있으면서도 '호랑이와 이리'란 뜻을 가진 것이 아니라 그 뜻은 역시 '범'인 것이다." 부분을 볼 때, 하나의 대상을 두 단어가 합쳐져서 지시할 수도 있다.

③ '살쾡이'가 표준어로 정해진 것은 가장 광범위하게 사용되기 때문이 아니라 주로 서울 지역에서 '살쾡이'로 발음되기 때문이다.

04 요지 추론   정답 ②

정답 풀이

(가)에서 "평균적인 사람도, 평균적인 삶도 존재하지 않는다.", "평균적 삶을 따르기보다는 타인과 구별 짓는 색다른 경험을 해 보는 건 어떨까?"라고 하였다. (나)의 '갑'은 식당이나 서점에 가면 베스트 메뉴와 베스트셀러를 기준으로 선택을 하는 사람이다. (가)의 요지는 '평균에서 벗어난 삶'을 살라는 것이다. 따라서 이를 고려할 때, (나)의 '갑'에게는 타인의 기준보다는 자신의 특별한 기준을 찾아 선택하라고 조언할 수 있다.

05 빈칸 추론   정답 ④

정답 풀이

'그것'은 거짓으로 밝혀진 내용이다. 따라서 빈칸에 들어갈 말은 '개인 재산의 일부를 사회에 환원하겠다.'이다.

06 개요   정답 ②

정답 풀이

'Ⅲ-나'는 'Ⅱ-나'의 활성화 방안에 해당하므로 'Ⅱ'의 하위 항목으로 옮기는 것은 적절하지 않다.

오답 풀이

① 'Ⅲ'에는 'Ⅱ-다'와 관련된 방안이 없으므로 이와 관련하여 '소비자의 관심을 고려한 지역 특화 상권 개발'을 추가한다.

③ 'Ⅲ-다'는 전통 시장 활성화 방안과 관련이 없으므로 삭제한다.

④ 'Ⅳ'는 논지의 흐름에 맞게 '전통 시장의 활성화를 위한 대책 마련 촉구'로 수정한다.

07 말하기 방식 추론

정답 ④

정답 풀이

'갑'은 작년에 경기를 진행하면서 생긴 학생들의 불만 사항을 근거로 하여 이를 보완하기 위해 토너먼트 방식으로 진행하되 경기 시간을 늘릴 것을 제안하였다. '을' 역시 작년에 경기를 진행하면서 생긴 학생들의 불만 사항을 근거로 하여 이를 보완하기 위해 리그전으로 진행할 것을 제안하였다. 따라서 '갑'과 '을' 모두 과거의 경험을 통해 문제점을 지적하면서 문제점을 보완할 수 있는 의견을 제안한다고 할 수 있다.

08 논리 추론

정답 ④

정답 풀이

제시된 진술을 정리하면 다음과 같다.

전제 1	책 → 영화	~영화 → ~책
전제 2	~여행 → ~책	책 → 여행
전제 3	산책 → ~게임	게임 → ~산책
전제 4	영화 → 산책	~산책 → ~영화

제시된 전제로는 '여행'과 '게임'의 관계를 확인할 수는 없다.

오답 풀이

① '**책** → 영화 → **산책**'의 관계를 볼 때, 참이다.

② '**게임** → ~산책 → **~영화**'의 관계를 볼 때, 참이다.

③ '**~영화** → **~책**'의 관계를 볼 때, 참이다.

09 순서 추론

정답 ①

정답 풀이

1단계	첫 번째 문장에서 '회화'와 '사진'이 상반된다고 하였고, '회화'와 '사진'의 순서로 제시되어 있다. 따라서 '회화'의 구성 과정을 설명한 (나)가 첫 번째 문장 바로 뒤에 오고, 그 뒤에는 '사진'의 구성 과정을 설명한 (가)가 오는 것이 자연스럽다.
2단계	(가)에서 "현실의 공간에서 필요 없는 것들을 제외하고 필요한 것만 골라 찍는다."라고 하였다. 이를 (라)에서 접속 부사 '즉'을 활용하여 정리하고 있다. 달리 말해, (라)는 (가)에서 설명한 사진의 구성 방법에 대한 부연 설명이다. 따라서 (가) 뒤에 (라)가 이어지는 것이 자연스럽다.
3단계	(다)는 '그렇기에'로 시작되고 있다. 인과의 의미라는 점에서, '(나) - (가)'의 내용을 근거로 '덧셈'과 '뺄셈'에 비유하고 있는 것이므로 (다)가 가장 나중에 오는 것이 자연스럽다.

따라서 제시된 글은 '(나) - (가) - (라) - (다)'로 배열하는 것이 자연스럽다.

10 내용 추론

정답 ④

정답 풀이

제시된 글의 "부유한 사람들은 쉽게 디지털 미디어를 이용할 수 있지만, 가난한 사람들은 그런 기회를 얻지 못하게 된다."와 "즉 사람들의 경제적·사회적 차이가 디지털 미디어를 이용해 정보에 접근하고 이용할 수 있는 기회에도 차이를 만들어내고, 그런 기회의 차이는 다시 사람들의 경제적·사회적 차이를 심화시키는 것이다."를 볼 때, 디지털 미디어가 지배하는 시대에는 디지털 격차, 즉 정보의 '부익부 빈익빈 현상'이 심해질 수 있음을 추론할 수 있다.

11 빈칸 추론

정답 ④

정답 풀이

㉠	㉠의 앞부분은 전통 사회에서의 정보 전달 경로를 말하며 가부장제에서 정보를 많이 소유할수록 가질 수 있었던 권위를 말하고, ㉠의 뒷부분에서는 정보화 사회에 더욱 심화된 부모 권위의 약화를 말하고 있다. 따라서 역접의 '그러나'나 '그런데'가 들어가야 한다.
㉡	㉡은 정보 전달 방법의 변화로 인해 가부장적 권위가 약화되었다는 내용을 이어주므로 '따라서', '그리하여'가 들어가야 한다.
㉢	㉢은 정보가 한 방향으로만 흐르지 않게 된 정보화 사회에서 유연한 정보 소통을 문제 해결의 방법으로 내세울 수 있다는 내용을 이어주므로 인과 관계의 '그리하여', '그러므로'가 들어가야 한다.

12 내용 추론

정답 ①

정답 풀이

1문단의 "표현주의는 전통적인 사실주의 미학을 따르지 않았다. 사실주의 미학은 형이상학적 이원론에 근거하여 존재와 진리의 참모습을 모방하는 것을 예술의 목적으로 받아들이는 재현의 미학이었다." 부분을 볼 때, 표현주의 화가들은 존재와 진리의 참모습을 모방하는 것을 예술의 목적으로 삼았던 사실주의 미학을 따르지 않았음을 확인할 수 있다.

오답 풀이

② 1문단의 "그들(표현주의 화가들)은 ~ 감정을 존재의 본질을 드러내는 것으로 보았다." 부분에서 확인할 수 있다.

③ 2문단의 "표현주의 화가들은 ~ 예술가로서의 감정적, 주관적인 표현을 예술이 추구해야 하는 가치로 보았다." 부분에서 확인할 수 있다.

④ 1문단의 "그들(표현주의 화가들)이 생각하는 인간의 감정은 시시각각 변화하며 생성과 소멸을 반복하는 것이었기에 그림을 그리는 동안에도 매 순간 변화하는 감정을 중시했다." 부분에서 확인할 수 있다.

13 말하기 방식 추론

정답 ①

정답 풀이

'을'이 민지의 싸늘한 반응에 선뜻 용기를 내지 못하겠다고 '갑'에게 토로하고 있다. 이에 대해 '갑'은 "예전에 나도 친한 친구와 비슷한 일이 있었는데"라고 말하면서, 자신의 경험을 이야기하며 '을'에게 용기를 주고 있다.

오답 풀이

② 대화에서 유머는 확인할 수 없다.

③ '을'의 말을 요약하고 있지 않다.

④ 관용적 표현은 확인할 수 없다.

14 논리 추론 정답 ③

정답 풀이

(가)와 (나)의 전제를 '부등호'로 나타내면 다음과 같다.

(가)	(나)
갑 > 을	을 > 병

(가)와 (나)를 종합하면 '갑 > 을 > 병'이다. 이를 볼 때, '갑'이 가장 무겁고, '병'이 가장 가볍다는 결론을 내릴 수 있다. 따라서 빈칸에 들어갈 결론으로는 "'병'이 가장 가볍다."이다.

15 문맥 수정 정답 ②

정답 풀이

'위신(威信: 위엄 위, 믿을 신)'은 위엄과 신망을 아울러 이르는 말이다. "대부분의 위작을 걸러 냈다고 해도 한두 점의 위작을 진품으로 취급했다가 나중에 위작임이 드러나면"이라는 맥락을 고려할 때, ⓒ에는 위작을 진품으로 취급했다가 나중에 위작임이 드러나면 '망신을 당할 것'이라는 내용이 어울린다. 따라서 위신이 '회복'될 수 있다는 ⓒ을 위신이 '손상'된다는 의미의 '위신은 땅에 떨어진다.'로 수정한 것은 적절하다.

※ 땅에 떨어지다: 명예나 권위 따위가 회복하기 어려울 정도로 손상되다.

16 전개 방식 추론 정답 ④

정답 풀이

서로 다른 사물이나 의견, 관점 따위를 알맞게 조절하여 서로 잘 어울리게 하는 것을 '절충'이라고 한다. 그런데 ⓒ은 대칭 구도로 지어진 서양 건축물의 사례이고, @은 '큰 규모의 건축물일지라도 대칭 구도로 짓는 것이 가능하다.'라는 내용이다. 따라서 @은 ⓒ과 @을 절충하여 내린 새로운 결론이라는 이해는 적절하지 않다.

오답 풀이

① 역접의 접속 부사 '그러나'가 쓰인 것을 볼 때, 둘이 대립되는 내용의 진술이라는 이해는 옳다.
② 큰 규모임에도 불구하고 대칭 구도로 지어진 건축물의 사례로 서양의 베르사유 궁전이나 루브르 궁전을 들고 있다.
③ 큰 규모임에도 불구하고 대칭 구도로 지어진 건축물의 사례로 서양의 베르사유 궁전이나 루브르 궁전을 들고 있는데, 이를 통해 '큰 규모의 건축물일지라도 대칭 구도로 짓는 것이 가능하다'는 것을 이끌어 낸 것이다.

17 내용 추론 정답 ③

정답 풀이

2문단의 "개별적인 소리들을 인식하는 데 필요한 가장 기본적인 메커니즘은 우리 신경계에 이미 내장되어 있다." 부분을 볼 때, 적절하지 않은 이해이다.

오답 풀이

① 2문단의 "그러나 그 밖의 다른 면들은 부분적으로 또는 모두 학습에 의해 다듬어진다. 그래서 마음의 훈련이 덜 되면 음들의 보다 단순한 관계만을 들을 수 있는 것이다." 부분을 통해 알 수 있다.
② 1문단의 내용을 통해 알 수 있다.

④ 1문단의 "우리의 두뇌가 이러한 관계들을 해독함에 따라 소리에 대한 감흥이 일어난다. 듣는다는 것은 이러한 관계를 만드는 과정 그 자체이다." 부분을 통해 알 수 있다.

18 지시어의 의미 추론 정답 ①

정답 풀이

"인간이 동물과 달리 음악을 들을 수 있는 한 가지 이유는 인간의 두뇌가 ~ 훨씬 더 복잡한 소리의 유형들을 다룰 수 있기 때문이다."와 "(가) 우리는 음악의 다양한 유형들을 맞추어 교향곡의 한 악장을 만든다."라는 맥락을 고려할 때, (가)의 '우리'는 ①의 '인간'을 의미한다.

오답 풀이

② (가)는 동물과 다른 인간의 특성을 설명하는 내용 뒤에 제시되므로 ⓒ '동물'은 (가)와 문맥상 반대되는 의미이다.
③, ④ 2문단에서 개별적인 소리들을 인식하는 데 필요한 가장 기본적인 메커니즘은 우리 신경계에 이미 내장되어 있으며, ⓒ과 @은 그에 더해 마음의 훈련을 통해 다듬어진다고 하였다. 따라서 (가)가 일반적인 '인간'을 지칭하는 반면, ⓒ과 @은 특별한 능력을 가진 특정 인간을 지칭하므로 적절하지 않다.

19 요지 추론 정답 ③

정답 풀이

1문단에서 "한국어를 '상황 중심 언어' 혹은 '상황 의존적 언어'라고 한다."와 "한국인의 인식이 언어에 반영되었기 때문이다." 부분을 볼 때, 글쓴이의 생각으로 가장 적절한 것은 '언어는 그 언어를 사용하는 사람의 인식을 반영한다.'이다.

20 문맥적 의미 정답 ③

정답 풀이

①의 문맥적 의미는 '몸에 배어 버릇이 되다.'이다. 이와 의미가 유사한 것은 ③의 '굳다'이다.

오답 풀이

① '표정이나 태도 따위가 부드럽지 못하고 딱딱하여지다.'라는 의미이다.
② '무른 물질이 단단하게 되다.'라는 의미이다.
④ '근육이나 뼈마디가 뻣뻣하게 되다.'라는 의미이다.

02회

해커스공무원 해원국어 신유형 난이도별 모의고사

20p

01	02	03	04	05
①	③	②	③	①
06	**07**	**08**	**09**	**10**
③	③	①	④	③
11	**12**	**13**	**14**	**15**
①	③	③	①	②
16	**17**	**18**	**19**	**20**
③	①	③	①	①

01 공공언어 바로 쓰기 정답 ①

정답 풀이

흐름상 지구의 환경 문제에 대한 우려의 목소리가 점점 커지면서 환경 보호 활동에 대한 관심이 높아진 사람들이 그동안 단순히 물건을 재활용했던 것을 넘어 좀 더 가치 있는 활동에 관심을 가지게 되어 업사이클링에 주목하고 있다는 내용이다. 따라서 앞뒤 문장은 인과의 관계를 가지기 때문에 '그러나'가 아니라 '그래서'로 수정해야 한다.

오답 풀이

② '개시'는 '시장을 처음 열어 물건의 매매를 시작함.'이라는 의미이다. ⓒ을 '상품이 시중에 나옴. 또는 상품을 시중에 내보냄.'의 의미인 '출시'로 수정한 것은 적절하다.

③ '관련되어진'이 이중 피동 표현이다. 따라서 ⓒ을 '관련된'으로 수정한 것은 적절하다.

④ '실천하다'는 목적어가 필요한 서술어이다. 따라서 적절한 목적어 '업사이클링을'을 추가하는 것은 적절하다.

02 빈칸 추론 정답 ③

정답 풀이

빈칸 바로 앞 문장의 "하지만 개체의 생존과 유지의 측면에서 세포 자살은 꼭 필요한 것이다."와 빈칸 바로 다음 문장의 "즉 자신을 던져 전체를 살리는 희생정신을 발휘하는 것이다." 부분의 내용을 고려할 때, 빈칸에는 '자신이 죽는 것이 전체 개체에 유익하기 때문이다.'가 들어가는 것이 가장 적절하다.

03 사례 추론 정답 ②

정답 풀이

'시끄러운 소리가 들려 귀를 막고 있었다.'의 '귀'는 '사람이나 동물의 머리 양옆에서 듣는 기능을 하는 감각 기관'의 의미로 사용되었다. 이는 ㉠의 '주변적 의미'가 아닌 '중심적 의미'의 사례이다.

오답 풀이

① '다리'의 중심적 의미는 '물을 건너거나 또는 한편의 높은 곳에서 다른 편의 높은 곳으로 건너다닐 수 있도록 만든 시설물'이다. 그런데 문맥상 '중간에 거쳐야 할 단계나 과정'의 의미이므로, ㉠의 사례로 적절하다.

③ '눈'의 중심적 의미는 '빛의 자극을 받아 물체를 볼 수 있는 감각 기관'이다. 그런데 문맥상 '사물을 보고 판단하는 힘'의 의미이므로, ㉠의 사례로 적절하다.

④ '머리'의 중심적 의미는 '사람이나 동물의 목 위의 부분'이다. 그런데 문맥상 '단체의 우두머리'의 의미이므로, ㉠의 사례로 적절하다.

04 요지 추론 정답 ③

정답 풀이

제시된 글에서는 대화 상황에서 갖추어야 할 '자세', '태도'에 대해 말하고 있다. 즉 제시된 글은 '결국 대화의 예절과 전달 자세의 중요성'을 강조하고 있기 때문에, 핵심 요지로는 '예절 바르게 말하라. 말하는 내용보다 전달하는 자세가 중요하다는 점을 기억하라.'가 가장 적절하다.

05 논리 추론 정답 ①

정답 풀이

제시된 진술을 정리하면 다음과 같다.

진술 1	독서 → 글쓰기	~글쓰기 → ~독서
진술 2	여행 → 사진	~사진 → ~여행
진술 3	~글쓰기 → ~사진	사진 → 글쓰기

진술 2 '여행 → 사진'과 진술 3의 대우 '사진 → 글쓰기'를 통해 **여행 → 사진 → 글쓰기**라는 관계를 추론할 수 있다. 따라서 '여행을 좋아하는 사람은 모두 글쓰기를 좋아한다.'라는 진술은 반드시 참이다.

오답 풀이

② 제시된 진술만으로는 '여행'과 '독서' 사이의 관계를 추론할 수 없다.

③ 제시된 진술만으로는 '독서'와 '사진 찍기' 사이의 관계를 추론할 수 없다.

④ 진술 3을 통해 '글쓰기'와 '사진 찍기' 사이의 관계를 추론할 수 있다. 그런데 둘의 관계는 '~글쓰기 → ~사진' 또는 '사진 → 글쓰기'이다. 따라서 '글쓰기를 좋아하는 사람은 사진 찍기를 좋아하지 않는다(글쓰기 → ~사진).'라는 추론은 적절하지 않다.

06 순서 추론

정답 풀이

1단계	(라)에는 '시상식 참석을 거부했다'는 내용이, (나)에는 거부의 '이유'가 제시되어 있다. 따라서 (라) 뒤에 (나)가 이어지는 것이 자연스럽다.
2단계	마지막 문장에 '노벨 위원회 측의 노력'과 '부인의 한마디'가 제시되어 있다. 따라서 앞에 두 내용이 모두 제시되어야 한다. (가)에 '노벨 위원회 측의 노력'이, (다)에 '부인의 한마디'가 제시되어 있다. 따라서 마지막 문장과의 연결을 고려할 때, (가) 뒤에 (다)가 이어지는 것이 자연스럽다.

따라서 맥락에 맞게 나열한 것은 '(라) - (나) - (가) - (다)'이다.

07 들어갈 위치 추론
정답 ③

정답 풀이

<보기>는 '전기 요금'이 싸질 것이라 생각했다는 내용이다. 따라서 뒤에는 '그래서 싸졌다'는 내용이나 '그러나 싸지지 않았다'는 내용이 이어져야 한다. 따라서 <보기>는 민영화 이후 전기 요금의 인상을 요구했다는 내용 바로 앞인 ©에 들어가는 것이 가장 적절하다.

08 내용 추론
정답 ①

정답 풀이

2문단의 "대부분의 ~ 전기 소설 등이 여기에 해당하는데, 현실의 논리 같은 것은 크게 고려하지 않았으며 초현실적 존재가 현실계나 환상계에서 활약하는 것을 극대화하여 독자의 호기심을 자극하였다." 부분을 볼 때, 전기 소설은 현실의 논리 같은 것은 크게 고려하지 않았으며 초현실적 존재의 활약을 극대화했다. 따라서 전기 소설에서 현실 세계의 논리가 사건 전개에 중요하게 작용했다는 이해는 적절하지 않다.

오답 풀이

② 1문단의 "고전 소설에 널리 이용되어 온 '기이성(奇異性)'은 새롭고 낯선 것에서 느껴지는 성질로서, 당대 독자들의 호기심을 자극해 왔다." 부분을 통해 알 수 있다.

③ 3문단의 "비현실성과 현실성이 유기적으로 결합하면서 이원적인 세계관을 형성하게 된다. ~ 이 시기의 적강형 영웅 소설 등이 대표적인 예라고 할 수 있다." 부분을 통해 알 수 있다.

④ 3문단의 "18세기에 이르면, 합리적 사고와 사회의식이 성장하면서 초기 소설이 가지고 있던 비현실성은 점차 희석되고 현실성의 비중이 높아진다." 부분을 통해 알 수 있다.

09 문맥 수정
정답 ④

정답 풀이

'언어도단(言語道斷)'은 말할 길이 끊어졌다는 뜻으로, 어이가 없어서 말하려 해도 말할 수 없음을 이르는 말이다. ② 바로 뒤의 문장 "대화할 때는 먼저 상대방의 처지를 생각하여 다정하고 친근한 말을 사용해야 합니다."를 볼 때, '처지를 바꾸어서 생각하여 봄.'을 의미하는 '역지사지(易地思之)'로 고치는 것이 적절하다.

10 빈칸 추론
정답 ③

정답 풀이

곰은 꿀을 먹겠다는 자신의 욕심과 집착 때문에 결국 돌에 머리를 맞아 죽음에까지 이르게 된다. 이러한 곰의 행동을 통해 자신의 욕구에 지나치게 집착하지 않는 자세가 필요하다는 교훈을 이끌어 낼 수 있다. 따라서 빈칸에는 '자신의 욕구에 집착하지 않는 마음 자세가 필요하다.'가 들어가는 것이 가장 적절하다.

11 말하기 내용 추론
정답 ①

정답 풀이

'갑'의 첫 번째 발언에서 까치에 대한 선호가 우리나라와 미국이 다르다고 한 것은 나라별로 문화적 차이가 있음을 인정하고 있다. 또 두 번째 발언에서 상황에 따라 행동에 주의를 해야 할 때가 있다고 한 것도 문화적 차이를 인정한 말이다. '을' 역시 첫 번째와 세 번째 발화에서 나라별로 문화적 차이를 인정하고 있다. 따라서 두 사람이 공통적으로 '문화적 차이를 인정해야 함.'을 전제하고 있다.

12 요지 추론
정답 ③

정답 풀이

제시된 글에서는 비전문가들의 현대사 연구가 지닌 문제점을 언급한 후, 이를 해결하고 올바른 현대사 연구로 나아가기 위해 보완해야 할 점을 세 가지로 나누어 말하고 있다. 따라서 제시된 글의 중심 내용은 '비전문가들이 현대사를 연구할 때 고려해야 할 점'이다.

13 사례 추론
정답 ③

정답 풀이

(가)	2문단의 "다루고자 하는 현대사 분야와 관련하여 자신이 수집하고 검토한 문헌 자료의 사실 여부를 철저히 확인하고 이에 대한 전문가의 의견을 수렴하는 절차를 거쳐 자료의 공정성과 신뢰성 등을 검증할 필요가 있다." 부분을 볼 때, (가)의 사례는 ©이다.
(나)	3문단의 "지역적으로 국한된 사건에 대한 연구라 하더라도 그것을 포괄하는 넓은 시각으로 바라보는 태도가 요구된다." 부분을 볼 때, (나)의 사례는 ©이다.
(다)	4문단의 "비전문가들도 사건과 관련된 사람들을 찾아가 관련 내용을 채록하고 연구에 활용하는 노력을 병행할 필요가 있다." 부분을 볼 때, (다)의 사례는 ①이다.

14 논리 추론

정답 풀이

'갑'의 첫 번째 진술과 두 번째 진술을 통해 '을'은 '자전거 → ~오토바이'라는 결론을 내리고 있다. 대화를 다시 정리하면, 전제 1은 '자전거 → ~주유'이고, 전제 2는 생략되어 있고, 결론은 '자전거 → ~오토바이'이다.

전제 1	자전거 → ~주유
전제 2	
결론	자전거 → ~오토바이

전제와 결론 모두 '자전거'로 시작되고 있기 때문에, 전제 2에는 '~주유 → ~오토바이'가 들어가야 '자전거 → ~오토바이'라는 결론이 도출될 수 있다. 그런데 선지에는 '~주유 → ~오토바이'가 없다. 따라서 대우인 '오토바이 → 주유'에 해당하는 ①의 '오토바이를 타는 사람은 모두 주유를 해.'가 답이다.

15 내용 추론
정답 ②

정답 풀이

ㄱ. "바이러스성 벡터는 세포막과 잘 결합하고" 부분을 볼 때, 적절한 이해이다.

ㄴ. "바이러스는 원래 질병을 유발하는 물질이기 때문에 이를 벡터로 활용하기 위해서는 질병을 일으키는 기능을 최대한 억제시켜야 한다." 부분을 볼 때, 적절한 이해이다.

오답 풀이

ㄷ. "바이러스성 벡터는 크기가 매우 작아 삽입할 수 있는 치료용 유전자의 크기에 제한이 있다." 부분을 볼 때, 적절하지 않은 이해이다.

16 말하기 내용 추론
정답 ③

정답 풀이

갑	'갑'은 선후배들 간의 연계 프로그램을 만들어, 선배들은 후배들과 친분을 쌓을 수 있도록 하고, 후배들은 선배들에게 도움을 받을 수 있도록 하겠다는 공약을 내세우고 있다.
을	'을'은 선후배가 함께 공연도 하고 후배들의 축하도 받으면서 졸업식이 소중한 시간이 될 수 있도록 하는 프로그램을 마련하겠다는 공약을 내세우고 있다.

따라서 두 후보자가 공통적으로 주장하고 있는 것은 선후배가 함께할 수 있는 프로그램을 마련해야 한다는 것이다.

17 전개 방식 추론
정답 ①

정답 풀이

2문단에서 "어떤 내용이냐도 중요하지만 어떤 형식이냐가 먼저이다."라고 하였으며, 미디어라는 형식의 중요함을 주장하기 위해 3문단에서 구체적인 예를 들고 있다.

18 순서 추론
정답 ③

정답 풀이

1단계	첫 번째 문장에서 "새삼 강조할 필요가 없어 보인다."라고 하였다. 이때의 '강조'는 (나)의 "콘텐츠만 강조하는 것은 의미가 없다."에서 '강조'와 연결된다. 따라서 (나)가 가장 앞에 오는 것이 적절하다
2단계	(다)는 (나)의 "그러나 콘텐츠만 강조하는 것은 의미가 없다."에 대한 이유이다. 따라서 (나) 뒤에 (다)가 이어지는 것이 자연스럽다.
3단계	(가)는 인과의 접속 부사 '그러므로'로 시작하고 있다. 따라서 (가)가 가장 나중에 와야 자연스럽다.

따라서 맥락에 맞게 나열한 것은 '(나) - (다) - (가)'이다.

19 빈칸 추론
정답 ①

정답 풀이

2문단의 내용을 볼 때, 지구상의 모든 자료를 0~9까지로 나눈 것은 인간의 역사와 관련 있음을 추론할 수 있다. 따라서 빈칸에 들어갈 말로 가장 적절한 것은 '인류의 역사와 비슷한 구조'이다.

20 문맥적 의미
정답 ①

정답 풀이

"책은 옆면에 각각의 이름표를 달고 있다."라는 맥락을 고려할 때, ㉠의 '달다'는 책 옆면에 이름표를 '붙이고' 있다는 의미이다. 즉 ㉠은 "물건을 일정한 곳에 붙이다."라는 의미이므로 이와 문맥적 의미가 유사한 것은 ①이다.

오답 풀이

② "사람을 동행하거나 거느리다."라는 의미이다.

③ "장부에 적다."라는 의미이다.

④ "물건을 일정한 곳에 걸거나 매어 놓다."라는 의미이다.

28p

01	02	03	04	05
①	②	②	④	③
06	07	08	09	10
③	②	③	①	①
11	12	13	14	15
①	②	②	③	②
16	17	18	19	20
②	①	③	③	②

01 공공언어 바로 쓰기 정답 ①

(정답 풀이)

'읽히다'는 '읽다'의 피동사이다. 따라서 피동사 '읽히다'에 다시 '어지다'를 붙여 '읽혀지다'를 쓸 필요는 없다. 따라서 수정 전 '읽혀'가 바른 표기이다.

(오답 풀이)

② '절대로'는 부정 서술어와 호응한다. 따라서 '절대로' 대신 '반드시'로 수정한 것은 적절하다.

③ 주어 '그 선수의 장점은'에 맞춰 서술어를 '준다.'에서 '준다는 것이다.'로 수정한 것은 적절하다.

④ '사과와 귤 두 개'의 의미가 모호하므로, '사과 두 개와 귤 두 개'로 수정한 것은 적절하다.

02 사례 추론 정답 ②

(정답 풀이)

관용의 격률은 자신에게 이익이 되는 표현을 최소화하고 부담이 되는 표현을 최대화하는 것이다. 그런데 "너는 시간이 많잖아."는 상대방을 부담스럽게 하는 말하기이다. 따라서 ⓒ의 사례로 적절하지 않다.

(오답 풀이)

① 사랑에게 도움을 요청하는 선생님이 사랑의 부담을 최소화하기 위해 "시간이 되면"이라고 말하고 있다. 따라서 ㉠의 사례로 적절하다.

③ 자신이 좋은 결과를 얻은 상황에서 "제가 별로 한 게 없는데요."라고 말함으로써 겸양의 격률을 지키고 있다.

④ "연극도 좋지만"이라는 자신의 견해를 양보하고 상대방과의 일치점을 극대화하여 "영화도 참 좋아."라고 말하고 있어 동의의 격률의 사례로 적절하다.

03 내용 추론 정답 ②

(정답 풀이)

제시된 글에서 '독서 전략'을 소개하고 있다. 그런데 제시된 글을 통해 예측한 내용이 맞는지 확인하며 읽어야 한다는 내용은 추론할 수 없다.

(오답 풀이)

① "경전과 역사서에서 물류나 방술에 이르기까지 천지와 인간사에 관한 학설과 이치를 대체적으로나마 알고 있어야 한다." 부분을 통해 추론할 수 있다.

③ "시대에 따라 크게 떠받들고 본받는 것이나 일을 논하는 조목도 마땅히 옛날과 오늘날은 다르다. 이 모든 것을 두루 섭렵했느냐 혹은 그렇지 못했느냐에 따라 깨닫고 이해하는 데 크게 차이가 생겨난다." 부분을 통해 추론할 수 있다.

④ "독서를 통해 다른 사람을 가르칠 때는 반드시 지은이가 주장하는 뜻을 먼저 알아야 한다." 부분을 통해 추론할 수 있다.

04 논리 추론 정답 ④

(정답 풀이)

제시된 진술을 정리하면 다음과 같다.

전제 1	~늦잠 → 부지런	~부지런 → 늦잠
전제 2	늦잠 → ~건강	건강 → ~늦잠
전제 3	비타민 → 건강	~건강 → ~비타민

'전제 3'과 '전제 2'의 대우, '전제 1'을 연결하면 '**비타민** → 건강 → ~늦잠 → **부지런**'이 된다. 따라서 '비타민을 챙겨 먹으면 부지런하다.'는 항상 참이다.

05 빈칸 추론 정답 ③

(정답 풀이)

㉠	'양심'은 '육체', '현실', '정신' 중 '정신'과 관련된 것이다. 따라서 ㉠에는 '정신적 자아'가 들어가는 것이 적절하다.
㉡	'현실'은 '정신', '육체', '이상' 중 '육체'와 관련이 깊다. 따라서 ㉡에는 '육체적 자아'가 들어가는 것이 적절하다.
㉢	내적 성찰을 통해 ㉢을 소멸시켜 나간 그의 양심이 독립을 위한 자기희생이라는 실천적 행동으로 발현되었다고 하였다. 이는 '육체적 자아'를 소멸시키고 '정신적 자아'로 나아갔다는 의미이다. '육체적 자아'와 관련이 있는 ㉡ 앞 "무기력하게 현실에 안주하려고 하는"이라는 수식어를 고려할 때, ㉢에는 '무기력한 자아'가 들어가는 것이 적절하다.

06 개요

정답 ③

정답 풀이

'문화재 관리 전문 인력의 충원'은 '문화재 훼손을 막기 위한 대책'으로 적절하다. 또 'Ⅱ-2-다'의 '올바른 관람 예절 강조'와 중복된 내용도 아니다. 따라서 ©을 삭제하는 것은 적절하지 않다.

오답 풀이

① 본론에서 '문화재 훼손의 원인'과 '문화재 훼손을 막기 위한 대책'을 다루고 있는 것을 볼 때, 제목을 '문화재 훼손에 대한 대책 마련 촉구'로 고친 것은 적절하다.

② 자연적 요인에 의한 문화재 훼손의 사례로 '흰개미가 갉아먹어 훼손된 문화재'를 제시한 것은 적절하다.

④ 'Ⅱ-2-다'에서 대책으로 '올바른 관람 예절 강조'도 다루고 있다. 따라서 결론에 반영하는 것은 적절하다.

07 순서 추론

정답 ②

정답 풀이

1단계	첫 번째 문장에서 '식초'가 산성이라는 것을 밝히고 있다. 따라서 식초가 듬뿍 담긴 음식을 먹어도 몸이 산성으로 변하지 않는다는 (나)의 내용이 이어지는 것이 적절하다.
2단계	(다)는 '이처럼'으로 시작하고 있다. 이어지는 내용은 '산'과 '염기성' 식품을 먹어도 혈액의 농도에 영향을 주지 않는다는 내용이다. 따라서 '이처럼'의 앞에는 '산'과 '염기성' 식품을 먹었을 때 변화가 없음을 보여주는 내용이 와야 한다. 따라서 (나) 뒤에 (가), 그 뒤에 (다)가 이어지는 것이 자연스럽다.

따라서 맥락에 맞게 나열하면 '(나) - (가) - (다)'이다.

08 빈칸 추론

정답 ③

정답 풀이

1단계	(2)를 볼 때, '아행행'은 1차적으로 [아핸핸]으로 발음된다.
2단계	(3)에서 앞 음절의 [ㄱ, ㄷ, ㅂ, ㅈ]은 초성의 'ㅎ'과 결합하면 [ㅋ, ㅌ, ㅍ, ㅊ]으로 소리가 난다. 따라서 'ㄷ'과 'ㅎ'이 만나 'ㅌ'이 되므로, 최종적으로 [아해탠]으로 발음된다.

따라서 빈칸에 들어갈 결론은 ③의 [아해탠]이다.

09 말하기 방식 추론

정답 ①

정답 풀이

맥락상 '희서'와 '엄마'는 모녀 사이이다. 즉 '엄마'는 어른이다. 희서의 두 번째 발화 "엄마, 저 피곤해요. 영수 시키면 되잖아요?", 희서의 여섯 번째 발화 "제 생각에는 우리 집도 그랬으면 좋겠어요. 그러니까 엄마도 칭찬 많이많이 해 주세요."를 볼 때, 희서는 어른인 '엄마' 앞에서 자신의 의견을 내세우고 있다. 따라서 희서가 어른 앞에서 자신의 의견을 내세우지 않는 태도를 보인다는 분석은 적절하지 않다.

오답 풀이

② 처음에는 냉장고에서 반찬을 꺼내달라는 엄마의 부탁을 거절하던 희서가 대화가 진행되면서 퇴근 후 엄마가 식사 준비하기 쉽지 않을 것임을 고려하여 일찍 와서 돕겠다고 말하고 있다. 이로 보아 대화가 진행되면서 상대방의 처지를 고려하는 태도로 변화하는 모습이 나타난다고 볼 수 있다.

③ 엄마의 두 번째 발화 "우리 착한 딸이 오늘 기분이 별로네. 학교에서 무슨 일 있었니?"에서 상대방의 감정을 고려해 말하려는 배려의 태도를 확인할 수 있다.

④ 엄마의 두 번째 발화 "네가 퉁명스럽게 말하니 엄마는 서운하다."에서 상대방의 말에 대한 자신의 감정을 솔직하게 전달함을 확인할 수 있다.

10 강화와 약화

정답 ①

정답 풀이

㉠은 언어와 사고가 밀접한 관련을 맺는다는 관점이다. 울음을 통한 영아의 의사 표현은 언어와 무관하게 기본적인 사고 기능이 작동한다는 증거가 된다. 따라서 ㉠을 강화하는 사례로 적절하지 않다.

오답 풀이

② 부정적인 '언어'에 영향을 받아 '생각(사고)'도 부정적으로 된다는 내용이다. 따라서 ㉠을 강화하는 사례로 적절하다.

③ 친족 관계를 중시하는 '생각(사고)'에 영향을 받아 친족 관계를 나타내는 '언어'가 발달했다는 내용이다. 따라서 ㉠을 강화하는 사례로 적절하다.

④ 어른을 공경하는 '생각(사고)'에 영향을 받아 공경 의식이 있는 '언어', 즉 '높임 표현'이 발달해 있다는 내용이다. 따라서 ㉠을 강화하는 사례로 적절하다.

11 요지 추론

정답 ①

정답 풀이

제시된 글에서는 여러 선인들의 사례를 통해 일상의 다양한 측면을 기록으로 남긴 '선인들의 기록 정신'을 다루고 있다. 그리고 마지막에서 "이제 아무도 이런 기억들을 글로 쓰려 하지 않는다."라고 하면서, 그렇지 않은 현실을 안타까워하고 있다. 따라서 제시된 글의 제목으로는 '선인들의 기록 정신'이 가장 적절하다.

12 문맥적 의미

정답 ②

정답 풀이

'기억들을' 글로 쓴다는 맥락을 고려할 때, ㉠은 "머릿속의 생각을 종이 혹은 이와 유사한 대상 따위에 글로 나타내다."라는 의미이다. 이와 의미가 유사한 것은 ②이다.

오답 풀이

① "머릿속에 떠오른 곡을 일정한 기호로 악보 위에 나타내다."라는 의미이다.

③ "원서, 계약서 등과 같은 서류 따위를 작성하거나 일정한 양식을 갖춘 글을 쓰는 작업을 하다."라는 의미이다.

④ "붓, 펜, 연필과 같이 선을 그을 수 있는 도구로 종이 따위에 획을 그어서 일정한 글자의 모양이 이루어지게 하다."라는 의미이다.

13 문맥 수정 정답 ②

정답 풀이

'우주선이 지구로 귀환하기 위해서는'이라는 말과의 호응을 고려할 때, ⓒ의 '진입할 수 있다.'를 '진입해야 한다.'로 수정한 것은 적절하다.

14 요지 추론 정답 ③

정답 풀이

제시된 글의 글쓴이는 하늘이 고르게 주신 재주를 집과 과거로써 제한하여 인재를 제대로 쓰지 못하면서 스스로는 "우리나라에는 인재가 없다."라고 탄식하는 현실을 비판하고 있다. 따라서 인재가 골고루 등용되지 못하는 현실을 비판하고 있다고 말할 수 있다.

오답 풀이

① 과거의 응시 목적에 대해서 구체적으로 언급하지 않았다.

② 인재의 등용 방법을 문제 삼고 있다. 그러나 양성 방법에 대해서는 따로 언급하고 있지 않다.

④ 과거 시험의 축소를 주장하고 있지는 않다.

15 말하기 내용 추론 정답 ②

정답 풀이

제시된 대화를 통해 다음 정보를 확인할 수 있다.

초록색	마음을 안정시키는 데 도움이 됨.
파란색	한 가지 일에 집중할 수 있는 힘이 생김.
빨간색	힘이 나게 만드는 효과가 있음.
주황색	낯선 곳에 와 있다는 느낌을 들게 함.

이를 통해 '색깔'이 인간의 심리에 영향을 미친다는 것을 추론할 수 있다.

16 요지 추론 정답 ②

정답 풀이

제시된 글의 "때론 따뜻한 위로자가 되어 용기를 되찾게 하는 활력소가 될 때도 있지만, 의욕을 꺾는 파괴자로서 칼날을 휘두르기도 한다." 부분을 볼 때, 글의 논지로는 '미디어는 유용한 점도 많지만 잘못 쓰면 오히려 독이 될 수도 있다.'가 가장 적절하다.

17 논리 추론 정답 ①

정답 풀이

1단계	'A사원은 2층에 묵는다.'에 따라 2층에 A가 묵는다.				
	1층	**2층**	**3층**	**4층**	**5층**
		A			

2단계	B사원은 2층에 묵는 A사원보다 높은 층에 묵지만, C사원보다는 낮은 층에 묵으므로 3층 또는 4층에 묵을 수 있다. 그런데 D사원이 C사원 바로 아래층에 묵는다고 하였으므로 D사원이 4층, B사원은 3층에 묵는 것을 알 수 있다.				
	1층	**2층**	**3층**	**4층**	**5층**
		A	B	D	C

따라서 남은 E사원은 1층에 묵게 될 것이다.

18 내용 추론 정답 ③

정답 풀이

ㄱ. 3문단의 "상상을 현실로 바꾸기 위해서는 인공 지능 연구가 지향하는 목표를 가로막고 있는 장애 요인들을 다시 살펴보고, 현재보다 더 많은 연구자들이 인공 지능에 대한 관심과 열의를 가져야 할 것이다." 부분을 통해 알 수 있다.

ㄷ. 4문단의 "현재 인공 지능을 통해 우리가 얻고자 하는 목표에 이르기 위해서 해결해야 하는 장애물은 수없이 많다. ~ 하드웨어적 한계를 극복하기 위한 노력과 인간의 지능에 대한 연구도 지속되어야 할 것이다." 부분을 통해 알 수 있다.

오답 풀이

ㄴ. 2문단의 "현재 인공 지능을 연구하는 사람들은, 컴퓨터 프로그램의 문제 해결 능력이 프로그램 자체의 구성 방법보다는 프로그램이 가지고 있는 지식의 양에서 비롯된다고 본다." 부분을 볼 때, '지식의 양'이 가장 중요한 것이다.

19 바꿔 쓰기 정답 ③

정답 풀이

ⓒ은 '인공 지능에 대한 관심과 열의'를 가지는 것이다. 따라서 구체적인 물건이나 권리를 가지는 것을 뜻하는 '소유(所有)해야'로 바꾸면 그 의미가 달라진다.

20 강화와 약화 정답 ②

정답 풀이

(나)의 주장은 영어를 공용어로 삼아야 한다는 것이다. 그런데 (가)는 우리말에는 우리 민족의 문화와 세계 인식이 녹아 있기 때문에 우리말에 대한 애정은 우리 문화를 사랑하고 우리의 정체성을 살릴 수 있는 길이라고 주장하고 있다. 따라서 (가)의 관점에서 (나)를 비판한 것은 영어를 공용어로 삼으면, 상대적으로 우리말에 대한 관심과 사랑이 줄어들어 우리 민족 문화가 위태로워질 것이라는 ②이다.

36p

01	02	03	04	05
③	①	③	④	②
06	**07**	**08**	**09**	**10**
④	③	④	①	②
11	**12**	**13**	**14**	**15**
②	③	④	④	②
16	**17**	**18**	**19**	**20**
①	①	①	①	②

01 공공언어 바로 쓰기
정답 ③

정답 풀이

㉠을 어긴 사례, 즉 주어와 서술어가 호응하지 않는 문장을 찾아야 한다. 주어 '직장은'과 서술어 '초등학교 교사입니다'의 호응은 어색하다. 주어 '직장은'에 맞춰 "제가 희망하는 직장은 ○○초등학교입니다."로, 서술어 '초등학교 교사입니다'에 맞춰 "제가 희망하는 직업은 초등학교 교사입니다."로 수정할 수 있기 때문에, ③을 ㉠을 어긴 사례로 추가할 수 있다.

오답 풀이

① '보여진다'에서 과도한 피동 표현이 사용된 경우이다.
② 필수적인 문장 성분 '아이들에게'가 빠진 경우이다.
④ '아름다운'이 수식하는 대상이 '너'인지, '너의 친구'인지 모호한 경우이다.

02 사례 추론
정답 ①

정답 풀이

제시된 글에서는 '의사'의 문제 두 가지와 '환자'의 문제 두 가지를 지적하고 있다. 그런데 '꾸중하듯이' 말하는 ①의 사례는 제시된 글에서 지적하고 있지 않다.

오답 풀이

② 환자의 물음에 의사의 반응이 없는 경우로, "첫째, 환자가 자신의 증상을 설명하거나 병에 대해서 물어도 의사가 반응이 없을 때, 환자는 당황스럽다."의 사례이다.
③ 환자가 의사보다 너무 앞질러 생각하여 말하는 경우로, "첫째, 환자들이 의사보다 너무 앞질러 생각하여 말하는 경우를 지적하고 있다."의 사례이다.
④ 의사가 전문적인 의학용어를 사용하는 경우로, "둘째, 의사가 설명을 해 준다고 해도 전문적인 용어로 어렵게 설명하는 바람에 그 말을 듣고도 무슨 뜻인지 모르는 경우가 있다."의 사례이다.

03 개요
정답 ③

정답 풀이

<지침>에서 본론은 2개의 장으로 구성하되 각 장의 하위 항목끼리 대응되도록 작성하라고 하였다. 'Ⅱ-1-다'의 '청소년 재능 기부자와 수혜자의 연계 채널 미비'를 고려하여, ⓒ에 '청소년 재능 기부를 위한 학교 및 지역 공동체의 연결망 구축'이 들어가는 것은 적절하다.

오답 풀이

① <지침>을 볼 때, 취지는 '청소년 재능 기부의 필요성과 활성화 방안을 알리는 것'이다. 따라서 '재능 계발 방법'은 ㉠에 어울리지 않는다. 맥락을 고려할 때, '청소년 재능 기부의 의의와 필요성' 정도가 들어가는 것이 자연스럽다.
② <지침>에서 본론은 2개의 장으로 구성하되 각 장의 하위 항목끼리 대응되도록 작성하라고 하였다. 'Ⅱ-2-나'의 '청소년 재능 기부 프로그램 영역 다양화'라는 활성화 방안에 대응하는 '청소년 재능 기부 장애 요인'으로 '재능 기부 프로그램에 대한 청소년의 만족도 저조'는 적절하지 않다. 맥락을 고려할 때, '청소년 재능 기부 프로그램 영역 편중 심화' 정도가 들어가는 것이 자연스럽다.
④ <지침>에서 결론은 글의 논지를 정리하여 작성하라고 하였다. 글의 논지를 고려할 때, '청소년 재능 기부를 위한 사회적 인식 제고의 촉구'가 들어가는 것은 적절하지 않다. 맥락을 고려할 때, '청소년 재능 기부의 활성화 방안 마련 촉구' 정도가 들어가는 것이 자연스럽다.

04 내용 추론
정답 ④

정답 풀이

2문단의 "그는 이기적 인간들이 자기통제보다는 이기적 욕구에 따라 행동할 가능성이 더 많다고 생각했기 때문에" 부분을 볼 때, '홉스'가 생각하는 '인간'은 자기통제보다는 자신의 욕구에 따라 행동할 가능성이 더 많은 존재이다.

오답 풀이

① 홉스는 '이기적 인간'이라고 하였다. 따라서 사회적 공동선을 끊임없이 추구하는 존재라는 추론은 적절하지 않다.
② 제시된 글에서 확인할 수 없는 내용이다.
③ 2문단의 "각 개인이 자신의 권리 중 일부를 양도하여 계약을 맺음으로써 탄생하는 세속적 권력을 새로운 질서의 궁극적 근거로 삼는다." 부분을 볼 때, 적절하지 않은 추론이다.

05 문맥 수정 정답 ②

정답 풀이
ⓒ은 조사의 쓰임이 적절하지 않은 문장이다. 즉 ⓒ의 '성인병이'는 서술어 '이어지며'와 호응하지 않는다. 이는 서술어 '이어지며'에 맞지 않는 조사를 사용했기 때문이다. 서술어와의 관계를 고려할 때, '성인병이'를 '성인병으로'로 수정한 것은 적절하다.

오답 풀이
① 주어가 "일반적으로 '성인병'으로 분류되는 심장 질환, 당뇨병, 고지혈증, 고혈압 등은"이기 때문에 서술어는 '인식되어 왔다'를 그대로 사용해야 한다.
③ 세계 보건 기구의 권장 섭취량이 '50g'이고, 우리나라 청소년들의 하루 평균 당류 섭취량은 '69.6g'이다. 따라서 '모자란 것'이 아니라 '초과한 것'이다. 따라서 그대로 사용해야 한다.
④ 내용을 고려할 때, 제시된 글은 성인병 발병이 '증가하고' 있다는 내용이다. 따라서 '감소하고'로 수정한 것은 적절하지 않다.

06 논리 추론 정답 ④

정답 풀이
알려진 사실을 정리하면 다음과 같다.

사실 1	'갑'이 좋아하는 인형의 크기가 가장 큼.
사실 2	토끼 > 곰
사실 3	기린 > 공룡
사실 4	돼지 > 곰 > 기린

제시된 사실을 통해 '토끼 인형과 돼지 인형의 크기를 비교할 수 없음'을 알 수 있으며, 크기대로 나열하면 '(토끼∨돼지) > 곰 > 기린 > 공룡'이다. 따라서 빈칸에는 "'갑'이 좋아하는 인형은 알 수 없다."가 들어가는 것이 가장 적절하다.

07 내용 추론 정답 ③

정답 풀이
해설의 "'다만 2'는 발음상 사이시옷과 비슷한 소리가 있다고 판단하여 '숫-'의 형태를 취한 것이다."라는 내용을 볼 때, '숫쥐'는 발음상 사이시옷과 비슷한 소리가 있다고 판단하여 '숫-'의 형태를 취한 것이다.

08 순서 추론 정답 ④

정답 풀이

1단계	(라)에서 '훈련'을 '어미'가 담당한다고 하였다. 이를 볼 때, (나)와 (라) 중 (라)가 가장 앞에 와야 한다.
2단계	(라)에서 말한 '조사' 후에 (나)에서 말한 것처럼 적응을 위해 수심 얕은 곳으로 새끼를 데리고 들락날락한다는 내용이 이어지는 것이 자연스럽다.
3단계	(다)에서 '사냥법'을 가르친다고 하였는데, 이는 (가)에서 말한 '사냥 기술'이다. 따라서 (다) 뒤에 (가)가 이어지는 것이 자연스럽다.

따라서 맥락에 맞게 나열한 것은 '(라) - (나) - (다) - (가)'이다.

09 빈칸 추론 정답 ①

정답 풀이
ⓐ 예시로 든 "남녀, 신사숙녀, 아들딸, 일남일녀" 표현은 모두 '남성'을 앞에 두고, '여성'을 뒤에 둔다는 공통점이 있다. 따라서 이들 표현을 통해 '남성 우선주의'를 알 수 있다.
ⓑ 예시로 든 '연놈, 암수, 비복'의 표현은 '품위 있는 표현'이라기보다는 '저속한 표현'이다. 따라서 빈칸에는 '저속한'이 들어가야 한다.
ⓒ 글쓴이는 일반적인 표현에서는 '남성'을 우선시하지만, 저속한 표현에서는 '여성'을 우선시한다는 사실을 발견했다고 생각한다. 따라서 이를 '불편한 진실'로 표현할 수 있다.

10 말하기 방식 추론 정답 ②

정답 풀이
'갑'의 "바쁠수록 중심을 잡고 마음을 잘 길들여야 하는데 말이죠."라는 말에 '을'은 "맞아요."라고 하면서, 상대와 자신의 일치점을 드러내고 있다.
※ '을'은 상대방과 자신의 공통점을 최대화시키는 '동의의 격률'을 지킨 것이다.

오답 풀이
① '갑'은 '을'에 대해 칭찬하고 있지 않다.
③ 겸양을 격률을 지키지 않았다면, 자신에 대한 칭찬을 최대화했을 것이다. 그러나 '갑'이 자신에 대한 칭찬을 최대화하지는 않았다.
④ '을'은 자신의 혜택을 최대화하여 말하고 있지 않다.

11 내용 추론 정답 ②

정답 풀이
1문단의 "집단 규범은 ~ 집단의 평균적 지점이 아니라 더 극단적 지점에서 규범이 생성되는 경우가 많다." 부분을 볼 때, 집단 규범은 보통 집단의 평균적인 성향에서 발생한다는 이해는 적절하지 않다. 또한 이는 갈등과 대립을 심화시키는 것이므로 적절하지 않은 이해이다.

오답 풀이
① 1문단의 "집단 규범이 사회적 가치에 위배되더라도 구성원들은 자신이 속한 집단 규범의 영향을 강하게 받는다." 부분을 통해 알 수 있다.
③ 3문단의 "개인을 독립된 존재로 생각하는 습관을 가져야 한다. 이러한 습관은 '우리 편', '너희 편'이라는 이분법적 사고에서 벗어나 다양성에 대한 개방된 태도를 이끌어 줄 것이다."와 4문단의 "이러한 생각은 우리 사회의 대립과 갈등을 완화하고, 나아가 기대 이상의 더 큰 개혁과 발전을 가져다 줄 것이다." 부분을 통해 알 수 있다.
④ 2문단의 "주변적 구성원들은 자신들의 존재감을 고양하고자 하는 욕구, 그 집단의 주요 인물이고 싶다는 욕구의 표현으로 상대 집단에 더 편파적이고 더 차별적인 극단적 행동을 하게 된다." 부분을 통해 알 수 있다.

12 강화와 약화 정답 ③

정답 풀이
ㄴ은 다수라는 이유로 소수에 편견을 갖는 것은 부당하므로 소수자 보호 제도를 마련해야 한다는 내용이고, ㄷ은 다양한 가치관을 수용하는 유연한 제도를 실시해야 한다는 내용이다. 따라서 다양성을 인정하는 태도를 지지하는 사례는 ㄴ과 ㄷ 뿐이다.

04회

해커스공무원 해권국어 신유형 난이도별 모의고사

19 내용 추론   정답 ①

정답 풀이

2문단에서 "양서류나 파충류와 같은 냉혈동물은 따뜻한 기후에서 몸집이 더 커진다. 몸집이 커지면 외부 열을 차단하기에 그만큼 유리하다."라고 하였다. 따라서 '온대 지역'보다 '열대 지역'이 더 덥기 때문에 열대 지역의 개구리가 더 몸집이 커야 생존에 유리할 것이다.

오답 풀이

② 2문단의 "과학자들은 석탄기에 살던 바퀴벌레가 고양이만 했던 까닭이 대기 중 산소 농도가 지금보다 두 배 높았기 때문일 것으로 보고 있다." 부분을 통해 추론할 수 있다.

③ 1문단의 "대형 초식동물이 늘면 포식자들도 효과적으로 사냥하기 위해 몸집을 키우는 방향으로 진화하기 마련이다." 부분을 통해 추론할 수 있다.

④ 2문단의 "서식지 면적도 영향을 줬을 가능성이 높다. 어떤 학자들은 북극해 랭스 섬에 살던 매머드의 크기가 유라시아 대륙에 살던 매머드의 65%에 불과했던 것은 서식지의 면적과 관련이 있다고 주장한다." 부분을 통해 추론할 수 있다.

20 문맥적 의미   정답 ②

정답 풀이

'고양이만 한'은 '고양이 정도의 크기에 달하는'의 의미이다. 따라서 '만'은 앞말이 나타내는 대상이나 내용 정도에 달함을 나타낸다. 이와 의미가 가까운 것은 ②이다.

오답 풀이

① 다른 것으로부터 제한하여 어느 것을 한정함을 나타낸다.

③ 어떤 것이 이루어지거나 어떤 상태가 되기 위한 조건을 나타낸다.

④ 화자가 기대하는 마지막 선을 나타낸다.

44p

01	02	03	04	05
④	②	③	④	③
06	**07**	**08**	**09**	**10**
①	①	③	②	①
11	**12**	**13**	**14**	**15**
④	④	①	②	③
16	**17**	**18**	**19**	**20**
④	①	①	④	①

01 공공언어 바로 쓰기 　　　　　　　　　정답 ④

정답 풀이

앞뒤 문장을 고려했을 때, ㉣을 '생각이 들기 때문이다.'로 수정한 것은 적절하지 않다. 수정 전 그대로 두는 것이 더 자연스럽다.

오답 풀이

① '무엇을' 잊고 지내는지를 밝히고 있지 않다. <지침>에서 필요한 문장 성분이 생략되지 않도록 하라고 하였기 때문에 '고마움을'을 추가하는 것은 적절하다.
② '깨닫다'에 피동 표현 '어지다'가 결합한 '깨달아지다'의 쓰임이 적절하지 않다. <지침>에서 불필요한 피동 표현을 쓰지 말라고 하였기 때문에 '깨닫게'로 수정한 것은 적절하다.
③ 앞뒤 문장이 순접이 아니라 역접 관계이다. <지침>에서 맥락에 어울리는 접속 부사를 사용하라고 하였기 때문에, '그러나'로 수정한 것은 적절하다.

02 빈칸 추론 　　　　　　　　　정답 ②

정답 풀이

(가)는 '눈'을 예로 들어, 소리의 길이(장단)에 따라 단어의 의미가 달라짐을 설명하고 있다. 또 (나)는 '강'을 예로 들어, '초성, 중성, 종성'이 달라짐에 따라 단어의 의미가 달라짐을 설명하고 있다. 이를 통해 음운은 어휘의 의미를 구별해 주는 역할을 한다는 것을 추론할 수 있다.

오답 풀이

① (가)를 볼 때, 소리의 길이도 음운이지만 문자를 통해서 표기할 수 없다. 따라서 빈칸에 들어갈 말로 적절하지 않다.
③ 파열음 체계가 삼중 체계로 되어 있는 것은 사실이지만, (가), (나)와는 관련이 없는 내용이다.
④ 음운은 의미를 구분하는 역할을 할 뿐, 감정 표현과 관계가 없다.

03 조건 적용 추론 　　　　　　　　　정답 ③

정답 풀이

전략 1	'마음 하나 쌓고 정성 하나 쌓아'와 '더불어 있으며 더불어 느끼는 것'에서 반복을 확인할 수 있다.
전략 2	'더불어 있으며 더불어 느끼는 것이기에……'에서 생략을 확인할 수 있다.
전략 3	'행복을 한 채 지었습니다.'에서 확인할 수 있다. 즉 '행복'은 추상적인 표현인데, 구체적인 대상처럼 '지었다'고 표현하고 있다.

오답 풀이

①, ④ 생략을 통한 여운의 효과가 드러나지 않는다.
② 추상적인 것을 형상화하여 구체적인 느낌을 주지 않는다.

04 논리 추론 　　　　　　　　　정답 ④

정답 풀이

'봄이 온다.'를 A, '꽃이 핀다.'를 B, '제비가 돌아온다.'를 C라고 할 때, 전제 1은 'A → B(~B → ~A)', 결론은 'A → C'이다. 'A → C'라는 결론이 도출되려면 'B → C' 또는 '~C → ~B'라는 전제가 필요하다. 따라서 전제 2에는 '제비가 돌아오지 않으면, 꽃이 피지 않는다.'가 들어가는 것이 가장 적절하다.

05 요지 추론 　　　　　　　　　정답 ③

정답 풀이

제시된 글에서는 우리 몸이 체내에서 피드백 과정을 통해 필요한 물질의 양을 조절하고 있음을 설명하고 있다. 따라서 제시된 글의 제목으로는 '피드백을 통한 체내 물질의 조절 과정'이 가장 적절하다.

06 내용 추론 　　　　　　　　　정답 ①

정답 풀이

피진은 중국 광저우에서 중국과 영국의 상인들이 자신들의 모국어 대신 변형된 영어를 교역 언어로 사용하면서 처음 형성되었다. 즉, 피진은 서로 다른 모국어를 사용하는 이들이 교역을 위해 영어를 광둥어식으로 변형한 교역 언어인 것이다. 따라서 피진은 소수의 집단이 실용적 목적을 위해 만들어 낸 일시적인 언어라고 할 수 있다.

07 말하기 방식 추론   정답 ①

정답 풀이

'갑'과 '을' 중 어느 누구도 발표 내용과 관련하여 갖게 된 의문을 스스로 해결하고 있지는 않다.

오답 풀이

② '갑'은 집에서 에어컨을 많이 틀어 어머니께 꾸중을 들은 적이 있음을 언급하면서 발표 내용에 공감을 드러내고 있다.

③ '을'은 발표자가 시간에 쫓겨 발표를 서둘러 마무리한 게 아쉬웠다고 했다. 따라서 발표자가 정해진 발표 시간을 잘 활용하지 못했다고 평가한 것으로 볼 수 있다.

④ '을'은 발표 내용 중 패시브 공법의 내용을 자신의 보고서 과제 해결에 활용할 생각을 하고 있다.

08 글 구조 추론   정답 ③

정답 풀이

(가)~(라)의 중심 내용을 분석하면 다음과 같다.

(가)	주변과의 교류를 통해 발전해 온 우리의 전통 공연 예술
(나)	조선 전기의 전통 공연 예술 ①: 나례
(다)	조선 전기의 전통 공연 예술 ②: 사신 영접 행사
(라)	조선 후기의 공연 문화 변화

따라서 중심 내용을 근거로 할 때 제시된 글의 구조는 '(가) / (나)(다) / (라)'로 분석하는 것이 가장 적절하다.

09 문맥적 의미   정답 ②

정답 풀이

"조선 후기에는 사회 전반에 걸쳐"라는 맥락을 고려할 때, ⊙의 '걸치다'는 '일정한 횟수나 시간, 공간을 거쳐 이어지다.'라는 의미이다. 이와 의미가 통하는 것은 ②이다.

오답 풀이

① '가로질러 걸리다.'라는 의미이다.

③ '음식을 아무렇게나 대충 먹다.'라는 의미이다.

④ '어떤 물체를 다른 물체에 얹어 놓다.'라는 의미이다.

10 논리 추론   정답 ①

정답 풀이

'전제 1'은 '너무 많이 먹음 → 살이 찜'이고, '결론'은 '너무 많이 먹음 → 둔해짐'이다. 결론을 이끌어내기 위해서는 '살이 찜 → 둔해짐'이라는 전제를 추가해야 한다. 따라서 빈칸에 들어갈 전제는 '살이 찌면 둔해진다.'이다.

11 문맥 수정   정답 ④

정답 풀이

"비보호좌회전이란 문자 그대로 좌회전 차량이 신호의 보호를 받지 못하고 녹색 신호 도중에 반대 방향 직진 차량이 없는 틈을 이용하여 눈치껏 회전한다는 뜻이다."라고 하였고, "외국에서는 비보호좌회전을 기본으로 신호를 운영한다."라고 하였다. 그리고 '다시 말하여'라는 의미를 가진 접속 부사 '즉'이 쓰인 것을 볼 때, ㉢은 앞의 말과 문맥상 동일해야 하므로 녹색 신호이면 좌회전이 가능하다는 내용의 '별도의 표시가 없으면 어디서나 녹색 신호에는 눈치껏 좌회전을 할 수 있다.'로 수정한 것은 적절하다.

12 빈칸 추론   정답 ④

정답 풀이

㉠	사람들이 금화나 은화를 비슷하게 깎아내 빼돌리는 것을 막기 위해 동전 옆면에 빗금을 쳤다는 내용이다. 앞뒤 문장은 인과 관계이므로 '따라서'와 '그래서'가 어울린다.
㉡	빗금을 쳤지만, 지금은 빗금을 칠 필요가 없다는 내용이다. 앞뒤 문장은 역접 관계이므로 '그러나'가 어울린다.
㉢	동전에 빗금을 치는 데 비용이 더 들어가지만, 많은 나라들이 빗금을 쳐서 동전을 발행한다는 내용이다. 앞뒤 문장은 역접 관계이므로 '하지만'이 어울린다.

13 논리 추론   정답 ①

정답 풀이

제시된 진술을 정리하면 다음과 같다.

진술 1	영어 → 부자	~부자 → ~영어
진술 2	~영어 → ~달리기	달리기 → 영어
진술 3	갑: 달리기	

'진술 2'의 대우와 '진술 1'을 연결하면 '달리기 → 영어 → 부자'의 관계를 추론할 수 있다. '갑'은 달리기를 잘한다고 했기 때문에, '갑'은 '부자'일 것이다.

14 순서 추론   정답 ②

정답 풀이

1단계	첫 번째 문단은 "어린이가 언어를 습득하는 과정을 보면 정말로 이해하기 어려울 정도로 신비하다."로 끝나고 있다. 첫 번째 문단과의 연결을 고려할 때, (나)가 가장 앞에 오는 것이 자연스럽다.
2단계	(가)의 '이런 점'은 (다)에서 언급한 내용에 해당한다. 따라서 (다) 뒤에 (가)가 오는 것이 자연스럽다.
3단계	(라)의 '이'는 (가)에서 제시한 '가설'에 해당한다. 따라서 (가) 뒤에 (라)가 오는 것이 자연스럽다.

따라서 '(나) - (다) - (가) - (라)'로 배열하는 것이 적절하다.

15 빈칸 추론 정답 ③

정답 풀이

'마치 ⊙과 같다.'의 구성인 것을 볼 때, 앞의 내용을 빗댄 내용이 와야 한다. 바로 앞에서 "하나의 언어를 일단 배우고 난 뒤에는 그것을 일상생활에서 자유자재로 구사할 수 있다."라고 하였다. 이에 부합하는 비유적 표현은 ③이다. '일단 언어를 배움'과 '자전거를 배움' 그리고 '자유자재로 구사할 수 있음'과 '별 다른 신경을 쓰지 않고 탈 수 있음'이 대응되고 있다.

16 내용 추론 정답 ④

정답 풀이

1문단에서 글쓴이는 "유전자 변형 식품 문제를 올바르게 풀기 위해서는 정치적이나 경제적인 입장에서가 아니라 과학적인 입장에 서야 할 필요가 있다."라고 하였다. 그런데 '유전자 변형 식물을 개발하는 다국적 기업들의 행동과 세계화에 초점을 맞추어 유전자 변형 식품의 논쟁을 해결해 나갈 필요가 있다.'는 내용은 과학적 입장이 아니라 경제적·정치적 입장에 해당하므로 글에 대한 이해로 적절하지 않다.

오답 풀이

① 2문단에서 영국의 찰스 왕세자가 "유전자 변형은 인류가 신의 세계를 침범하는 것이다."라는 선언을 한 적이 있다고 하였다. 이를 통해 찰스 왕세자가 유전자 변형에 부정적 견해를 가진 인물임을 짐작할 수 있다.

② 2문단의 "오늘날의 밀은 몇 차례에 걸쳐서 이루어진 교배의 산물이다." 부분을 통해 알 수 있다.

③ 3문단의 "뉴델리에 있는 유전자 운동 단체의 수만 사하이는 유전자 변형 식품 논쟁이 식량이 삶과 죽음의 문제가 아닌 나라들의 놀음일 뿐이라고 말한다." 부분을 통해 알 수 있다.

17 논리 추론 정답 ①

정답 풀이

1단계	B는 '꽃꽂이'와 '축구' 중에 한 가지 활동을 한다고 하였는데, C가 '꽃꽂이'를 한다. 취미는 서로 겹치지 않기 때문에, B는 '축구'이다.
2단계	A는 '축구'와 '농구' 중에 한 가지 활동을 한다고 하였는데, B가 '축구'를 한다. 취미는 서로 겹치지 않기 때문에, A는 '농구'이다.
3단계	A는 농구, B는 축구, C는 꽃꽂이를 한다. 꽃꽂이, 댄스, 축구, 농구 중에 한 가지 활동을 하고, 취미는 서로 겹치지 않기 때문에 D는 '댄스'이다.

따라서 빈칸에 들어갈 말로 적절한 것은 'A는 농구 활동을, D는 댄스 활동을 한다.'이다.

18 강화와 약화 정답 ①

정답 풀이

ㄱ. ⊙에서는 '기본급 + 성과급(작업 실적에 비례한 추가 금액)'의 방식을 많이 쓴다는 내용이다. 이를 뒷받침하는 사례는 ㄱ뿐이다. 일의 성과에 관계없이 정해진 기본급에 각 택시 기사가 벌어들인 추가 금액(성과급)을 합하여 매달 임금으로 지불하는 방식이기 때문이다.

오답 풀이

ㄴ. 매달 일정한 임금을 지불하고, 비정기적으로 일이 마무리될 때마다 성과급을 추가로 지불하는 방식이다. 일을 하는 것에 대한 임금을 매달 정기적으로 받고, 추가적으로 일이 마무리될 때마다 성과급을 추가로 받는 것이다. 따라서 ⊙과는 차이가 있다.

ㄷ. ⊙과는 완전히 관련이 없는 사례이다.

19 내용 추론 정답 ④

정답 풀이

(가)는 잉여 이익을 사회에 환원하여야 하고, 그 결과 사회 통합을 이룰 수 있을 거라는 입장이다. 따라서 투자금에 비례하여 신약 가격을 결정하는 것은 사회 환원과는 배치되는 내용이므로, 사회적 불평등 구조와 관련한 비판에서 벗어날 수 없을 것이다.

오답 풀이

① (가)에 따르면 저소득층의 사람들이 신약 개발의 혜택에서 소외되는 불평등 현상을 바로잡아야 한다.

② (가)에 따르면 제약 회사는 약과 관련한 문제를 사회 복지의 시각으로 접근할 수 있어야 한다.

③ (가)에 따르면 제약 회사는 수익을 최우선하는 인식에서 벗어나야 한다.

20 바꿔 쓰기 정답 ①

정답 풀이

'넉넉하다'는 '크기나 수량 따위가 기준에 차고도 남음이 있다.', '살림살이가 모자라지 않고 여유가 있다.' 등의 의미이다. '경제력'은 '넉넉하다'와 바꿔 쓰기에 적합하지만, '학력'은 '넉넉하다'와 바꿔 쓰기에 적절하지 않다. 맥락을 고려할 때, '우월(優越)하다'와 바꿔 쓰는 것이 자연스럽다.

※ 우월(優越: 넉넉할 우, 넘을 월): 다른 것보다 나음. / '넉넉하다'는 고유어이다.

오답 풀이

② 사용(使用: 부릴 사, 쓸 용)

③ 발생(發生: 필 발, 날 생)

④ 부각(浮刻: 뜰 부, 새길 각)

52p

01	02	03	04	05
①	④	④	①	①
06	07	08	09	10
④	④	①	①	④
11	12	13	14	15
④	②	③	③	④
16	17	18	19	20
④	①	①	③	③

01 공공언어 바로 쓰기   정답 ①

정답 풀이

'연년(年年)'은 부사로 '해마다'라는 의미이다. 따라서 '연년'을 '해마다'로 수정한 것은 아무런 의미가 없다. '빈농(貧農)'은 '가난한 농민'이라는 의미로 '가난한 빈농'은 중복되는 표현이다. <공공언어 바로 쓰기 원칙>에서 중복되는 표현을 삼가라고 하였다. 따라서 '가난한 빈농'을 '가난한 농부' 또는 '빈농'으로 수정해야 한다.

오답 풀이

② <공공언어 바로 쓰기 원칙>에서 맥락에 어울리는 연결 어미를 사용하라고 하였다. 따라서 인과의 연결 어미 '-(으)므로'로 수정한 것은 적절하다.

③ <공공언어 바로 쓰기 원칙>에서 주어와 서술어를 호응시키라고 하였다. 따라서 주어 '우리 이웃집은'에 맞춰 서술어를 수정한 것은 적절하다.

④ <공공언어 바로 쓰기 원칙>에서 필요한 문장 성분이 생략되지 않도록 하라고 하였다. ㉣은 필요한 문장 성분인 부사어 '빈칸으로'가 생략되어 있다. 따라서 부사어 '빈칸으로'를 추가한 것은 적절하다.

02 논리 추론   정답 ④

정답 풀이

(가)~(다)를 정리하면 다음과 같다.

(가)	딸기 → ~가지	가지 → ~딸기
(나)	바나나 → 가지	~가지 → ~바나나
(다)	~가지 → 감자	~감자 → 가지

제시된 전제들로부터 '감자'와 '바나나'의 관계를 이끌어 내기는 어렵다.

오답 풀이

① (가)의 대우 '가지 → ~딸기'를 통해 이끌어 낼 수 있다.

② (가)와 (다) '딸기 → ~가지 → 감자'를 통해 이끌어 낼 수 있다.

③ (나)와 (가)의 대우 '바나나 → 가지 → ~딸기'를 통해 이끌어 낼 수 있다.

03 내용 추론   정답 ④

정답 풀이

'수족(手足)'은 손과 발을 이르는 말이다. 우리말 단어 배열법을 따르기 때문에 통사적 합성어이다. 그런데 '남의 수족 노릇을 하다.'에서 자기의 손이나 발처럼 마음대로 부리는 사람을 비유적으로 이르는 말이다. 따라서 대등 합성어가 아니라 융합 합성어이다.

04 사례 추론   정답 ①

정답 풀이

제시된 글의 내용은 귀납적 방법에 의해 지식을 탐구하는 과정에서 생길 수 있는 오류로 충분하고 적절한 사례를 제시하지 않은 채 이를 일반화하여 지식으로 이끌어 낸다는 것이다. 그런데 ①은 전제를 먼저 세우고 추론을 시작한 '연역적 추론' 과정에서 생기는 오류의 사례이다. 따라서 ㉠의 사례로 적절하지 않다.

05 개요   정답 ①

정답 풀이

주제는 '사회 통합을 위한 언어 정책 마련'이다. 그런데 '새터민은 제도적, 사회적 차이에서 오는 심리적 부적응과 생활상의 문제가 더 시급하므로 담당 사회복지사를 배정한다.'는 새터민의 심리적 부적응과 생활상의 문제와 관련된 내용이다. 이는 주제와 관련이 없기 때문에 사회 통합을 위한 언어 정책과 관련된 문제 해결 방안으로는 적절하지 않다.

06 빈칸 추론   정답 ④

정답 풀이

4문단의 "이런 신뢰가 부족하면 각자는 제2의 행동을 하게 된다. 그것은 문으로 남보다 먼저 뛰어가 탈출하는 것이다." 부분을 볼 때, 군중 행동은 서로 간의 신뢰가 부족한 경우 생기는 것이다. 따라서 빈칸에 들어갈 말로 가장 적절한 것은 '모든 사람이 바른 질서를 지킬 것이라는 믿음'이다.

07 내용 추론   정답 ④

정답 풀이

ㄱ. 1문단의 "해면과 같은 하등 동물에서부터 인간에 이르기까지 모든 동물들의 신경계가 거의 동일한 형태의 세포들로 구성되어 있다는 것은 실로 경이로운 사실이다." 부분을 통해 알 수 있다.

ㄴ. 3문단의 "동물의 신경 세포에 의해 감각 기관과 반응 기관이 연결되면, 먹이에서 발산되는 화학 물질이나 빛 에너지 등 환경을 구성하는 요소들이 감각을 자극함에 따라 신경 세포는 흥분하게 되고, 이 흥분이 반응 기관에 전달된다." 부분을 통해 알 수 있다.

ㄷ. 2문단의 "이 중 일부는 표피 내부로 들어가 세포 형태를 변화시키고 다른 세포와 연결을 형성하게 되며, 표피에 남은 신경 세포는 감각을 수용하는 역할을 한다." 부분을 통해 알 수 있다.

08 순서 추론

정답 풀이

1단계	'이러한 경험과 생각들'은 첫 문장의 '사건의 경험'과 '기묘한 생각들'을 의미한다. 따라서 첫 번째 문장 뒤에 (가)가 오는 것이 자연스럽다.
2단계	경험과 생각들이 '출발점'이 되기 때문에 생각이 떠오르면 메모를 해두라는 (다)의 내용이 인과 관계로 이어지는 것이 자연스럽다.
3단계	(나)는 '단'으로 시작하고 있다. 이는 (다)에서 말한 써보라는 내용의 조건을 붙인 것이다. 따라서 (다) 뒤에 (나)가 이어지는 것이 자연스럽다.
4단계	(라)는 (나)의 '내용'과 '어떻게'의 의미를 풀어 쓴 것이다. 따라서 (나) 뒤에 (라)가 이어지는 것이 자연스럽다.

따라서 맥락에 맞게 나열하면 '(가) - (다) - (나) - (라)'이다.

09 논리 추론

정답 풀이

1단계	대화에서 뽑아낼 수 있는 진술을 정리하면 다음과 같다.		
	1	B → ~E
	2	A → B ∨ D
	3	C → ~D
	4	C → A
2단계	갑의 마지막 말을 볼 때, C는 참석한다. 따라서 'C → A → B ∨ D'이다. 그런데 'C → ~D'라고 했기 때문에, D는 참석하지 않는다. 또한 'B → ~E'라고 했기 때문에 E는 참석하지 않는다. 따라서 D와 E를 제외한 'A, B, C'가 참석함을 알 수 있다.		

10 조건 적용 추론

정답 풀이

<지침>을 정리하면 ③에는 '좋은 인간관계의 중요성', 좋은 인간관계를 위한 '노력'을 강조하며, 직유법을 활용해야 한다. ④는 '맑은 공기'에 비유하여 좋은 인간관계의 중요성을 확인하고, 다른 사람에 대한 존중, 긍정적인 대인 행동 성향의 증가를 위해 노력해야 한다고 강조하였으므로 가장 적절하다.

오답 풀이

① 좋은 인간관계의 중요성과 직유법을 확인할 수 없다.
② 좋은 인간관계에 대한 강조는 제시되어 있으나, 직유법의 사용과 좋은 인간관계 형성을 위한 노력은 찾아보기 어렵다.
③ 좋은 인간관계 형성을 위한 노력이나 직유법의 사용이 확인되지 않는다.

11 사례 추론, 논리적 오류

정답 풀이

<보기>에서 설명하고 있는 것은 '결과 배제'의 오류이다. 결과 배제의 오류는 '절이 싫으면 중이 떠나라.'와 비슷한 맥락의 오류이다. '그럼 읽지 마.'라는 '을'의 대답을 볼 때, <보기>의 사례로 적절한 것은 ④이다.

오답 풀이

① 원천 봉쇄의 오류의 사례이다.
② 의도 확대의 오류의 사례이다.
③ 군중에 호소하는 오류의 사례이다.

12 문맥 수정

정답 풀이

ⓛ 바로 앞에서 '일방적 예속'의 관계가 아니라고 하였다. '일방적 예속'이 아니라는 말은 쌍방, 즉 '평등'한 관계라는 의미이다. 따라서 평등한 관계로 보기 어렵다는 내용은 흐름상 어색하므로 ⓛ을 '평등한 참여의 관계로 보는 것이 옳다는 결론을 정당화한다.'로 수정한 것은 적절하다.

13 말하기 내용(빈칸) 추론

정답 풀이

학생 A의 "아마 이 새우가 돌아올 수 있었던 것은 그 마을의 논에 농약을 쓰지 않고 우렁이 농법과 오리 농법 등 친환경 농법을 썼기 때문인 것 같대요."와 학생 C의 "그게 다 농약을 많이 써서 그런 거래요."를 통해 '농약'의 사용 여부가 원인임을 알 수 있다. 따라서 빈칸에는 농약 사용을 억제해야 땅도 좋아지고 생태계도 살 수 있다는 내용이 들어가야 한다.

14 논리 추론

정답 풀이

제시된 진술을 정리하면 다음과 같다.

1	성급한 결론 → 직관	~직관 → ~성급한 결론
2	~직관 → ~가설 검증	가설 검증 → 직관
3	합리적 근거 → ~직관	직관 → ~합리적 근거
4	경험적 증거 → ~성급한 결론	성급한 결론 → ~경험적 증거

제시된 진술을 통해서는 '가설 검증'과 '성급한 결론' 사이의 관계를 추론할 수 없다.

오답 풀이

① '**합리적 근거** → ~직관 → ~가설 검증'의 관계를 통해 알 수 있다.
② '**성급한 결론** → 직관 → ~합리적 근거'의 관계를 통해 알 수 있다.
④ '**성급한 결론** → **직관**'과 '**성급한 결론** → ~**경험적 증거**'의 관계를 통해 알 수 있다.

15 내용 추론

정답 ④

정답 풀이

제시된 발표에서 "고려청자를 굽기 전과 구운 후 바탕흙과 유약에 존재하는 철이온을 서로 비교했습니다. 그 결과 철이온 중에서도 2가철이온이 청자색 발현의 원인임을 밝혀냈습니다."라고 하였다. 즉 환원불을 사용하여 청자를 구우면 땔감이 불완전연소해서 일산화탄소가 발생하고, 이 일산화탄소가 청자 표면의 산소와 결합해 이산화탄소로 방출되면서 청자 표면에는 산소가 부족해지는데, 이 때문에 철이온이 3가철이온에서 2가철이온으로 환원된다는 것이다. 따라서 고려청자의 비색은 굽는 과정에서 일어난 바탕흙과 유약의 철 성분 변화에서 비롯되는 것임을 추론할 수 있다.

오답 풀이

①, ② "저희는 고려청자의 물리적 특성을 연구하기 위해 청자의 조각에 측정광을 쏘어 광흡수 스펙트럼을 조사했습니다. 유약층과 바탕흙층 모두 특정한 파장에서 강력한 광흡수 반응을 보였지요. 저희는 그 원인이 되는 성분이 철이라는 사실을 알아냈습니다." 부분을 통해 유약층에도 철 성분이 많음을 알 수 있으며, 구조를 분석해내는지는 제시된 글에 나와있지 않다.

③ "청자 표면에는 산소가 부족해지고, 이 때문에 철이온이 3가철이온에서 2가철이온으로 환원됩니다." 부분을 통해 산소가 부족할수록 푸른색이 짙어짐을 알 수 있다.

16 문맥적 의미

정답 ④

정답 풀이

"땔감이 완전히 다 타다."라는 맥락을 볼 때, ⊙의 '타다'는 "불씨나 높은 열로 불이 붙어 번지거나 불꽃이 일어나다."라는 의미이다. 이와 의미가 유사한 것은 ④이다.

오답 풀이

① "피부가 햇볕을 오래 쬐어 검은색으로 변하다."라는 의미이다.

② "물기가 없어 바싹 마르다."라는 의미이다.

③ "뜨거운 열을 받아 검은색으로 변할 정도로 지나치게 익다."라는 의미이다.

17 내용 추론

정답 ①

정답 풀이

1문단에서 "사실 구체적인 것에서 추상적인 문제로 올라가는 것을 따지고 보면 오직 인간 이성에 의한 분석 과정에 지나지 않는 것이지만, 이러한 분석이 촉발되기 위해서는 신체적·심정적 훈련이 필요하다."라고 하였다. 따라서 신체적·심정적 훈련과 무관하다는 이해는 적절하지 않다.

오답 풀이

② 2문단의 "원래 서양 철학에서 인식(episteme)이라는 말은 '할 수 있다', '할 줄 안다'는 말(epistamai)에서 나왔다. 우리말에서 '나는 헤엄칠 줄 안다.', '나는 자동차 운전을 할 수 있다.'는 말이 몸에 밴 인식 능력인 실천력을 가리키는 것과 같다." 부분을 통해 알 수 있다.

③ 1문단의 "일반적인 상식에 따르면 명상은 첫째로 우주의 원리에 대한 직접적인 인식의 방법이고" 부분을 통해 알 수 있다.

④ 4문단의 "몸과 마음의 수련이 필요하다는 점에서 다를 게 없지만 명상적 훈련이 주로 산중에서의 고행을 통해 이루어지는 것이라면, 철학에서 요구하는 몸과 마음의 수련은 바로 사회적 실천 속에서 이루어진다." 부분을 통해 알 수 있다.

18 빈칸 추론

정답 ①

정답 풀이

⊙ '올 듯도 싶다'에서 '듯도 싶다'는 의존 명사 '듯'에 '-싶다'가 붙어서 된 보조 용언 '듯싶다'의 중간에 조사가 들어간 경우이므로 '올 듯도 싶다'로 띄어 써야 한다.

ⓒ '깨뜨려 버렸다'는 본용언과 보조 용언의 형태이다. 본용언 '깨뜨리다'는 파생어이므로 '깨뜨려 버렸다'로 띄어 써야 한다.

ⓒ '매달아 놓았다'에서 '매달다'는 '매다'와 '달다'가 결합한 합성 용언이므로 '매달아 놓았다'로 띄어 써야 한다.

19 빈칸 추론

정답 ③

정답 풀이

1문단의 "사람들은 자신이 거짓말을 하고 있다는 신호를 다양한 방식으로 드러낸다."와 3문단의 "만약 진정한 거짓말의 달인이 되기를 원한다면 목소리나 얼굴뿐만 아니라 온몸으로 거짓 동작을 반복하는 연습을 하는 것이 필요하다." 부분을 볼 때, 거짓말을 할 때 티가 날 수밖에 없음을 추론할 수 있다. 따라서 빈칸에는 '어느 누구도 온몸을 사용하여 거짓말을 하기는 어렵다는 것'이 들어가는 것이 가장 적절하다.

20 강화와 약화

정답 ③

정답 풀이

제시된 글의 내용을 볼 때, ⊙은 '무'로부터 경험적 사실의 축적에 의해 언어 능력이 형성되는 것이 아니라, 유전적으로 전승된 인간 고유의 언어 학습 능력에 의해 언어 습득이 이루어진다고 보는 입장이다. 이를 강화하는 논거에 해당하는 것은 ㄴ과 ㄷ이다.

ㄴ. ⊙은 유전적으로 전승된 인간 고유의 언어 학습 능력에 의해 언어 습득이 이루어진다는 입장이다. 따라서 언어 습득이 침팬지, 즉 '동물'에게는 없는 '인간' 고유의 능력이라는 것은 ⊙을 강화한다.

ㄷ. ⊙은 사람이 태어날 때부터 일반 언어 구조에 대한 선험적 지식을 지니고 있다고 보는 입장이다. 따라서 훈련 없이도 짧은 기간 내에 습득한다는 것은 ⊙을 강화한다.

오답 풀이

ㄱ. ㄱ은 언어를 통해서 사고의 범위가 확대된다는 내용이다. ⊙의 주장과 밀접한 관련이 없다는 점에서 ⊙을 강화하는 사례로 보기 어렵다.

60p

01	02	03	04	05
①	②	②	④	②
06	07	08	09	10
①	④	③	④	③
11	12	13	14	15
①	①	③	④	①
16	17	18	19	20
①	①	④	②	②

01 공공언어 바로 쓰기 정답 ①

정답 풀이

'몸가짐이나 언행을 조심하다.', '꺼리는 마음으로 양(量)이나 횟수가 지나치지 아니하도록 하다.'라는 의미를 가진 단어는 '삼가다'가 바른 형태이다. <지침>에서 어법에 맞는 표기를 사용하라고 하였다. 따라서 '삼가다'를 '삼가하다'로 수정한 것은 적절하지 않다.

오답 풀이

② <지침>에서 대등한 것끼리 접속할 때는 구조가 같은 표현을 사용하라고 하였다. 문장의 구조가 병렬 관계이므로 '강한 바람과 높은 파고가 예상됩니다.'로 수정한 것은 적절하다.
※ '바람이 강하게 불고 파고가 높게 일 것으로 예상됩니다.'의 수정 역시 가능하다.

③ <지침>에서 주어와 서술어를 호응시키라고 하였다. 주어에 해당하는 '무엇보다 중요한 것은'과 서술어에 해당하는 '사용되어야 한다.'가 호응하지 않는다. 따라서 서술어를 '사용해야 한다는 것이다.'로 수정한 것은 적절하다.

④ <지침>에서 필요한 문장 성분이 생략되지 않도록 하라고 하였다. '매우 조직적이며 과학적이고 독창적인 문자라고 하는 (사실)'의 주어가 빠져 있다. 따라서 '매우' 앞에 주어에 해당하는 '한글이'를 넣은 것은 적절하다.

02 사례 추론 정답 ②

정답 풀이

'부채질'은 명사 어근 '부채'에 접미사 '-질'이 붙어 이루어진 파생어이다. 그러나 '부채질' 역시 명사이므로 접미사 '-질'에 의해 품사 변화가 일어난 예는 아니다. 이 경우에는 접미사가 품사 변화를 일으키지 않고 어근에 의미만 첨가해 준 것이다.

오답 풀이

① '높이'는 형용사 어근 '높-'에 접미사 '-이'가 붙어 부사 '높이'로 품사 변화가 일어난 예이다.

③ '크기'는 형용사 어근 '크-'에 접미사 '-기'가 붙어 명사 '크기'로 품사 변화가 일어난 예이다.

④ '먹이'는 동사 어근 '먹-'에 접미사 '-이'가 붙어 명사 '먹이'로 품사 변화가 일어난 예이다.

03 논리 추론 정답 ②

정답 풀이

1단계	'공부를 함'을 p, '시험을 잘 봄'을 q, '성적이 좋게 나옴'을 r이라 할 때, 전제 1은 '~p → ~q'이고, 결론은 '~p → ~r'이다. 따라서 전제 2에는 '~q → ~r'이 들어가야 '~p → ~q → ~r'이 된다.
2단계	참인 명제의 대우도 역시 참이다. 따라서 빈칸에는 '~q → ~r'의 대우인 'r → q', 즉 '성적이 좋다면 시험을 잘 본 것이다.'가 들어가야 한다.

04 논리 추론 정답 ④

정답 풀이

1단계	제시된 조건을 정리하면 다음과 같다.				
	조건 1.	A: 100년 전			
	조건 2.	A → B			
	조건 3.	A → C → B			
	조건 4.	D: 30년 전, B → D			
	조건 5.	E: 10년 전(가장 최근)			

2단계	조건 1, 조건 4, 조건 5를 통해 연도를 배열하면 다음과 같다.			
	100년 전		30년 전	10년 전
	A		D	E

3단계	조건 3과 조건 4에 따라 빈칸을 채우면 다음과 같다.			
	100년 전		30년 전	10년 전
	A	C	B	D	E

따라서 작품이 발표된 순서대로 나열하면 'A(소설) → C(희곡) → B(시집) → D(평론) → E(수필)'이다.

05 말하기 내용 추론 정답 ②

정답 풀이

'갑'의 발화 후 '을'이 "물론 저도 반려동물 입양이 활성화되면 반려동물 인수제를 통해 불법 유기 동물 문제가 개선될 수 있을 것이라 생각합니다."라고 하는 것을 볼 때, 두 사람 모두 반려동물 입양이 활성화되면 반려동물 인수제가 효과를 거둘 수 있을 것이라는 의견에 동의하고 있음을 알 수 있다.

오답 풀이

① '갑'은 반려동물 인수제가 시행되면 불법 유기 동물이 줄어들 것, '을'은 합법적으로 유기되는 동물의 수만 늘어날 것이라고 주장했다.

③ '을'은 우리나라에서는 버려졌던 동물을 입양하는 것을 꺼려하기 때문에 반려동물 인수제를 시행해 정부가 양육 지원금을 지원하더라도 입양률이 크게 달라지지 않을 것이라고 주장했다.

④ 반려동물의 양육 포기를 위한 절차가 강화되면 반려동물 인수제가 정착된다는 주장은 '갑'과 '을' 모두 언급하지 않은 내용이다.

06 요지 추론　　　　　　　　　정답 ①

정답 풀이

(가)에서는 민주 정치 원리로서의 다수결 제도에 관해서 언급하고 있다. 따라서 (가)의 중심 내용을 '다수결의 기원'으로 보기에 적절하지 않다.

07 바꿔 쓰기　　　　　　　　　정답 ④

정답 풀이

'탐문(探聞: 찾을 탐, 들을 문)하다'는 '알려지지 않은 사실이나 소식 따위를 알아내기 위하여 더듬어 찾아가서 듣다.'라는 의미이므로, ⓔ과 바꿔 쓰기에 적절하지 않다. '귀 기울여 듣다'라는 의미를 가진 단어는 '경청(傾聽: 기울 경, 들을 청)하다'이다.

08 순서 추론　　　　　　　　　정답 ③

정답 풀이

1단계	(가)와 (다)의 "이 효과"는 첫 번째 문장의 '테레사 효과'를 의미한다. 따라서 첫 번째 문장 뒤에 (가) 또는 (다)가 와야 한다. 선지는 (나) 또는 (다)로 시작하고 있기 때문에, (다)가 가장 앞에 오고, 그 뒤에 (가)가 이어지는 것이 자연스럽다.
2단계	(가)에서 '테레사 수녀'를 다루었다. 따라서 (라)가 그 뒤에 이어지는 것이 자연스럽다.
3단계	(나)의 내용은 (라)의 실험에 대한 것이므로 (라) 뒤에 (나)가 이어지는 것이 자연스럽다.

따라서 맥락에 맞게 나열한 것은 '(다) - (가) - (라) - (나)'이다.

09 강화와 약화　　　　　　　　　정답 ④

정답 풀이

ㄴ. 제시된 글에서는 어떤 일상 사물도 예술 작품이 될 수 있다고 하였다. 그런데 '순수 미술 대상'과 '일상적 대상'이 명백하게 다르다고 한다면, 글의 논지는 '약화'될 것이다.

ㄷ. 분석철학과 팝아트는 예시로 든 것일 뿐이다. 그러므로 이것이 서로 다른 영역이라는 것은 글의 전체 논증에 영향을 주지 않을 것이다. 따라서 글의 논지를 '강화'시키지도 '약화'시키지도 않을 것이다.

오답 풀이

ㄱ. 뒤샹의 소변기를 예로 들면서 '소변기'에는 미적 본질이 없다고 하였다. 따라서 소변기가 고유한 미적 가치를 갖고 있다는 것은 글의 논지를 '약화'시킬 것이다.

10 빈칸 추론　　　　　　　　　정답 ③

정답 풀이

1문단에서는 상대를 설득하기 위해서는 상대방의 의견을 잘 수신함으로써 킬링 포인트, 즉 숨겨져 있는 설득 지점을 읽을 수 있어야 한다고 말하고 있다. 그리고 2문단에서는 상대방의 말을 귀담아듣고 있다가 적절한 곳에서 맞장구를 쳐 주고 그 화제가 무르익을 수 있도록 에스컬레이터식 질문을 하는 예시를 통해 상대방의 의견을 잘 수신할 수 있는 구체적인 방법을 제시하고 있다. 따라서 빈칸에는 '어떻게 하면 상대방의 의견을 잘 수신할 수 있을까?'가 들어가는 것이 가장 적절하다.

11 요지 추론　　　　　　　　　정답 ①

정답 풀이

1문단의 "그렇지만 전통적으로 개가 비하되거나 부정적 의미를 떠안을 만한 타당한 근거는 없다."와 2문단의 "동물인 개와 크게 상관이 없는 말인 것이다." 부분을 볼 때, 글쓴이는 접두사 '개-'의 의미가 개[犬]의 부정적 이미지를 고착시켰기 때문에 개는 억울하다고 생각함을 짐작할 수 있다.

12 문맥 수정　　　　　　　　　정답 ①

정답 풀이

㉠ 앞에서 '물'의 유용성 측면에서 '물'의 가치를 매기고 있다. "물은 인간의 생명 유지에 필수적이기 때문에"라는 내용을 고려할 때, ㉠은 수정 전처럼 물의 가치가 '높다'는 내용이 오는 것이 자연스럽다. 따라서 ㉠을 '물의 가치는 매우 낮다고 할 수 있다.'로 수정한 것은 적절하지 않다.

오답 풀이

② 바로 앞에서 물의 양이 '풍부'한 것을 근거로 물의 가격을 매기고 있다. 따라서 물의 가격이 저렴하다는 수정은 적절하다.

③ 1문단의 내용을 볼 때, '물'은 사용 가치가 '높고', 교환 가치는 '낮은' 편이다. 따라서 ㉢과 같은 수정한 것은 적절하다.

④ 1문단에서 '물'을 사례로 들어 '사용 가치'와 '교환 가치'가 다를 수 있음을 보이고 있다. 따라서 ㉣과 같이 수정한 것은 적절하다.

13 논리 추론　　　　　　　　　정답 ③

정답 풀이

1단계	"세 가지의 과자 중에는 각자 좋아하는 과자가 반드시 있는데, 갑은 감자칩과 쿠키를 좋아하지 않는다."라고 하였다. 따라서 '갑'은 '감자칩'과 '쿠키'를 제외한 '비스킷'을 좋아할 것이다.
2단계	명제가 참이면 대우도 참이다. 즉 '을이 좋아하는 과자는 갑이 좋아하지 않는 과자이다.'가 참이면, '갑이 좋아하는 과자는 을이 좋아하지 않는 과자이다.'도 참이다.
3단계	1단계와 2단계에 따라 갑은 비스킷을 좋아하고, 을은 비스킷을 좋아하지 않는다. 따라서 빈칸에 들어갈 말은 '을은 비스킷을 좋아하지 않는다.'이다.

14 전개 방식 추론　　　　　　　　　정답 ④

정답 풀이

제시된 건의문에서 인지건강디자인을 도입하기 위한 정책적 조건을 확인할 수 없다.

오답 풀이

① 4문단에서 인지건강디자인에 주목해야 할 우리 지역의 특징으로, 다른 지역과 비교했을 때 상대적으로 노인 인구가 많음을 제시하고 있다.

② 2문단에서 인지건강디자인의 개념과 이를 건물의 안팎에 적용한 사례를 제시하고 있다.

③ 1문단에서 길 찾기가 어려워 곤란해 하시던 할머니를 만난 자신의 경험담을 제시하고 있다.

15 내용 추론

정답 풀이

ㄱ. 1문단의 "헤라클레이토스는 존재의 생성과 변화를 긍정했다. 그는 존재하는 모든 것이 변화의 과정 중에 있으며 끊임없이 생성과 소멸을 반복하는 것이라고 생각했다."와 2문단의 "헤라클레이토스의 견해를 받아들인 니체는 영원히 변하지 않는 존재, 절대적이고 영원한 진리는 없다고 주장했다." 부분을 볼 때, 적절한 이해이다.

오답 풀이

ㄴ. 1문단의 "그(파르메니데스)에게 존재는 영원하며 절대적이고 불변성을 가지는 것이었다." 부분을 볼 때, 적절하지 않은 이해이다.

ㄷ. 1문단의 "또한 감각을 통해 인식할 수 있는 현실 세계의 존재와 달리 이데아는 오직 이성에 의해서만 인식할 수 있다는 이성 중심의 사유를 전개했다." 부분을 볼 때, 적절하지 않은 이해이다.

16 내용 추론

정답 풀이

4문단의 "비침습적 방식은 뇌파 측정 시 잡파의 혼입이 불가피하고, 전달 과정에서 정보의 손실이 많으며 분석의 어려움이 존재한다." 부분을 볼 때, 정보의 손실이 많은 것은 '비침습적 방식'이다.

오답 풀이

② 4문단의 "침습적 방식은 ~ 두피에 시술해 ~ 외과적 시술이 필요하다. 반면 비침습적 방식은 ~ 두피 밖에서 전기 신호를 측정하는 방식이다." 부분을 통해 알 수 있다.

③ 2문단의 "뇌-기계 인터페이스는 명령어에서-키보드 환경에서 아이콘-마우스 환경으로 변화되었고 그 후 문자인식, 음성 인식 등을 통해 인간 친화적인 인터페이스를 제공하고 있다." 부분을 통해 알 수 있다.

④ 1문단의 "뇌-기계 인터페이스는 인간의 뇌를 기계와 연결하여 뇌에서 나오는 신호를 실시간 해석하여 활용하는 기술이다." 부분을 통해 알 수 있다.

17 문맥적 의미

정답 풀이

㉠의 목적어 '명령을'을 볼 때, ㉠의 '내리다'는 "명령이나 지시 따위를 선포하거나 알려 주다. 또는 그렇게 하다."라는 의미이다. 이와 의미가 유사한 것은 ①이다.

오답 풀이

② '위에 있는 것을 낮은 곳 또는 아래로 끌어당기거나 늘어뜨리다.'라는 의미이다.

③ '컴퓨터 통신망이나 인터넷 신문에 올린 파일이나 글, 기사 따위를 삭제하다.'라는 의미이다.

④ '값이나 수치, 온도, 성적 따위가 이전보다 떨어지거나 낮아지다. 또는 그렇게 하다.'라는 의미이다.

18 강화와 약화

정답 풀이

(가)에서는 건축 문화재를 복원하는 것은 원형에 가깝게 완성된 탑의 모습을 통해 과거의 문화적 양식이나 아름다움 등을 직접 체험할 수 있게 하기 때문에 역사 교육에서 가치 있는 일이라는 것을 주장하고 있다. (나)에서는 탑을 복원하면 탑에 담긴 역사적 의미가 사라져서 그 의미를 온전하게 전달할 수 없기 때문에 형태가 훼손되었더라도 탑을 보존하는 것이 진정한 역사 교육을 위해 중요하다고 주장하고 있다. 따라서 (가)의 입장에서 (나)를 반박할 내용으로 문화재의 보존만이 역사 교육에 효과적이라고 보는 것은 복원을 통해 완성된 형태가 주는 교육적 의미를 간과한 것이라는 내용이 적절하다.

19 내용 추론

정답 풀이

ㄷ. 1문단의 "현대 예술의 주도자들은 ~ 후원자의 주문이나 요구에 따라 작품을 제작하는 것이 아니라 자신의 내적 필요와 욕구에 따라 주체적이고 세련된 조형과 미학을 추구하게 된 것이다." 부분을 볼 때, 적절한 추론이다.

오답 풀이

ㄱ. 1문단의 "현대 예술 이전에는 뛰어난 미술가가 사후에 혹은 뒤늦게 세상으로부터 인정받는 일이 그리 흔하지 않았다. 루벤스와 같은 고전의 대가는 일찍이 재능을 인정받았고 그에 합당한 영예를 누리며 살았다." 부분을 볼 때, 적절하지 않은 추론이다.

ㄴ. 1문단의 "현대 예술의 주도자들은 ~ 자신의 내적 필요와 욕구에 따라 주체적이고 세련된 조형과 미학을 추구하게 된 것이다." 부분을 볼 때, 이는 '고전적 작가'가 아닌 '현대 작가'에 대한 설명이다.

20 문법

정답 풀이

늙으막 → 늘그막: '-이, -음' 이외의 모음으로 시작된 접미사가 붙어서 다른 품사로 바뀐 것은 그 원형을 밝히지 않고 소리 나는 대로 적는다는 <한글맞춤법> 4장 3절 19항에 따라 '늘그막'이 바른 표기이다.

오답 풀이

① 부사에 '-이'가 붙어서 뜻을 더하는 경우, 부사의 원형을 밝히어 적기 때문에 '일찍이'는 맞춤법에 맞는 표기이다.

③ 부사의 끝음절이 분명히 '이'로만 나는 것은 '-이'로 적으므로 '또렷이'는 맞춤법에 맞는 표기이다.

④ '강조'의 뜻을 더하는 접미사인 '-뜨리다'와 '-트리다'는 복수 표준어이다. 따라서 '잘 맞물려 있는 물체를 틀어지게 하다.', '기대가 빗나가거나 달라져 이루어지지 아니하게 하다.', '말이나 행동이 일정한 기준이나 사실에서 벗어나게 하다.', '지내는 사이를 나쁘게 만들다.'라는 의미를 지닌 '어그러뜨리다' 역시 맞춤법에 맞는 표기이다.

68p

01	02	03	04	05
①	④	②	③	④
06	07	08	09	10
①	②	④	④	③
11	12	13	14	15
④	④	②	④	③
16	17	18	19	20
①	③	②	①	①

01 공공언어 바로 쓰기

정답 ①

정답 풀이

'이미 잘 알려져 있어 치열한 경쟁을 벌여야 하는 시장'을 의미하는 '레드 오션'의 순화어는 '대안 시장'이 아니라 '포화 시장'이다. '대안 시장'은 '블루오션'의 순화어이다.

※ 블루오션: 현재 존재하지 않거나 잘 알려져 있지 않아 경쟁이 치열하지 않은 유망한 시장

오답 풀이

② '우정(友情: 벗 우, 뜻 정)'은 '친구 사이의 정'이라는 의미이다. 따라서 '친구 사이의'가 중복 사용된 경우이다.

③ 서술어 '끝나다'와 호응하는 문장 성분 '무엇이'가 생략되어 있다. 따라서 적절한 문장 성분을 추가한 것은 적절하다.

④ '묶이다'는 '묶다'의 피동사이다. 여기에 다시 피동의 '-어지다'가 결합한 것으로, '묶여지다'는 이중 피동 표현이다. 따라서 '묶여졌는지'를 '묶였는지'로 수정한 것은 적절하다.

02 사례 추론

정답 ④

정답 풀이

'에너지 수확 기술'은 원래의 의도와는 관계없이 버려지는 에너지들을 인간에게 유용한 에너지로 변환하는 기술이다. 그런데 '날개 없는 선풍기'는 열, 소음, 진동 등과 같은 '버려지는 에너지'를 다른 에너지로 변환해 사용하는 것은 아니기 때문에 ㉠의 사례로 적절하지 않다.

오답 풀이

① '축구공'을 차서 굴러 가면서 생기는 에너지를 '전기'로 활용한 사례이다.

② '팔'을 흔들 때 생기는 에너지를 '배터리'로 활용한 사례이다.

③ '빗방울'이 떨어질 때 발생한 압력을 '전기에너지'로 활용한 사례이다.

03 논리 추론

정답 ②

정답 풀이

진술에 따르면 장미의 수는 '붉은색 < 하늘색 < 하얀색 < 노란색' 순이고, 장미의 합은 12송이다.

ㄱ. 노란 장미가 4송이 이하면 전체 장미는 4+3+2+1=10(송이) 이하이다. 따라서 노란 장미를 받은 사람은 5명 이상이다.

ㄴ. 붉은 장미가 1송이이면 하늘색 장미는 2송이 이상이고, 하얀 장미는 3송이 이상이다. 따라서 하얀 장미는 4송이가 아닐 수도 있다.

ㄷ. 노란 장미가 6송이이면 나머지 장미들의 합은 6송이이다. 따라서 붉은 장미는 1송이, 하늘색 장미는 2송이, 하얀 장미는 3송이이다.

따라서 적절한 평가는 ㄱ과 ㄷ이다.

04 내용 추론

정답 ③

정답 풀이

ㄱ. 1문단의 "우리나라 민법에서는 공동 소유자들의 결합 관계와 지분의 행사 및 처분·변경 방법 등에 따라 공동 소유의 종류를 공유(共有), 합유(合有), 총유(總有)로 구분하고 있으며, 등기부 등본을 통해 공동 소유 관계를 명시하도록 하고 있다." 부분을 볼 때, 부동산의 합유 관계는 등기부 등본에서 확인할 수 있음을 추론할 수 있다.

ㄷ. 2문단의 "지분의 등기를 하지 않았을 때에는 공유물에 대해 공유자들이 균등 지분을 가지고 있는 것으로 추정한다." 부분을 통해 추론할 수 있다.

오답 풀이

ㄴ. 3문단의 "만약 합유자 중 한 사람이 사망하거나 지분을 포기하면 남은 합유자의 수대로 지분이 분할되어 다른 합유자에게 그 지분이 귀속된다." 부분을 볼 때, 적절하지 않은 추론이다.

05 조건 적용 추론

정답 ④

정답 풀이

지침 1	"오늘 풍부하다고 내일도 풍부할까요?"에서 물 부족에 대한 경각심을 고취하고 있다.
지침 2	"오늘 풍부하다고 내일도 풍부할까요?"에서 대구법이 사용되었다.
지침 3	"물 걱정 없는 미래, 당신 손에 달려 있습니다."에서 물을 절약할 것을 완곡하게 권유하고 있다.

오답 풀이

① 물 부족에 대한 경각심을 고취하는 내용이 아니다. 또한 완곡하게 표현하고 있지 않다.

② "물을 절약합시다."는 직설적인 표현이다.

③ 대구 표현과 완곡한 표현을 확인할 수 없다.

06 순서 추론

정답 풀이

1단계	제시된 글은 '콜라보레이션'에 대해 이야기하고 있다. 따라서 '콜라보레이션'의 개념을 제시한 (나)가 가장 앞에 오는 것이 자연스럽다.
2단계	'즉'은 '다시 말하여'라는 의미로, 앞의 내용을 풀어서 설명할 때 사용하는 표지이다. 따라서 '콜라보레이션'의 개념을 제시한 (나) 뒤에 (가)를 제시하는 것이 자연스럽다.
3단계	(라)는 '성공적인 콜라보레이션'에 대해 말하고 있는데, (다)에서 이것을 구체적으로 설명하고 있다. 따라서 (라) 뒤에 (다)가 이어지는 것이 자연스럽다.

따라서 맥락에 맞게 나열한 것은 '(나) - (가) - (라) - (다)'이다.

07 강화와 약화

정답 ②

정답 풀이

제시된 글에서는 언어의 소리와 의미의 관계가 필연적인 것이 아니라는 언어의 특성인 '자의성'을 설명하고 있다.

ㄱ. 동음이의어와 동의어는 소리와 의미가 1:1의 관계가 아닌 경우이다. 따라서 '자의성'을 강화하는 사례로 적절하다.

ㄷ. 언어의 '형식'과 '내용'의 변화가 따로따로 일어나는 경우이다. 따라서 '자의성'을 강화하는 사례로 적절하다.

오답 풀이

ㄴ. 외래어를 다른 말로 바꿀 수 없다는 것은 소리와 의미의 관계가 필연적이라는 뜻이 되기 때문에 '자의성'을 강화하는 사례로 적절하지 않다.

08 강화와 약화

정답 ④

정답 풀이

"그동안 지역문화 정책과 사업이 새로운 콘텐츠를 발굴·제작하는 데만 주력해 온 탓에 향유의 지속성 측면을 고려하지 못했다." 부분을 볼 때, 제시된 글에서는 지금까지 '지속성' 측면을 고려하지 못했으므로 '향유의 지속성'을 염두에 두어야 한다고 말하고 있다. 따라서 '다음 세대'까지 이어지도록 돕는 교육 프로그램의 마련을 강조한 ④는 글쓴이의 논지를 강화할 것이다.

오답 풀이

①, ③ 제시된 글에서 비판하고 있는, 현재의 문제점에 해당하는 것이므로 글의 논지를 강화하지 않는다.

② 단발성 향유만을 강조한 것이므로 글의 논지를 강화하지 않는다.

09 내용 추론

정답 ④

정답 풀이

제시된 글에서 "저장 단계에서 음운 부호는 발음 감각이 단기적으로만 보존되어 정보는 쉽게 잊게 된다. 하지만 의미 부호는 기존 지식에 체계화되어 쉽게 망각되지는 않는다."라고 하였다. 따라서 '음운 부호보다 의미 부호가 저장 단계에서 망각이 잘 이루어져서'라는 이해는 적절하지 않다.

오답 풀이

① 제시된 글에서 "기억은 크게 음운 부호와 의미 부호로 정보를 저장한다. 이 두 부호 중에서 어느 부호로 기억되느냐에 따라 각 단계의 망각 양상은 달라진다."라고 하였다. 따라서 부호의 차이가 기억 정도에 영향을 준다는 이해는 적절하다.

② 제시된 글의 "인출 단계에서 음운 부호는 발음 감각 그대로 쉽게 인출된다. 하지만 의미 부호는 의미의 맥락을 찾아야 하므로 단서가 없으면 쉽게 망각된다." 부분을 통해 알 수 있다.

③ 의미 부호는 기존 지식의 맥락에 맞지 않으면 쉽게 망각되지만 기존 지식에 체계화되면 쉽게 망각되지 않는다고 하였기 때문에, 시간적 경과가 있었음에도 불구하고 처음에 학습한 단어가 더 많이 기억되는 것은, 처음에 학습한 단어가 기존 지식에 체계화되었기 때문이라고 볼 수 있다.

10 개요

정답 ③

정답 풀이

'Ⅱ-2'는 원인이고, 'Ⅱ-3'은 대책이다. 원인과 대책의 내용은 대응되어야 한다. 그런데 '태풍 전담 예보 시스템 구축을 위한 재원 마련'은 '태풍 예보 시스템 및 태풍 대비 대국민 홍보 시스템 미비'에 대응되지 않는다. 원인을 고려할 때, 대책은 '태풍 전담 예보 시스템 구축 및 대국민 홍보 시스템 강화'라는 내용이 들어가야 자연스럽다.

11 내용 추론

정답 ④

정답 풀이

3문단의 "순서나 과정을 드러내는 어휘를 쓰거나 동일한 표현을 반복하는 방법으로 응집성을 표현할 수도 있다." 부분을 볼 때, '담화의 통일성'이 아니라 '담화의 응집성'에 대한 설명이다.

오답 풀이

① 1문단의 내용을 볼 때, '담화'를 이루기 위해서는 일정한 조건을 갖추어야 함을 알 수 있다.

② 3문단의 "'먼저, 다음으로'와 같이 순서나 과정을 드러내는 어휘를 쓰거나 동일한 표현을 반복하는 방법으로 응집성을 표현할 수도 있다." 부분을 통해 알 수 있다.

③ 2문단의 "적절하고 자연스러운 담화가 되기 위해서는 담화 내의 발화들이 하나의 주제 아래 유기적으로 모여 있어야 한다." 부분을 통해 알 수 있다.

12 사례 추론

정답 ④

정답 풀이

㉠~㉢은 관 위주의 행정 관행을 없애는 것이므로 주제문에 일치한다. 그런데 ㉣의 경우 음주 운전에 이르게 한 공무원의 행동이 없애야 할 관 위주의 행정 관행도 아니고, 개인적 문책을 감동 행정으로의 개혁 사항으로 볼 수 있는 것도 아니다. 따라서 (가)를 고려할 때, 삭제해야 할 문장은 ㉣이다.

13 전제 추론 정답 ②

정답 풀이

"이를 잘 활용한 것이 정치인들의 손동작이다."에서 '이'는 '비언어적 표현'이다. 그것의 구체적인 사례로 케네디의 자신감 넘치는 손동작을 언급한 것이고, 그것을 오바마가 벤치마킹하였다고 하였다. 만약 케네디의 손동작이 그의 정치적 입지 구축에 보탬이 되지 않았다면 클린턴과 오바마가 케네디를 따라 하지 않았을 것이다. 따라서 ⊙에는 '케네디의 손동작은 그의 정치적 입지 구축에 큰 보탬이 되었다.'는 것이 전제되어 있다.

14 문맥 수정 정답 ④

정답 풀이

문맥상 '지나치게 남용하면' 참신성이 떨어질 수 있다는 의미이다. 그런데 '칼로 물 베기'는 다투었다가도 시간이 조금 지나 곧 사이가 다시 좋아지는 경우를 비유적으로 이르는 말이기 때문에 문맥상 그 쓰임이 적절하지 않다. 따라서 지나치게 남용된다는 부정적인 의미를 나타내는 '전가(傳家)의 보도(寶刀)를 휘두르듯'으로 수정한 것은 적절하다.

※ '전가의 보도'는 집안에 대대로 내려오는 '귀한 칼'이라는 뜻으로, 부정적으로 쓰이는 경우가 많다.

15 내용 추론 정답 ③

정답 풀이

1문단의 "소비자들이 한정된 비용으로 최대한의 만족을 얻기 위해 노력한 결과가 구독경제의 확산으로 이어졌다는 것이다." 부분을 볼 때, '생산자'가 아니라 '소비자'라고 해야 올바른 진술이 된다.

오답 풀이

①, ④ 2문단의 "개별화된 서비스를 제공하여 고객과의 관계를 지속적으로 유지할 수 있다. 또한 매월 안정적으로 매출을 올릴 수 있다는 장점도 있다." 부분을 통해 알 수 있다.

② 2문단의 "상품 구매 행위에 들이는 시간과 구매 과정에 따르는 불편함 등의 문제를 해결할 수 있다." 부분을 통해 알 수 있다.

16 논리 추론 정답 ①

정답 풀이

제시된 진술을 정리하면 다음과 같다.

진술 1	운동 → ~담배	담배 → ~운동
진술 2	커피 → 담배	~담배 → ~커피
진술 3	~커피 → 주스	~주스 → 커피
진술 4	과일 → ~커피	커피 → ~과일

제시된 진술을 통해 '과일'과 '담배' 사이의 관계를 확인할 수 없다.

오답 풀이

② '운동 → ~담배 → ~커피 → 주스'를 통해 확인할 수 있다.

③ '~주스 → 커피 → 담배'를 통해 확인할 수 있다.

④ '운동 → ~담배 → ~커피'를 통해 확인할 수 있다.

17 내용 추론 정답 ③

정답 풀이

1문단의 "그러나 지난날의 인간 사회에서 일어난 사실이 모두 역사가 되는 것은 아니다." 부분을 볼 때, 역사의 대상이 되는 1차적인 요건은 '과거에 일어난 사건(ㄱ. 과거에 존재했던 일)'이면서 '인간 사회에서 일어난 사실(ㄴ. 인간의 삶과 관련된 일)'이다. 또한 2문단의 "지난날의 인간 사회에서 일어난 사실들 가운데 지금까지도 역사로 남아 있을 수 있는 것은 사람의 지혜가 발달해도 언제나 중요하고 참고될 만한 사실, 시대의 변화에 따라 그 뜻이 줄어드는 것이 아니라 더 높아지고 확대되는 사실들이라 일단 생각할 수 있다." 부분을 통해, 역사의 대상이 되는 1차적인 요건 외에도 2차적인 요건에 해당하는 '의미나 가치가 있는 일(ㄹ. 시대적인 의미나 가치가 인식되는 일)'이 역사가 될 수 있음을 알 수 있다. 따라서 '역사'가 될 수 있는 조건은 'ㄱ, ㄴ, ㄹ'이다.

18 바꿔 쓰기 정답 ②

정답 풀이

'줄어들다'의 주어는 '과거의 역사적 사실이 지니는 중요성, 의미'이다. 이를 볼 때, "세력이나 힘이 약해지다."라는 의미를 가진 '약화(弱化: 약할 약, 될 화)되다'와 바꿔 쓰는 것이 가장 자연스럽다.

오답 풀이

① 위축(萎縮: 시들 위, 줄일 축)되다: 어떤 힘에 눌려 졸아들고 기를 펴지 못하게 되다.

③ 경감(輕減: 가벼울 경, 덜 감)되다: 부담이나 고통 따위가 줄어서 가볍게 되다.

④ 단축(短縮: 짧을 단, 줄일 축)되다: 시간이나 거리 따위가 짧게 줄어들다.

19 빈칸 추론 정답 ①

정답 풀이

빈칸에는 '공간'에 대한 '우리 조상들의 관점'이 아니라, 일반적인 관점, 즉 '현대 건축의 관점'과 관련된 내용이 들어가야 한다. 따라서 빈칸에는 ①이 들어가는 것이 가장 적절하다.

20 문맥적 의미 정답 ①

정답 풀이

⊙의 주어는 '천지의 기운'이다. 이를 볼 때, ⊙의 '흐르다'는 '기운이나 상태 따위가 겉으로 드러나다.'라는 의미이다. 이와 의미가 가까운 것은 ①이다.

오답 풀이

② '윤기, 광택 따위가 번지르르하게 나다.'라는 의미로 쓰였다.

③ '빛, 소리, 향기 따위가 부드럽게 퍼지다.'라는 의미로 쓰였다.

④ '전기나 가스 따위가 선이나 관을 통하여 지나가다.'라는 의미로 쓰였다.

76p

01	02	03	04	05
②	③	③	④	③
06	**07**	**08**	**09**	**10**
④	①	④	②	①
11	**12**	**13**	**14**	**15**
④	①	③	①	③
16	**17**	**18**	**19**	**20**
④	④	②	①	②

01 공공언어 바로 쓰기

정답 ②

(정답 풀이)

"이 모임에 가입하려면 결코 성실한 자세를 갖추어야 한다."는 부사어와 서술어와의 호응이 바르지 않은 문장이다. 따라서 불필요한 피동 표현의 중복을 피하라는 ⓒ에 따라 수정한다는 설명은 적절하지 않다.

02 빈칸 추론

정답 ③

(정답 풀이)

빈칸 앞의 "사회 지도자들은 ~ 스스로를 지식인이라 칭하면서 드레퓌스의 재심과 석방을 위한 성명에 참여한다. 이것이 프랑스에서 '지식인 선언'으로 나타난다." 부분을 볼 때, 당시 지식인은 '드레퓌스의 무죄와 석방을 주장하는 사람들'을 가리켰음을 알 수 있다.

03 내용 추론

정답 ③

(정답 풀이)

제시된 글의 "'합리적 인간'은 언제나 자기의 쾌락을 추구하고 자기의 고통을 회피하려 한다. 무엇이 쾌락이고 무엇이 고통인지는 오로지 그 자신만 안다."와 "오로지 자기 자신의 행복에만 관심이 있고" 부분을 볼 때, 사람마다 이익(쾌락)을 추구하기 위한 합리적 선택 기준이 다름을 추론할 수 있다.

04 개요

정답 ④

(정답 풀이)

제시된 <개요>에서는 귀농을 한 사람들이 귀농에 실패하게 되는 원인이 무엇인지 살펴보고 성공적인 귀농을 위해 필요한 것들이 무엇인지를 제안하고 있다. 따라서 결론으로 '귀농에 대한 청년층의 관심 확대 촉구'는 적절하지 않다. 전체 <개요>를 고려할 때, 결론에서는 '성공적 귀농을 위한 개인적 준비 및 정책적 지원 강화'라는 내용이 들어가는 것이 적절하다.

05 문맥 수정

정답 ③

(정답 풀이)

'도탄(塗炭)'은 생활이 몹시 곤궁하거나 비참한 지경을 이를 때 쓰는 말이다. 앞뒤 문맥으로 볼 때 생활 형편상의 곤궁함이나 비참함을 말하는 상황이 아니므로, 헤어나기 힘든 처지를 비유하여 이르는 말인 '수렁'을 그대로 두는 것이 더 자연스럽다.

(오답 풀이)

① 바로 다음 문장 "종교는 종교대로, 문학은 문학대로 자신들만의 세계에 빠져들어 감으로 다음과 같은 폐단이 생기게 되었다."를 고려할 때, '하나의 길'이 아니라 '독자적인 길'을 걷기 시작했다고 수정한 것은 적절하다.

② ⓒ의 앞뒤에서는 종교와 문학이 각기 독자적인 길로 나아감으로써 발생하게 된 폐단에 대해 지적하고 있다. 그런데 ⓒ은 종교 본래의 기능 상실에 대해 언급한 문장이므로 삭제하고, 논지에 어울리는 내용의 문장을 넣어야 한다.

④ 앞의 서술어 부분인 '잃지 말아야 하고'와 일치하는 형태가 되어야 한다. 따라서 ⓔ을 '유지해야 한다.'로 바꾼 것은 적절하다.

06 내용 추론

정답 ④

(정답 풀이)

ㄱ. 2문단의 "이것은 예삿일 같지만 많은 사람들은 이로 인해 창조주에 대한 신앙심을 순식간에 갖게 되기도 한다. 관계되는 모든 생명체가 지극히 경이로운 방식으로 서로 조화를 이루며 기적 같은 앙상블을 자주 드러내기 때문이다." 부분을 통해 추론할 수 있다.

ㄴ. 2문단에서 "영양이 달리기를 잘하게 되면, 사자도 더 빨라져야 하거나 새로 사냥할 먹잇감을 다른 환경에서 찾아야 하는 식이다."라고 하였다. '영양-사자'의 관계는 '지렁이-두더지'의 관계로 볼 수 있기 때문에, 적절한 추론이다.

ㄷ. 1문단의 "함께 살아가는 모든 것은 그 어떤 식으로든 서로 조화를 이루도록 조율되어 있다. 이 스펙트럼의 한쪽 끝에는 공생 형태, 즉 양자의 이익을 위한 긴밀한 형태가 있다." 부분을 통해 추론할 수 있다.

07 전개 방식 추론

정답 ①

(정답 풀이)

제시된 글에서는 '온실 효과'에 따른 영향을 '인과'의 방식으로 전개하고 있다. 이처럼 '인과'의 전개 방식이 쓰인 것은 ①이다.

(오답 풀이)

② "해수면의 상승은 남극과 북극의 빙하가 녹게 되어 생기는 현상이다."에서 '정의'의 방식을 확인할 수 있다. 그러나 전체적인 글의 주된 전개 방식은 '인과'이다.

③ 제시된 글에서 '묘사'의 전개 방식을 확인할 수 없다.

④ 제시된 글에서 '유추'의 전개 방식을 확인할 수 없다.

08 문맥적 의미　　　　　　　　　　　　　　　정답 ④

정답 풀이

"온통 물에 잠기게 된다."라는 맥락을 고려할 때, ⊙의 '잠기다'는 '잠그다'의 피동사로, "물속에 물체가 넣어지거나 가라앉게 되다."라는 의미이다. 이와 문맥적 의미가 유사한 것은 부사어 '홍수(洪水: 큰 홍, 물 수)'가 쓰인 ④이다.

오답 풀이

① '잠그다'의 피동사로 "옷의 단추가 채워지다."라는 의미이다.

② '잠그다'의 피동사로 "물, 가스 따위가 흘러나오지 않도록 차단되다."라는 의미이다.

③ "어떤 한 가지 일이나 생각에 열중하다"라는 의미이다.

09 논리 추론　　　　　　　　　　　　　　　정답 ②

정답 풀이

전제 (나)의 '모든 무신론자가 운명론을 거부하는 것은 아니다.'를 바꿔서 표현하면 '무신론자 중에는 운명론을 믿는 사람이 있다.'이다. 따라서 빈칸에 들어갈 결론은 '무신론자 중에는 운명론을 믿는 사람이 있다.'가 가장 적절하다.

10 순서 추론　　　　　　　　　　　　　　　정답 ①

정답 풀이

1단계	선지를 볼 때, (나) 또는 (다)가 가장 앞에 올 수 있는데 (다)는 '이때'로 시작하고 있기 때문에 첫 문장으로 적절하지 않다. 따라서 (나)가 가장 앞에 와야 한다.
2단계	(나)는 '하늘'에서 찾았다는 내용이고, (가)는 '하늘'이 아니라 '인간의 노력'에 달려 있다는 내용이다. 역접의 접속 조사 '그러나'로 시작하고 있는 것을 볼 때, (나) 뒤에 (가)가 이어지는 것이 적절하다.
3단계	(라)에서 말한 '순자의 성악설'은 (다)에 제시되어 있다. 따라서 (다) 뒤에 (라)가 이어지는 것이 자연스럽다.

따라서 제시된 글은 '(나) - (가) - (다) - (라)'로 배열하는 것이 적절하다.

11 말하기 방식 추론　　　　　　　　　　　　정답 ④

정답 풀이

제시된 대화는 '봄 체험 학습'에 대해 토의하는 학급회의 장면이다. '무'의 경우 미술관에 가자는 '을'의 의견과 축구를 하자는 '병'의 의견을 종합하고 있다. 이는 새로운 대안 도출에 기여하는 것이라 할 수 있다.

오답 풀이

① '갑'이 다른 사람들의 의견을 묻는 역할을 하고 있다. 따라서 '갑'의 의사소통 과정이 일방적이라고 보기는 어렵다.

② '을'은 "저는 한국미술관을 추천합니다."라고 하면서, 적극적으로 자신의 의견을 내면서 의사소통에 참여하고 있다.

③ '병'은 다른 사람의 의견을 수용하기보다는, 다른 사람들이 자신의 의견을 수용해 주기를 요구하고 있다. 따라서 '병'이 수용적 태도를 보인다는 분석은 적절하지 않다.

12 논리 추론　　　　　　　　　　　　　　　정답 ①

정답 풀이 제시된 사실들을 기호로 간단히 나타내면 다음과 같다.

사실 1.	갑 ∨ 을 → 주제 분석
사실 2.	을: 주제 분석 → 병: 통계 조사 ∧ 자료 정리
사실 3.	병: 통계 조사 ∧ 자료 정리 → 정: 보고서 최종 정리
사실 4.	정: ~보고서 최종 정리

'사실 4'로 인하여, '사실 3'과 '사실 2'는 차례로 뒤집히게 된다. 즉 '을'은 '주제 분석팀'에 참여하지 않을 것이다. 그런데 '사실 1'에서 '갑'과 '을' 중 적어도 한 명은 '주제 분석팀'에 참여한다고 하였다. 따라서 '을'은 '주제 분석팀'에 참여하지 않기 때문에 '갑'이 '주제 분석팀'에 참여하게 될 것이다. 그러므로 빈칸에 들어갈 말은 '<주제 분석팀>'이다.

13 내용 추론　　　　　　　　　　　　　　　정답 ③

정답 풀이

2문단에서 "또 어떤 한 가지 소리의 차이만으로 의미가 달라지는 소리의 짝을 '최소대립쌍'이라 한다."라고 하였다. 그런데 '불'과 '밥'은 초성 'ㅂ'만 같을 뿐, 나머지 두 가지 소리가 다르다. 따라서 둘을 최소대립쌍으로 보기는 어렵다.

오답 풀이

① 3문단의 "'물'의 /ㄹ/과 '바람'의 /ㄹ/은 서로 다른 소리로 실현되는데도 언중들은 이 두 소리를 같은 음소라고 인식한다. ~ 이렇게 하나의 음소도 발음 환경에 따라 서로 다른 소리로 실현되는데, 이 소리들을 그 음소의 '변이음'이라고 한다." 부분을 통해 추론할 수 있다.

② 2문단의 "이처럼 서로 다른 두 소리가 어떤 특정한 언어에서 언중들에게 다른 소리로 인식되고 또 의미를 변별하는 기능을 가지면 그 두 음은 대립관계에 있다고 한다." 부분을 통해 추론할 수 있다.

④ 2문단의 내용을 통해 추론할 수 있다.

14 문맥적 의미　　　　　　　　　　　　　　　정답 ①

정답 풀이

접두사 '뒤-'는 '몹시, 마구, 온통'의 뜻을 더하기도 하고, '반대로' 또는 '뒤집어'의 뜻을 더하기도 한다. ⊙은 문맥상 두 번째 의미로 쓰였으므로 이와 의미가 유사한 것은 ①이다.

오답 풀이

①을 제외한 나머지는 모두 '몹시, 마구, 온통'의 뜻으로 쓰였다.

15 논리 추론 정답 ③

정답 풀이

20개의 사탕을 3개의 상자에 나누었을 때, 제시된 진술을 만족하는 경우는 '12개, 5개, 3개' 한 가지뿐이다.

갑	상자에 각각 '12개, 5개, 3개'가 들어가 있기 때문에, 두 번째로 많이 들어 있는 상자에 사탕이 5개가 들어 있다는 판단은 옳다.
을	가장 많이 들어 있는 상자에는 사탕이 '12개', 가장 적게 들어 있는 상자에는 사탕이 '3개'이다. 따라서 그 차가 '9개(12-3)'라는 판단은 옳다.

따라서 '갑'과 '을' 모두 옳은 진술이다.

16 내용 추론 정답 ④

정답 풀이

ㄴ. 1문단에서 체순환의 과정에서 혈액은 온몸의 조직 세포에 산소와 영양소를 주고 이산화탄소와 노폐물을 받게 된다고 하였다.

ㄷ. 2문단에서 갈레노스에 따르면 간에서 생성된 혈액의 일부는 폐로 가고 나머지는 좌심실로 넘어가서 '생명의 정기'를 공급받아 온몸에 쓰이고, 일부는 뇌에 도달하여 '동물의 정기'를 공급받아 신경을 통해 신체 곳곳으로 내려가 신체 운동을 조절하게 된다고 하였다.

오답 풀이

ㄱ. 2문단에서 갈레노스의 이론은 당시의 기독교의 교리에 잘 들어맞는 것이어서 오랜 시간 동안 의학계를 지배했다고 하였을 뿐, 기독교적 세계관이 과학적 이론의 변화를 이끌어 냈다고 언급하고 있지는 않다.

17 바꿔 쓰기 정답 ④

정답 풀이

'규합하다'는 '어떤 일을 꾸미려고 세력이나 사람을 모으다.'라는 의미이다. 문맥을 고려할 때, '서로 꼭 들어맞다.'라는 의미를 가진 '부합하다'와 바꿔 쓰는 것이 적절하다.

※ 규합(糾合: 꼴 규, 합할 합), 부합(符合: 부신 부, 합할 합)

오답 풀이

① 반복하다: 같은 일을 되풀이하다.

　※ 반복(反復: 돌이킬 반, 돌아올 복)

② 생성되다: 사물이 생겨나다.

　※ 생성(生成: 날 생, 이룰 성)

③ 소멸되다: 사라져 없어지게 되다.

　※ 소멸(消滅: 꺼질 소, 멸망할 멸)

18 강화와 약화 정답 ②

정답 풀이

ㄷ. 1문단에서 혼이나 정신도 눈이나 귀와 마찬가지로 훌륭한 상태에서 고유의 기능을 잘 수행한다고 하였다. 이에 눈이나 귀가 고유한 기능을 잘 수행하면 눈이나 귀를 도덕적이라 하고, 이 도덕적인 사람은 결국 훌륭하게 사는 것이고, 이것이 행복이며 이익을 주는 것이라는 논증의 도식을 따를 때, ㄷ은 논증을 거스르고 있기 때문에 논증을 약화한다고 볼 수 있다.

오답 풀이

ㄱ. 2문단에서 "훌륭하게 사는 사람, 즉 도덕적인 사람은 행복할 것이며, 행복한 것은 그에게 이익을 준다."라고 하였다. 도덕적으로 살면 행복해야 하는데, 도덕적으로 살고 있음에도 불행한 사람이 존재하는 것은 이 논증을 '약화'한다.

ㄴ. '도덕적인 것은 이익이 되는 것'이라는 결론의 '이'에 불과하므로, '도덕적으로 살지 않는 것은 이익이 되지 않는다는 주장'은 추론될 수 없다.

19 사례 추론 정답 ①

정답 풀이

체로키어의 대명사 체계와 영어의 그것을 예로 들어 설명한 ㉠을 통해, 비슷한 개념을 나타내는 어휘 체계가 동일하지 않다는 점을 알 수 있다. 이러한 언어적 현상과 관련이 있는 것은 ①이다. 한국어로 쓴 현대시를 영어로 번역할 때 한국어에 대응되는 영어 단어를 선택하기 어렵다는 것은, 두 언어의 체계가 동일하지 않기 때문이라 할 수 있다.

20 강화와 약화 정답 ②

정답 풀이

ㄱ. 2문단에서 "유물 사관은 물질적인 생산력의 발전에 근거를 둔 사회적인 면에서 한국사를 이해하였다."라고 하였다. 따라서 세계의 본질은 물질적이기 때문에 객관적인 세계와 그 법칙성을 인식할 수 있다는 ㄱ은, 유물 사관과 연결되는 내용이라는 점에서 ㉠의 입장을 강화하는 주장으로 볼 수 있다.

ㄴ. 유물 사관은 사회적인 면에서도 특히 계급의 존재를 중요시해서, 그들이 설정한 각 사회 발전 단계는 각기 독특한 계급의 대립 관계를 지니고 있는 것으로 파악하였다고 설명했다. 따라서 역사상 각 시기에 지배적 관념은 항상 지배 계급의 관념이었다고 언급하면서, 구(舊)체제 내부에서 새로운 사회의 요소들이 만들어지고 낡은 관념의 해체가 낡은 존재 조건의 해체와 보조를 맞춰 진행된다는 ㄴ도 ㉠의 입장을 강화하는 주장으로 이해할 수 있다.

오답 풀이

ㄷ. 성장하는 문명에서 가장 중대한 도전은 문명 자체가 만들어 내는 문제(내적 도전)라고 말하면서, 문명이 성장할수록 도전의 성질이 물질적인 데서 도덕적, 정신적인 데로 차원이 높아진다고 언급했다. ㉠은 물질적인 생산력의 발전을 중시하므로, 서로 관련성이 없다.

84p

01	02	03	04	05
①	③	②	①	③
06	**07**	**08**	**09**	**10**
④	①	③	④	④
11	**12**	**13**	**14**	**15**
③	②	③	②	③
16	**17**	**18**	**19**	**20**
①	④	③	③	④

01 공공언어 바로 쓰기 　　　　　정답 ①

정답 풀이

<보기>에서 "성분 생략이 아닌 성분 실종으로 변질되어 비문을 초래하게 되는 것이다."라고 하였다. 즉 필수적인 문장 성분을 빠뜨리면 안 된다고 말하고 있다. 따라서 목적어 '무엇을'을 추가한 ①의 수정은 적절하다.

오답 풀이

② "검찰이 성역 없는 수사를 한다고 해서 수사 결과를 두고 볼 일이다."는 의미에 어울리지 않는 연결 어미가 사용된 사례이므로 <보기>와 관련이 없다.

③ "토익 시험에 응시하실 분들은 학교에 원서를 접수하십시오."는 어휘의 사용이 적절하지 않은 사례이므로 <보기>와 관련이 없다. '접수하다'는 '신청이나 신고 따위를 구두(口頭)나 문서로 받다.'란 의미이다. 즉 '접수'는 '토익 시험에 응시하실 분들'이 아니라 '학교'가 하는 것이다. 따라서 서술어 '접수하다'를 '제출하다'로 수정한 것이다.

④ "재원이와 철현이는 지난달에 여행을 다녀왔다."는 의미가 모호한 문장이므로 <보기>와 관련이 없다.

02 내용 추론 　　　　　정답 ③

정답 풀이

'쉬이보다'는 '부사 + 용언 어간'으로 이루어진 것이다. 그런데 '앞세우다'는 '앞'이라는 명사와 '세우-'라는 용언의 어간이 결합된 것이다. 따라서 추론이 적절하지 않은 것은 ③이다.

오답 풀이

① '검푸르다'는 용언 어간 '검-'과 '푸르-'가 결합한 것이므로 적절한 추론이다.

② '겉늙다'는 명사 '겉'과 용언 어간 '늙-'이 결합한 것이므로 적절한 추론이다.

④ '높디높다'는 형용사 '높-'의 어간 사이에 '디'를 개입시킨 것이므로 적절한 추론이다.

03 조건 적용 추론 　　　　　정답 ②

정답 풀이

지침 1	"당신은 껴입을 옷만 더 찾으시는군요."에서 전기 낭비에 대한 경각심을 유발하고 있다.
지침 2	"온종일 찬바람 쏟기에 제가 지쳐가도"에서 전기용품을 화자로 설정한 것과 전기가 낭비되고 있음을 알 수 있다.
지침 3	전기 절약 실천을 간접적으로 촉구하고 있다.

오답 풀이

① 전기용품을 화자로 설정한 표현이 보이지 않는다.

③ 전기 절약을 실천하도록 촉구하는 내용이 간접적이 아닌 직접적으로 표현되었다.

④ 전기 낭비에 대한 경각심을 유발하거나 전기 절약의 실천을 간접적으로 촉구하는 내용과 관련이 없다.

04 사례 추론 　　　　　정답 ①

정답 풀이

'때리다'는 파생 접사가 결합하지 않은 단일어이다. 따라서 '파생어'의 사례로 보기 어렵다.

오답 풀이

② '존경스럽다'는 어근 '존경'에 접미사 '-스럽다'가 결합한 파생어이다.

③ '안기다'는 '안다'의 어근 '안-'과 접미사 '-기-'가 결합한 파생어이다.

④ '연구하다'는 어근 '연구'와 접미사 '-하다'가 결합한 파생어이다.

05 순서 추론 　　　　　정답 ③

정답 풀이

1단계	(다)의 '이'는 (나)에서 언급한 '기우록(奇遇錄: 기이할 기, 만날 우, 기록할 록)'에 대한 뜻풀이다. 또 (나)의 '이 작품'은 첫 번째 단락의 <최척전>에 해당한다. 따라서 (나) 뒤에 (다)가 이어지는 것이 자연스럽다.
2단계	(가)의 내용은 마지막 단락의 내용과 이어진다. 따라서 (가)가 가장 나중에 오는 것이 자연스럽다.

따라서 제시된 글은 '(나) - (다) - (가)'로 배열하는 것이 가장 적절하다.

06 내용 추론 　　　　　정답 ④

정답 풀이

1문단의 "형광등이 빛을 얻는 효율은 열방사를 이용한 백열전구의 거의 세 배로" 부분을 볼 때, 같은 시간 불을 켜 놓았을 때 '백열등'이 '형광등'보다 더 뜨거울 것이다. 따라서 형광등이 더 뜨거울 것이라는 추론은 적절하지 않다.

오답 풀이

① 2문단에서 "형광등의 형광관은 ~ 유리관 속에는 아르곤 등 희소 가스와 미량의 수은이 들어 있다."라고 하였다. 따라서 형광등이 깨지면 수은이 인체에 노출될 수 있음을 추론할 수 있다.

② 1문단의 "형광등이 빛을 얻는 효율은 열방사를 이용한 백열전구의 거의 세 배로, 예를 들어 20와트 형광등은 60와트의 백열전구와 같은 밝기가 된다." 부분을 통해 추론할 수 있다.

③ 2문단에서 "유리관 내벽에는 형광 물질이 칠해져 있는데 그 종류에 따라 빛의 색깔이 달라진다."라고 하였다. 따라서 형광등에 따라 불빛이 달라지므로, 실내 분위기 역시 달라질 것이라는 추론은 적절하다.

07 말하기 방식 추론
정답 ①

정답 풀이

"그런데 넌 어째 매일 아프냐?"라는 '을'의 발화를 상대에 대한 비방으로 볼 수도 있다. 그러나 자신에게 부담이 되는 표현을 하지는 않았다.

오답 풀이

② "네 필기는 정리도 잘 되어 있고 글씨도 예뻐서 좋더라."라는 '갑'의 칭찬에 대해 '을'은 "당연하지."라고 답하고 있다. 이를 볼 때, '을'은 자신에 대한 칭찬을 함으로 겸양의 격률을 어기고 있는 사람이다.

③ '갑'의 두 번째 발화 "네 필기는 정리도 잘 되어 있고 글씨도 예뻐서 좋더라."를 통해 알 수 있다.

④ '갑'의 세 번째 발화 "너도 며칠 전에 보건실에 가서 한 시간 쉬었잖아."를 통해 알 수 있다.

08 논리 추론
정답 ③

정답 풀이

제시된 진술을 정리하면 다음과 같다.

진술 1	인상 → 현대	~현대 → ~인상
진술 2	~추상 → ~인상	인상 → 추상
진술 3	조각 → ~사진	사진 → ~조각
진술 4	현대 → 조각	~조각 → ~현대

제시된 진술을 정리하면 '인상 → 현대 → 조각 → ~사진'과 '인상 → 추상'이다. '추상화'와 '사진 예술' 사이의 관계를 파악할 수 없기 때문에, 반드시 참이 될 수 없다.

오답 풀이

① '**인상** → 현대 → **조각**'을 통해 알 수 있다.

② '**현대** → 조각 → ~사진'의 대우 '**사진** → ~조각 → **~현대**'를 통해 알 수 있다.

④ '인상 → 현대'의 대우 '**~현대** → **~인상**'을 통해 알 수 있다.

09 논리 추론
정답 ④

정답 풀이

첫 번째와 세 번째 명제를 통해 "창조적인 기업은 융통성이 있고, 융통성이 있는 기업 중의 일부는 오래 간다."는 것을 알 수 있다. 즉 창조적인 기업이 오래 갈지 아닐지 알 수 없으므로 반드시 참인 명제는 ④이다.

10 고쳐 쓰기
정답 ④

정답 풀이

문맥상 '왜인지'의 의미이다. 즉 '왜 그런지 모르게', '뚜렷한 이유도 없이'의 의미를 가진 부사 '왠지'를 그대로 쓰는 것이 적절하다. 우리말에 '웬지'라는 표기는 없다.

오답 풀이

① 내용을 고려할 때, 할머니가 자주 '조는' 상황이다. 높임법을 고려할 때 '조신다' 내지 '주무신다'로 수정한 것은 적절하다.

② 할머니의 '나이'이기 때문에 '연세'로 바꿔 쓴 것은 적절하다.

③ '넣다'는 '주어가 무엇을 어디에 넣다'의 형태를 가진다. 따라서 목적어 '주머니에'를 추가한 것은 적절하다.

11 내용 추론
정답 ③

정답 풀이

1문단의 "우월한 외부 세력과 접촉이 되면 세계 어디에서나 대부분의 부모들은 ~ 흔히 2개 국어를 쓰도록 독려하거나 용인(容認)하는 사람들이 그런 부류이다." 부분을 볼 때, 적절하지 않은 추론이다.

오답 풀이

① 1문단의 "물론 소수 민족의 언어만이 사라지는 것은 아니다. 유럽의 다수 언어들은 대부분 동쪽으로부터 비롯된 다양한 양상의 침입에 의해 소수 언어였던 인도유럽어로 언어 교체가 일어나기도 하였다." 부분을 볼 때, 적절한 추론이다.

② 3문단의 "진정한 소수 언어, 예를 들어 약 2만 명 이하의 사람들이 쓰는 언어는 완전히 격리된 상태가 아닌 다음에야 그것을 보존하기가 어렵다." 부분을 볼 때, 적절한 추론이다.

④ 2문단의 "자발적으로 원래의 언어를 포기하는 사람들은 예외 없이 민족적 정체성을 상실한 느낌, 중심부나 자국의 중앙 권력에 의한 패배감, 조상을 배신했다는 자책감을 느끼게 마련인데" 부분을 통해 알 수 있다.

12 사전적 의미
정답 ②

정답 풀이

ⓒ '안위(安危)'는 편안함과 위태함을 아울러 이르는 말이다. 뜻풀이로 제시된 '위로하여 마음을 편안하게 함'이라는 의미를 지닌 말은 '위안(慰安)'이다. 따라서 사전적 의미에 대한 풀이로 적절하지 않은 것은 ②이다.

※ 안위(安危: 편안할 안, 위태할 위)

오답 풀이

① ㉠ 명멸(明滅: 밝을 명, 멸망할 멸)

③ ⓒ 용인(容認: 얼굴 용, 알 인)

④ ㉣ 고갈(枯渴: 마를 고, 목마를 갈)

13 전개 방식 추론 정답 ②

정답 풀이

(가)에서 '반사회적 사회성으로 인간의 소질이 계발된다.'는 논지와 '반사회적 사회성의 개념'을 설명하였고, (나)에서는 이를 부연 설명하였다. 따라서 새로운 문제를 제기하고 있다는 설명은 적절하지 않다. (나)는 (가)에 제시된 개념을 부연하여 설명하고 있다고 해야 옳은 설명이 된다.

오답 풀이

①, ③, ④ (다)에서는 '반사회적 사회성'으로 인해 인간의 소질이 계발되는 과정을 심화하여 설명하였고, (라)는 '반사회적 사회성'이 존재하지 않는 상황을 가정하였으므로, 다른 각도에서 논지를 강화한 것으로 볼 수 있다.

14 강화와 약화 정답 ②

정답 풀이

ㄴ. ㉠은 '인간에게 반사회성이 없다면 인간의 모든 재능이 구현되지 못하고 사장될 것이다.'라는 내용이다. 따라서 ㉠의 반론으로는 '사회성만으로도 재능이 계발될 수 있다.'가 가장 적절하다.

오답 풀이

ㄱ과 ㄷ은 ㉠의 반론으로 적절하지 않다.

15 논리 추론 정답 ③

정답 풀이

B의 발언이 참이라면 C가 범인이고 F도 참이 된다. F는 C 또는 E가 범인이라고 했으므로 C가 범인이라면 E는 범인이 아니고, E의 발언 역시 참이 되어야 한다. 하지만 E의 발언이 참이라면 F가 범인이어야 하므로 모순이다. 따라서 B의 발언이 거짓이며, C 또는 E가 범인이라는 F의 발언 역시 거짓임을 알 수 있다. 따라서 빈칸에 들어갈 말은 'B, F'이다.

16 강화와 약화 정답 ①

정답 풀이

ㄱ. "어휘 부문에서는 한자어가 확대되어 고유어(固有語)들이 소멸되기도 한다. 그 대신 한자어는 더욱 증가했는데" 부분의 사례이므로, 뒷받침하는 사례로 적절하다.

ㄴ. "중국어·몽고어·만주어에 걸쳐 많이 유입된 것도 근대 국어 어휘의 특징으로 지적할 수 있다." 부분의 사례이므로, 뒷받침하는 사례로 적절하다.

오답 풀이

ㄷ. 중싱(衆生)은 원래 모든 살아 있는 무리 전체를 의미했으나, 후대에는 인간을 제외한 짐승의 의미만을 가지는 어휘로 쓰였다. 이는 어휘의 의미 변화 중에서 '의미 축소'의 사례이다. 따라서 (가)와는 관련이 없다.

17 문맥적 의미 정답 ④

정답 풀이

㉠의 '빼다'는 '전체에서 일부를 제외하거나 덜어 내다.'라는 의미이다. 이와 의미가 통하는 것은 ④이다.

오답 풀이

① '저금이나 보증금 따위를 찾다.'라는 의미이다.

② '목소리를 길게 늘이다.'라는 의미이다.

③ '힘이나 기운 따위를 몸에서 없어지게 하다.'라는 의미이다.

18 사례 추론 정답 ③

정답 풀이

'사생(死生)'은 '생사(生死)'처럼 어순이 교체되어 쓰이기도 한다는 점에서 ㉠의 사례로 가장 적절하다.

19 빈칸 추론 정답 ③

정답 풀이

마지막 두 문장 "당연히 자기 입장에서 볼 때 중요하지 않은 쪽을 줄이기 마련이다. 남아메리카나 아프리카가 작게 그려지는 이유다." 부분을 고려할 때, ㉠에는 '지도는 세상의 실제 모습을 정확하게 담지는 못하며 작은 종이 위에 세상을 그리려면 어차피 중요한 것들만 추려 내어야 한다.'가 들어가는 것이 가장 적절하다.

20 내용 추론 정답 ④

정답 풀이

ㄱ. 2문단에서 모더니즘 건축의 미학과 대비되는 특이성의 미학에 대해 언급하면서, "특이성은 ~ 개별 건축물이 주변 환경과 어울리면서 빚어내는 독특한 특징을 찾아 이를 구현하는 데서 발현된다."라고 하였다. 모더니즘 건축은 특이성의 미학과 대비된다는 점에서, 공간을 사물들에 대해 독립적이며 불변적인 것으로 볼 것이라는 점을 추론할 수 있다.

ㄴ. 1문단의 "그는 인체나 그리스 신전의 비례에서 유래한 기하학적인 공간의 구성이 가장 기능적인 것이라 보았다." 부분을 통해 추론할 수 있다.

ㄷ. 1문단의 "이러한 건축의 이상은 근대적인 도시 계획으로, 또한 직육면체 형태의 국제적 양식으로 실현되었다." 부분을 통해 추론할 수 있다.